L'utopie néolibérale

Publié par les Éditions du Renouveau québécois et
la Chaire d'études socio-économiques de l'UQAM.

Conception de la couverture : Guy Verville

Mise en page intérieure : Jean-François Castonguay

ISBN 2-9801075-4-9

Dépôt légal 1997 –
Bibliothèque nationale du Québec
Bibliothèque nationale du Canada

 IMPRIMÉ AU CANADA

Michel Bernard

L'utopie néolibérale

Table des matières

Troisième chapitre

La justification de la propriété privée illimitée 87

Quatrième chapitre

La théorisation de l'indifférence :
la réfutation de la justice sociale 111

Cinquième chapitre

Vers l'homme unidimensionnel 131

Sixième chapitre

Septième chapitre

Huitième chapitre

Préface

*Tous les humains naissent libres et égaux en dignité et en droit.
Ils sont doués de raison et de conscience et doivent agir
les uns envers les autres dans un esprit de fraternité.*

Article 1 de la Déclaration universelle des droits de l'homme

L e professeur Michel Bernard m'a fait un grand honneur en
me laissant signer la préface de cet immense travail que
constitue *L'utopie néolibérale* et je me sens bien incapable
de rendre compte de toute sa valeur théorique ainsi que de sa profondeur philosophique et historique.

Je lui suis grandement reconnaissant de répondre scientifiquement, dans un langage clair, à des intuitions et des questions que je
me pose depuis l'âge de seize ans. En effet, depuis la Grande Dé-
pression des années 1930, puis au cours des années d'après-guerre
et du début des années soixante, la question du chômage n'a cessé
de me hanter.

Je me souviens qu'à un congrès de la CSN, j'avais proposé
l'ajournement du congrès, faute de quorum parce qu'on n'y avait
pas discuté du chômage. Pendant toutes ces années où j'ai présidé
le Conseil central de Montréal, le chômage était une préoccupation
centrale, constante. Des dizaines d'activités ont été organisées pour
le dénoncer. Des auteurs comme Guy Fournier et Marcel Dubé
avaient même écrit des pièces de théâtre sur le sujet.

Le chômage m'a d'abord perturbé, au début des années 1930,
au cours de mes études au Collège Brébeuf, puis au Séminaire de

Sainte-Thérèse, alors que je voyais certains de mes condisciples, plus intelligents et plus studieux que moi, devoir mettre fin à leurs études parce que leur père avait perdu son emploi. Je me posais beaucoup de questions à propos du chômage et de ses causes.

Mon père, fonctionnaire du gouvernement du Québec, était alors membre de quelques sociétés Saint-Vincent-de-Paul à Outremont et à Montréal. La distribution de bons de nourriture et de paniers de provisions pour les sans travail occupait ses temps libres. Il nous parlait souvent des pauvres qui manquaient de charbon et de vêtements chauds l'hiver. Quand il y avait tempête de neige, il nous faisait remarquer que cela allait donner du travail.

À ma sortie de la trappe d'Oka vers 1935, j'ai adhéré à la J.I.C., la Jeunesse indépendante catholique. À cette époque, à peu près tous les jeunes chômaient. Je voulais qu'on parle du chômage dans les réunions et qu'on talonne le gouvernement. Je me suis fait dire que ce n'était pas là le rôle d'un mouvement d'action catholique. J'ai quitté la J.I.C.

En 1938, je me suis rendu en Abitibi avec de jeunes chômeurs de Montréal-Ouest à la colonie Dollard-des-Ormeaux, organisée par l'Association catholique de la jeunesse canadienne. Située dans le canton Saint-Dominique-de-Béarn, pas très loin d'Amos, elle relevait du ministère de la Colonisation du gouvernement de l'Union nationale. Nous couchions dans des tentes mal montées, la viande était entreposée dans un abri protégé par des filets contre les mouches. Elle faisandait. L'eau de la rivière Davie que nous buvions était impropre à la consommation selon le ministère de la Santé. Nous travaillions à ouvrir un chemin entre la rivière Davie et la rivière Harricana pour les compagnies minières. Près de la rivière Harricana, les colons logeaient dans une ancienne écurie.

Neuf jeunes chômeurs colons de Montréal ont dû être hospitalisés à Amos et à Montréal. Trois sont morts. On a déclaré qu'ils étaient morts de tuberculose pour ne pas avouer qu'ils étaient morts empoisonnés. Le ministère de la Colonisation n'a pas voulu défrayer le coût du transport des corps d'Amos à Montréal. Ce sont de jeunes chômeurs colons qui se sont cotisés pour permettre à leurs familles de revoir le corps de leurs enfants. Seul *The Montreal Star* relata, à l'époque, ces faits, grâce à la complicité d'un journaliste ami de la famille, Monsieur Cusak.

J'ai réalisé que ce n'était pas les Anglais ni les Juifs qui tuaient les Canadiens-français, mais bien un gouvernement catholique et français, l'Union nationale. J'ai alors décidé de faire de l'action politique. Je suis allé voir Paul Gouin, le fondateur de l'Action libérale nationale, et lui ai demandé de poursuivre le gouvernement au nom des chômeurs morts sous les auspices du ministère de la Colonisation de l'Union nationale.

En revenant d'Abitibi, j'ai voulu suivre des cours comme auditeur libre à l'École des hautes études commerciales. On me répondit qu'il n'y avait pas de place. Je me suis plutôt inscrit aux cours du soir en sciences sociale, économique et politique de l'Université de Montréal, rue Saint-Denis. Le professeur d'anthropo-géographie nous parlait de *Quand le soleil était jeune, Avant que la lune naisse*. Le professeur de sociologie appliquée nous entretenait des institutions du siècle passé mais jamais de celles de notre époque. Le professeur de science économique nous lisait un traité de science économique. Un soir, il prit trois quarts d'heure à nous expliquer qu'on fabriquait une chaussure plus vite à la machine qu'à la main. Je lui demandai, après le cours, pourquoi il avait pris tant de temps à nous expliquer une chose aussi simple. Il m'a répondu : « J'ai de la matière pour dix-neuf cours et je dois en donner vingt-cinq. Alors, je brode ». Je lui ai rétorqué que je ne m'étais pas inscrit à des cours pour apprendre à broder, que je travaillais à l'imprimerie de sept heures du matin à sept heures du soir et que, parfois, je devais retourner à l'atelier après les cours, à dix heures du soir. L'inscription aux cours ne coûtait pas cher. Les professeurs n'étaient pas payés cher, s'ils l'étaient. Les cours ne valaient pas cher non plus.

Ce fut la fin de mes cours académiques en science économique, mais non pas de ma recherche personnelle sur les causes du chômage et de la grande misère des peuples. Vers 1950, mon ami Jean-Paul Geoffroy, de retour d'un stage en France, m'a fait connaître la revue *Économie et Humanisme* du père Louis-Joseph Lebret, ancien aumônier des marins. Le père Lebret, qui a participé à plusieurs comités des Nations Unies, a fustigé dans *Suicide ou survie de l'Occident?* le Fonds monétaire international et la Banque mondiale et affirmé que « le matérialisme pratique de l'Occident est aussi néfaste que le matérialisme philosophique de l'Est ». J'ai lu Jean-Marie Albertini et François Perroux qui aimaient répéter que l'économie doit être au service de « tout l'homme et de tous les hommes ». J'ai aussi lu d'autres économistes non orthodoxes, c'est-à-dire non capitalistes, mais également des économistes comme Alain Minc et autres faiseux capitalistes. Cependant, j'ai consacré très peu de temps aux exégètes des notes de la correspondance intime de Marx. Les marxistes scientifiques m'ont toujours fait suer.

Pour l'étude de la démocratie, les oeuvres de Maurice Duverger, et plus particulièrement Georges Burdeau, furent mes livres de chevet. Une phrase de Burdeau a même servi de thème à un congrès du Conseil central de Montréal du temps où j'en étais le président : « Il ne s'agit pas de surveiller le pouvoir mais de l'exercer. L'État n'est pas un spectateur ni un arbitre neutre; il doit être le promoteur du bien commun ».

Je pourrais également parler des sociologues que m'a fait connaître le professeur Jacques Dofny, sociologue émérite et socialiste des plus respectable, soit Alain Touraine, Michel Crozier, Georges Balandier, Alfred Sauvy et, surtout, le grand Georges Friedman, l'auteur de *Problèmes humains du machinisme industriel* et *Le travail en miettes*. J'ai eu le bonheur de lui faire visiter mon imprimerie et il s'est montré agréablement impressionné en voyant comment j'avais annoté ses livres.

Tous ces auteurs ont contribué à forger ma pensée sur les questions essentielles du chômage, de la démocratie et de la vie en société et me permettent d'apprécier l'importance de l'ouvrage de Michel Bernard.

Son livre *L'utopie néolibérale* est d'une grande pertinence en ces années où le chômage atteint de nouveaux sommets et que la misère sévit pendant qu'une nouvelle classe d'affairistes s'en met plein les poches.

On nous répète à satiété qu'« il n'y a plus d'idéologie, que les idéologies sont mortes avec l'URSS ». On nous parle plutôt de rationalisation, de mondialisation, de compétitivité, d'excellence, de dégraissage de la fonction publique, du retrait de l'État, etc. Le professeur Bernard démontre, au contraire, que ces thèmes sont on ne peut plus idéologiques, qu'ils portent les couleurs de l'idéologie néolibérale.

L'idéologie néolibérale se propage et se transforme aujourd'hui en un mouvement pragmatique qui détruit les conditions de vie des travailleuses et des travailleurs, les institutions publiques et les mesures sociales. Le droit de propriété est érigé en absolu, par-dessus même le droit à la vie. Avec l'idéologie néolibérale vient le projet d'une société gouvernée par le marché. C'est la fin de la démocratie politique, mais également de la démocratie industrielle, sociale et économique, car on s'en remet au marché, et au seul marché, pour gérer les rapports de pouvoir.

Cette idéologie anti-sociale ne peut se propager qu'avec la complicité des médias. Au Québec, la grande majorité des médias écrits sont la propriété et sous le contrôle de trois hommes : Conrad

Black, Paul Desmarais et Pierre Péladeau. Et, dans nos sociétés modernes, posséder les institutions où s'élaborent les idées et se forme l'opinion publique, c'est posséder le pouvoir.

En décortiquant le discours néolibéral, en retraçant ses fondements idéologiques, en confrontant ses dogmes avec la réalité concrète – ce qui est la seule méthode scientifique valable –, le professeur Michel Bernard a fait oeuvre utile. Très utile. Son livre devrait servir de guide à toutes celles et ceux qui luttent pour un monde meilleur.

Chacun doit combattre le néolibéralisme à sa façon, ne serait-ce qu'en refusant à cette idéologie des possédants et à son immense force de persuasion la possibilité de lui coloniser le cerveau. À ce que je sache, ce qui s'est fait de bon dans l'humanité s'est fait par la solidarité, la fraternité et la connaissance du système économique et politique dans lequel nous vivons.

Merci, Michel Bernard pour un très grand livre.

Michel Chartrand
Richelieu, 5 avril 1997

Introduction

L e mot utopie, créé par Thomas More (1478-1535) par la juxtaposition des mots grecs *topos* (lieu, pays) et *ou* (pas, négation), désigne la cité sans lieu ou le projet imaginaire qui reste chimérique, mais qui nous appelle à un dépassement, à un idéal, à un universel[1]. Pour les néolibéraux, cette utopie, ce lieu idéal, c'est la société de marché autorégulée accompagnée d'un État minimal du type agence de protection. L'utopie néolibérale nous convie à l'extinction du politique en faveur d'une automaticité à base économique, d'une coordination spontanée des actions individuelles par le marché.

En abordant les thèmes centraux de la doctrine néolibérale comme la négation du droit social, l'État minimal du type agence de protection, la propriété privée intégrale et illimitée et l'ordre spontané du marché, nous n'avons pas exagéré les thèses du néolibéralisme pour en donner une image odieuse ou pour mieux les réfuter. Nous exposons ses propositions telles qu'elles sont présentées par les chefs de cette école, les prix Nobel, les grands instituts, les auteurs célèbres, les commentateurs érudits : notre bibliographie en témoigne. Qu'il suffise, pour l'instant, de mentionner le titre d'un livre d'un grand penseur du néolibéralisme, Friedrich Hayek, le saint de l'École. Ce livre s'intitule *Le mirage de la justice sociale* : on s'aperçoit alors que la radicalité de l'idéologie néolibérale n'a pas à être inventée[2]. Selon ce « prix Nobel néolibéral », le désir de la planification étatique serait une relique du stade tribal de l'humanité. Pour cet idéologue en chef, « la revendication de justice sociale est en fait une expression de révolte, un reliquat d'esprit tribal contre les exigences abstraites de la logique de la

Grande Société sans objectif commun qui se puisse voir[3] ». Cette
sublime idée, qui pourrait susciter un éclat de rire, est pourtant le
résultat d'un long raisonnement sur les ordres spontanés. Nous, qui
croyons encore à un idéal social, confessons notre ignorance alimentée par nos gènes tribaux.

Les zélateurs de la cabale néolibérale nous présentent leur utopie comme un sympathique ordre de liberté : ils prônent la déréglementation, le remplacement du droit social par la charité
« proverbiale » des bien nantis, la quasi-élimination des impôts et
de la planification sociale, la privatisation de l'éducation, des services de santé, de l'eau, des routes, des prisons et de pratiquement
tous les biens publics. Il faut ajouter le thème de la suprématie des
intérêts privés sur les États favorisée par la mondialisation des
marchés. L'État minimal ne demeure que comme mal nécessaire à
la protection du droit de propriété privée. Un beau monde naturel et
libérateur surgirait de la désimplication étatique. L'idéologie de la
classe possédante élude complètement le côté sombre de cette
pseudo-liberté : nous allons l'exposer et réaffirmer les principes de
justice de l'État-assuranciel.

Au premier chapitre, nous allons décortiquer le néolibéralisme
en tant qu'idéologie dissimulant un pouvoir sous le couvert de la
liberté[4]. Une classe sociale propose une idéologie qu'elle voudrait
voir dominer. Elle le fait en finançant les théories qui valorisent
son action. Le but est de convaincre et d'en faire un projet
d'orientation de la société. En réalité, ceux qui bénéficient du laisser-faire veulent le substituer à tout projet étatique et à tout idéal
social exprimé politiquement. Le pouvoir politique est le seul à
s'opposer au pouvoir économique. C'est la dernière arme des
moins nantis. On propage donc l'idée que le laisser-faire est la liberté pour tous. Les théories qui nous présentent l'ordre social
comme un ordre spontané qui s'élabore de lui-même sans planification sont donc portées au pinacle. Une idéologie peut devenir
dominante même si elle privilégie une minorité, à la condition
d'être présentée comme bénéficiant à tous. Aussi, beaucoup
d'énergies sont dépensées pour nous persuader que l'économie
fonctionne toute seule pour le bonheur général, que le capitalisme
est un jeu à somme positive qui permet à une minorité de
s'enrichir, mais à l'intérieur duquel la majorité est mieux que sous
n'importe quel autre système. Celui qui travaille pour un salaire de
subsistance en enrichissant une minorité doit s'estimer chanceux
car, sous n'importe quel autre système possible, il obtiendrait
moins. On présente le capitalisme idyllique comme un mode de

« coopération » indépassable, comme la fin de l'histoire. C'est cet appareil idéologique qu'il faut d'abord exposer et démonter.

L'utopie du passage de l'« économie » de marché à la « société » de marché autosuffisante est une autre bonne vieille marchandise intellectuelle qui voit sa cote remonter. Le deuxième chapitre exposera cette utopie qui se fonde sur le retrait du politique en faveur de l'économique. Nous montrerons donc la continuité idéologique à partir des philosophes du dix-septième siècle qui fondent l'ordre social sur un agencement des passions, en passant par la théorie de l'harmonie naturelle des intérêts d'Adam Smith pour aboutir à sa forme moderne, la théorie de l'ordre spontané des néolibéraux. La passion de s'enrichir doit recevoir une caution à la fois morale et épistémologique. Les humains ont formé historiquement un ordre spontané, encadré « négativement » par des lois pour réprimer les comportements délictueux et « positivement » par le système des prix pour orienter leurs actions. Dans cette foire à l'individualisme possessif, l'épine dorsale du fonctionnement social sont les prix. Ce sont eux qui nous informeraient de la valeur de nos actions. La grande société moderne est hypercomplexe, nous disent les penseurs néolibéraux, les connaissances y sont divisées à l'extrême et ne sont pas synthétisables par de quelconques organismes de planification; il vaut mieux laisser agir les individus via l'unique instrument de coordination possible, le marché. L'ordre social est-il véritablement le résultat non recherché de l'action individuelle? Pourtant, l'action individuelle produit des effets globaux pervers qui demandent l'intervention de l'État, comme l'illustre le cas des embouteillages automobiles générés par la concentration urbaine : les néolibéraux ne bronchent pas, l'État ne doit pas intervenir.

La réfutation du néolibéralisme doit être à la fois épistémologique et éthique. On doit mesurer la valeur de vérité de ses énoncés et vérifier s'ils violent les impératifs moraux généralement reconnus. Par exemple, les néolibéraux qui s'autorisent de Hayek nous disent que la société est un ordre spontané constitué progressivement par les interactions des individus comme le sont le langage ou l'expression de la coutume en loi. Il n'a pas été pensé, planifié puis appliqué; il est né progressivement comme un reliquat de l'action individuelle. Il est absurde de penser que la justice sociale n'ait pas émergé pour se charger des effets non anticipés des actions des individus. On ne peut interroger la société, mais on peut questionner les individus sur la représentation mentale qu'ils se font de leur société. Quand on le fait, on repère l'existence de la justice sociale, un recours consenti à l'individu contre l'ensemble. Sur quelle base peut-on nier l'institution de la justice sociale comme une erreur constructiviste et accepter pleinement celle du marché comme un ordre spontané? Quelle est la valeur de vérité d'énoncés qui décrivent la justice sociale comme une « absurdité ontologique », qui nous présentent l'activité économique comme répondant à des lois aussi inéluctables que les lois de la physique? Quelle est la crédibilité de propositions affirmant que l'immense force de persuasion commerciale ne crée pas de besoins, n'oriente pas la civilisation, d'énoncés soutenant que le marché réalise par lui-même un usage optimal des ressources, etc.? Le marché serait de la civilisation spontanée et la justice sociale du tribalisme constructiviste, un abus de la raison organisatrice qui a la prétention d'affirmer une existence possible hors du marché...

La doctrine de la secte néolibérale apparaît comme une métaphysique peuplée d'êtres imaginaires comme l'*homo œconomicus*, la main invisible, les lois du marché, l'harmonie naturelle, la concurrence pure, l'ordre spontané social, la théorie de la croissance économique par l'offre des riches, l'usage optimal des ressources par le marché, la justesse *a priori* du prix du marché, la supériorité présumée du secteur privé sur le secteur public, l'autodiscipline du marché dans les questions environnementales, l'impossibilité pour la publicité de créer des besoins, etc. Parfois, ce sont des postulats que l'on considère aussitôt comme des vérités. Nous ne sommes pas sans remarquer que le recours à l'ordre spontané du marché est commode pour contrer le désir de planification étatique, pour éliminer les impôts, la répartition, la réglementation et toutes autres instances construites par le rationalisme constructiviste du « tribalisme ». Le discours économique est aussi parfois formulé de façon tautologique. Il nous dit rien sur la réalité, on ne peut imaginer d'expériences pouvant le réfuter. Le prix du marché est toujours le bon prix car c'est le prix du marché; un peu comme l'opium qui endort à cause de sa vertu dormitive. On nous dira par exemple que les Haïtiens et les Asiatiques, qui fabriquent des chaussures pour Nike au salaire de subsistance de 50 cents de l'heure, bénéficient du capitalisme de marché et reçoivent le juste salaire. On ne parle pas du déséquilibre du rapport de force présent dans la négociation de leur salaire; on ne dit rien d'un système logiquement possible qui leur accorderait une plus grande part du prix de vente de 120 $ la paire obtenu en Amérique pour ces chaussures. Les besoins sont toujours déjà là. Ainsi, la publicité des compagnies de tabac n'aurait jamais incité qui que ce soit à fumer :

elle ne fait qu'informer de l'existence d'une marque. Les jeunes décident spontanément de fumer et la publicité ne leur fait fumer que des marques particulières. Le financement des compagnies de tabac a transformé les organisateurs d'événements sportifs et les artistes en courtisans.

Par son paradigme de la société de marché post-étatique, le néolibéralisme ne confie-t-il pas plutôt l'avenir de la civilisation à ceux qui dominent le marché? La société de marché est-elle vraiment une démocratie de consommateurs? Si l'on admet que l'homme est un être essentiellement social qui doit bâtir une civilisation fondée sur la coopération, on n'hésitera pas à reconnaître une fonction d'intervention à l'État par l'intermédiaire du droit social. Sommes-nous libres uniquement quand nous n'allons nulle part et quand nous renonçons à nous définir un universel ou une finalité collective? L'individu s'enrichira en suivant la route de la liberté naturelle que lui montrera son intérêt. Proposer une société sans fins, n'est-ce pas renoncer d'avance à critiquer les moyens? Toute anticipation devient alors impossible. Les néolibéraux ont-ils raison de dénoncer toute action politique volontariste, toute planification comme conduisant au totalitarisme? N'y a-t-il pas un bonheur possible dans la poursuite d'un idéal social qui transcende l'individu et guide le projet personnel? Doit-on se contenter de poursuivre l'efficacité économique dans un capitalisme idyllique proposé comme terme de l'histoire? Il faut faire ressortir le coût qui ne figure pas dans les bilans des néolibéraux : celui que représenterait l'absence de l'État. Pour le néolibéralisme, le droit à une rémunération décente, l'assurance-maladie obligatoire, l'assurance-chômage obligatoire, la fixation des prix agricoles, le contrôle des loyers, la protection du territoire agricole ou de la nature sont des atteintes intolérables à la liberté de contracter.

Le troisième et le quatrième chapitres introduisent des éléments de l'éthique néolibérale. La négation du droit social conduit-elle à la négation des droits de la personne? On nous dit, en effet, que la justice sociale est un imaginaire naïf, une fausse totalité, que seule l'action individuelle peut être juste ou injuste. Le néolibéralisme accorde une préséance au droit de propriété sur les droits à la vie, à l'égalité des chances. Il sort l'éthique des structures sociales pour s'en remettre aux libéralités de la morale personnelle. On exige l'abolition des réglementations du commerce et de l'environnement pour laisser agir le libre marché qui résoudra tous les problèmes. Nous produirons des données empiriques démontrant que le néolibéralisme produit une extrême concentration des richesses. Il est source d'une grande inégalité réelle combinée à un refus de l'égalité des chances; il est donc une vaste source d'instabilité sociale qu'il compense par un État minimal disciplinaire de type agence de protection de la propriété privée. L'État minimal, c'est aussi l'abolition de tout contrat social s'exprimant politiquement; c'est donc aussi la ruine de la démocratie, car seuls les bien nantis peuvent faire valoir leurs projets via le marché.

Il faut voir comment les néolibéraux, ces intégristes du droit de propriété privée, en font un absolu. Le libéralisme s'est prêté à un rapport instrumental avec le capitalisme du dix-neuvième siècle, notamment par son soutien au droit inconditionnel de la propriété privée et sa croyance en la capacité autorégulatrice du marché. Aujourd'hui, les néolibéraux, enhardis par le repli du socialisme et la crise budgétaire de l'État-providence, reprennent, avec un certain radicalisme, les thèses principales de l'utopie libérale classique. Cet appel à l'État minimal, au caractère absolu de la propriété privée, à l'ordre spontané du marché comme instrument de la régulation sociale, cette préséance de l'individu sur le social, ce recours exclusif à la rationalité économique sont difficiles à comprendre sans un retour aux énoncés philosophiques essentiels du libéralisme, qui étaient déjà posés au dix-huitième siècle. C'est pourquoi ce livre déterre les principales racines du libéralisme et éclaire son soubassement philosophique.

Le thème majeur de l'idéologie néolibérale et sa conséquence la plus dangereuse est la négation de la justice sociale et son corollaire, la justification de l'inégalité. On dit que les programmes sociaux coûtent cher : combien de fonds publics sont dépensés pour faire respecter le droit de propriété et de contracter des puissants? Le libéralisme a détruit, au nom de l'égalité, l'ancienne société à ordre fondée sur la domination des clercs et des nobles, mais il a créé une société inégalitaire à partir du statut économique. Il a remplacé le caractère de la domination qui s'infiltre, dorénavant, dans l'espace créé par la séparation de la production et de la consommation. L'égalité et la liberté libérales ne sont que formelles. Ces formes peuvent être inhabitées : notamment, le droit de propriété et de contracter est une coquille vide pour les uns, mais il est tout pour un spéculateur ou un banquier. La liberté, c'est le pouvoir positif d'agir. Or, dans la société de marché néolibérale, le pouvoir d'agir est proportionné au pouvoir d'acheter. La liberté et le pouvoir sont réservés aux bien nantis, aux gagnants du jeu du marché.

Il faut remarquer aussi comment les catégories axiologiques du néolibéralisme conduisent à l'homme unidimensionnel. Le citoyen de la société de marché ne serait-il pas réduit à sa dimension de consommateur? Le gouvernement étant vidé de son essence, le seul droit de vote résiduaire serait-il celui qu'il enregistre par ses choix de consommation? Nous le verrons dans le cinquième chapitre, le consommateur est loin d'être l'*homo œconomicus* parfaitement informé choisissant librement et rationnellement devant l'immense force de persuasion des grandes entreprises modernes. Cette image cache un rapport de force. La connaissance et la science qui devraient faire partie du patrimoine humain seront de plus en plus mises au service de la demande solvable[5]. Lorsque la technique règne sur une société, le moyen devient la fin, aucun sens, aucune valeur ne retiennent son développement. À quoi sert d'augmenter nos moyens sans fin s'ils nous asservissent? Le capitalisme technologique s'est emparé de la science et nous catapulte dans une course effrénée à l'accélération de l'innovation sans autolimite. La société de marché, en s'emparant de la science, nous plonge dans une barbarie à visage technique, elle liquide les métiers, métamorphose les compétences, provoque la désuétude accélérée des produits, recompose constamment les coordonnées de la vie sociale. On laissera le marché définir l'avenir de l'homme et le néolibéralisme pliera toutes les volontés à cette machine qui ne se comprend plus elle-même et interdira qu'un droit social vienne secourir les victimes du changement accéléré, de la course aveugle en avant devenue fin en soi. Dans le paradigme dominant de la croissance sans fin, l'homme est un simple ustensile économique et la nature un stock de marchandises potentiel à exploiter au plus sacrant, à convertir en *cash* au plus vite. Quand tous les habitants de la Terre voudront adopter notre mode de vie, la planète n'en aura plus pour longtemps. Évidemment, le néolibéralisme continuera de nier la nécessité de la planification étatique.

Le sixième chapitre montrera que le néolibéralisme n'est pas un système public de coopération acceptable; il est une atteinte à la démocratie sous le couvert d'une demande de liberté. Il n'exprime aucunement les termes équitables de coopération entre citoyens libres et égaux. À quoi servirait la liberté politique dans un État où la vie publique aurait été vidée de son contenu, où le rôle du gouvernement se limiterait au maintien d'une police, d'une armée et d'un système judiciaire voués prioritairement au respect de la propriété privée? Dans une société néolibérale, il n'y a plus de matière politique, le fatalisme et la docilité devant le marché conduisent à une dépolitisation et à un ordre spontané.

Le néolibéralisme reconduit le principe de l'inviolabilité de la propriété privée en tant que contenu de la liberté. Or le travail, moyen d'accès à cette aire de liberté-propriété, demeure hors de la portée d'une partie de la population, le chômage étant devenu structurel, endémique au système. Le pouvoir réel sur la destinée des individus se réfugie dans les conseils d'administration et de direction des entreprises. La doctrine de l'harmonie naturelle des intérêts s'appuie sur un libre rapport de force commercial, sur un état permanent de concurrence qui est contredit par une inéluctable tendance à la concentration du pouvoir économique, nécessitant l'arbitrage de l'État. L'insuffisance intrinsèque du libéralisme est démontrée par son impossibilité à résoudre, par le marché libre, le problème des externalités, notamment celui de la prise en compte de l'accaparement hors marché et de la destruction des ressources de l'environnement qui affectent largement les « non-échangistes ».

On montrera, au septième chapitre, comment la stratification sociale néolibérale place les affairistes au sommet de l'échelle au Québec ; comment le gouvernement même les consulte comme des nouveaux sages, alors qu'ils poursuivent des intérêts strictement personnels. La classe sociale, qui aspire à dominer, doit présenter ses intérêts comme l'intérêt collectif de tous les membres de la société. Elle doit donner à ses pensées la forme de l'universalité, les présenter comme les seules rationnelles, les seules universellement valables. Quand nous aurons compris comment l'économie a toujours dissimulé le pouvoir des possédants derrière des pseudo-faits objectifs, nous comprendrons comment les vraies causes de la crise des finances publiques ont été dissimulées par cette pseudo-science. Il y a donc aussi dans ce livre une interrogation sur la recevabilité des connaissances qui gouvernent nos vies. Nous aurons fait le tour des instruments historiques de persuasion (surnature, nature, ordre spontané, fin en soi de la technique) pour mieux comprendre comment les nouveaux théologiens-économistes modernes, les évangélistes-affairistes et les grands prêtres des temples de la finance nous imposent leur doctrine par l'intermédiaire d'une vaste machine de persuasion.

La façon de s'approprier le pouvoir en Occident consiste à contrôler, non pas l'armée ou la police, mais les institutions à l'intérieur desquelles s'élaborent les idéologies. Une bonne façon de commencer à établir le système à pensée unique est d'acheter les médias et les éditorialistes inclus dans le *package* comme le font Conrad Black et Paul Desmarais. Au Québec, la classe possédante l'a compris et la propriété des médias est de plus en plus concentrée entre leurs mains, à la fois comme machines à argent et appareil d'orientation de l'opinion. Au Québec, les élus ont fait l'erreur de déléguer à des comités de « sages », formés majoritairement d'hommes d'affaires, la réflexion sur l'avenir de la société alors que, depuis deux siècles, le libéralisme considère comme normal que la bourgeoisie des affaires poursuive son intérêt personnel. Les affairistes nouveaux sages en sont venus à la conclusion qu'il fallait réduire les impôts des sociétés, déréglementer et privatiser tout ce qui est rentable, des parcomètres à l'hydroélectricité en passant par l'eau potable, les ponts, les routes, les écoles, les hôpitaux et jusqu'aux prisons. Ceux qui ne pourront se payer ces services privés seront reconduits à la porte de la Cité via la désinsertion sociale. Le gros argent arrogant, les affairistes sages, eux-mêmes surpris d'être questionnés sur le bien public par un gouvernement qui refuse de gouverner, ont demandé la réduction de la protection de la langue française et le renoncement à l'indépendance du Québec stigmatisés comme une nuisance aux « affaires » érigées en finalité ultime de l'homme. Un million de dollars, ça ne parle pas anglais ou français, dit le premier ministre Chrétien; une raison de plus pour que nous organisions notre défense collective contre le capital qui ne comprendra plus bientôt que l'anglais.

Les références à la surnature et à la nature doivent faire place au réalisme de l'organisation sociale, à la mutualisation des risques sociaux. La seule transcendance de l'individu est la solidarité humaine. La seule métaphysique digne de l'homme, c'est la métaphysique sociale. À l'absurdité ontologique néolibérale de l'individu isolé, il faut opposer une ontologie solidariste, celle qui désigne l'homme comme un être social qui ne peut rien accomplir seul[6]. C'est en admettant de façon réaliste sa condition d'humain et sa finitude immanente que l'homme accédera à l'humanité véritable. Le chômeur ne reçoit pas de prestations en vertu de la charité chrétienne ou d'une vague morale laissée à la discrétion des possédants ni en vertu d'un droit naturel puisque la nature est silencieuse sur nos droits et étrangère aux constructions humaines; il reçoit sa prestation en vertu de son droit à la production sociale qui n'est pas éteint par son chômage. Il la reçoit du fait que tous reconnaissent que le chômage est le côté pervers de la division du travail, qui est inévitable par ailleurs, et du progrès technologique dont tout le monde devrait profiter[7]. Tous s'unissent pour pallier ce mal social qui peut frapper n'importe qui.

Les références à la morale, à la surnature et à la nature ne sont plus nécessaires. La couverture du risque rattaché à mon existence m'oblige à couvrir celui des autres. Le solidarisme ne me demande pas de renoncer à moi-même, mais à reconnaître que je ne peux rien seul contre le mal social. La quête de ma protection m'oblige à vouloir celle des autres. La solidarité est la seule forme authentique de l'harmonie des intérêts. La solidarité sociale est la seule « main invisible » amicale, non pas la main invisible néolibérale qui voudrait qualifier les intérêts personnels les plus grossiers de source du bien général, mais celle qui organise notre défense contre les risques et les contingences de la vie. Au lieu d'objectiver le chômage comme un mal social, les néolibéraux en font une responsabilité individuelle. Leur individualisme leur cache que la nécessaire division du travail est une organisation essentiellement sociale dont tout le monde bénéficie. Si un individu s'en trouve affecté, la société qui tire profit de cette division du travail ne peut nier sa responsabilité. Les néolibéraux veulent éliminer le droit social au profit du droit civil qui ne reconnaît que les droits et les obligations créés par des contrats privés.

Ce n'est qu'après avoir démasqué le pouvoir dissimulé par la machine néolibérale et après avoir prononcé la faillite du néolibéralisme que nous démontrerons au huitième chapitre, la nécessité de l'État-assuranciel. L'apologie d'une égalité formelle devant la loi conduit à une justification des inégalités réelles. L'État minimal libéral cautionne l'exercice de l'inégalité en protégeant un droit de propriété absolu. Un argument néolibéral veut que la complexité, maintenant atteinte dans les grandes sociétés, rende impossible la justice sociale ou l'identification d'une responsabilité quelconque dans le sort des démunis.

L'hypercomplexité d'une machine sociale moderne, qui ne se comprend plus elle-même et qui brouille les réseaux de causalité, discrédite justement la catégorie de responsabilité en faveur de celle de solidarité. Le droit civil, assisté de la charité privée, ne suffit plus et la société doit devenir elle-même assurancielle. Un risque social naît de la participation à une Grande Société, de la division poussée du travail, de l'acceptation collective *a priori* du progrès et de l'internationalisation des marchés qui recomposent continuellement les coordonnées de cette forme de vie sociale. Le risque social conduit à l'intériorisation de la nécessité de la justice sociale, c'est-à-dire à la nécessité d'un recours consenti à l'individu contre l'ensemble[8]. Un impératif moral nous commande de ne pas traiter autrui comme un simple moyen. Dans la société de marché, le projet individuel ne rejoignant le projet collectif que par le marché, tout universel autre qu'économique se trouve invalidé.

Le néolibéralisme pose le défi de la légitimité du droit social et de l'existence de la justice distributive. Un droit libéral traditionnel, protégeant l'individu contre l'intervention de l'État, doit être équilibré par un nouveau droit social protégeant l'individu par l'intervention de l'État. Quant à la propriété privée, le néolibéralisme perd de vue que c'est le droit fondamental à l'appropriation des biens nécessaires à la vie et au projet de vie qui a reçu une détermination dans la propriété privée. Le droit de propriété privée est donc subordonné. Les imperfections de la propriété privée et du marché autorisent l'intervention de l'État et son rôle de redistribution.

La société pourrait être un système équitable de coopération entre des personnes libres et égales[9]. Nous ne sommes pas prédéterminés à vivre dans un système qui enrichit une minorité et où l'on se contente de regarder le cortège de démunis s'allonger en jasant de chômage naturel. En même temps, il s'agit de créer une référence qui nous permettra d'examiner le degré de justice de nos institutions politiques et sociales et les critères d'un système public de coopération sociale acceptable. À quelles conclusions sur l'intensité du rôle de l'État en viendraient des personnes réfléchissant sur la structure de base de la société, en faisant abstraction de leur position personnelle, tout en connaissant les risques de la coopération sociale moderne? Nous tenterons de répondre à cette question en consultant John Rawls, un des contemporains les plus respectés en la matière.

Les philosophes existentialistes nous disent que l'homme se fait par son existence : jeté dans le monde, il est mis en demeure de trouver un sens à ce monde; il n'est pas prédéterminé par une essence; il est radicalement libre. L'homme est la résultante de ses choix, de ses actes libres. Mais celui à qui la naissance arrive se découvre dans un monde tourné vers l'efficace, le prix du temps et l'explication économique du comportement humain. Il lui est difficile d'imaginer que le monde pourrait être autre. L'homme ne peut éviter de choisir. Ne rien faire, c'est choisir le néolibéralisme. L'homme peut choisir de construire la justice sociale comme concept et l'appliquer concrètement via un droit social. Si nous laissons cette doctrine triompher, nous n'aurons plus le droit de nous plaindre. Un joueur qui perd son argent aux courses n'a pas le droit de se lamenter, car il a d'abord accepté les règles de ce pari. Nous n'aurons pas le droit de dire que l'immense cortège des perdants du néolibéralisme sont des victimes à compenser si, collectivement, nous contribuons à le laisser s'implanter et vider le droit social de son contenu.

Notes

1. FOULQUIÉ, Paul, *Dictionnaire de la langue philosophique,* Paris, PUF, pp. 746-747.
2. HAYEK, Friedrich, « Le mirage de la justice sociale », *Droit législation et liberté,* tome 2, collection Libre-échange, Paris, PUF, 1982.
3. Idem, p. 174.
4. Idéologie : « Système plus ou moins cohérent d'idées, d'opinions ou de dogmes qu'un groupe social ou un parti présentent comme une exigence de la raison, mais dont le ressort effectif se trouve dans le besoin de justifier des entreprises destinées à satisfaire des aspirations intéressées et qui est surtout exploité pour la propagande ». Paul Foulquié, *op. cit.*
5. LESGARDS, Roger, « L'empire des techniques », *Manière de voir,* n° 28, novembre 1995.
6. Ontologie (*ontos,* être et *logos,* discours, science) : connaissance de ce qui est. Les néolibéraux, prix Nobel de la Banque de Suède, nous disent que la justice sociale ne peut exister, car seuls des individus peuvent avoir des droits et des obligations. Si on ne peut toucher et voir la société, elle est bien là comme une instance qui résulte de nos actions et qui guide aussi nos actions. L'individu isolé des néolibéraux n'a pas l'existence autonome qu'on lui prête : il ne peut exister sans la société. Il s'affirme comme étant autonome pour cacher sa dette envers la société. La justice sociale et le droit social peuvent exister si on choisit de leur prêter l'existence, et les individus auront des recours contre la société qui se reconnaîtra des obligations. Après tout, on a fait naître des droits et des obligations à des compagnies qui sont des êtres bien plus « volatils » que la société et qui ont accumulé un pouvoir énorme.
7. Nous parlons ici de chômage, mais notre raisonnement est valable pour toute autre contingence comme la maladie, l'accident de travail, de la route ou les catastrophes naturelles comme les inondations, etc. Les systèmes de défense contre l'inéquité dans les rapports de force ou les lois de protection des consommateurs sont aussi une manifestation de la solidarité devant un risque; elles empêchent le marché de devenir une arnaque perpétuelle.
8. EWALD, François, *L'État-providence,* Livre III, « Du risque professionnel au risque social. Le contrat de solidarité », pp. 223 et suivantes, Paris, Grasset, 1986.
9. Nous empruntons à la démarche de John Rawls, un des contemporains les plus respectés en la matière. Sa démarche a été exposée principalement dans *Théorie de la Justice,* Seuil, 1987 et *Libéralisme politique,* PUF, 1995.

PREMIER CHAPITRE

L'idéologie néolibérale

I l faut décoder l'idéologie néolibérale comme dispositif de dissimulation du pouvoir des grandes entreprises et des bien nantis. Le néolibéralisme est une gigantesque machine à persuasion et à résignation qui nous invite à une quiétude passive devant une présumée harmonie naturelle du marché. Qui a intérêt à inculquer l'idée que l'économie fonctionne toute seule?

Pour avoir les coudées franches, pour briser toutes velléités de planification et de répartition étatiques, ceux qui occupent le dessus du panier économique, les 2% qui détiennent 55% des actifs financiers, les 10% qui détiennent 90% des portefeuilles aux États-Unis, les deux millions de lecteurs du *Wall Street Journal* qui possèdent chacun un avoir net moyen s'approchant du million, doivent « démontrer » que l'économie fonctionne toute seule et que la poursuite de leurs intérêts particuliers réalise spontanément le bien général. Les possédants ont construit un immense appareil idéologique de persuasion tourné vers cette démonstration.

Une première façon de faire est de nous présenter les spéculations économiques comme des lois naturelles. Un pouvoir découle du fait de s'autoriser de la nature ou de la science quand ce n'est pas de la surnature. Pourquoi les prix Nobel d'économie attribués à des néolibéraux comme Friedman et Hayek sont-ils financés par la Banque de Suède et non par la Fondation Nobel? Pourquoi a-t-on attribué un prix Nobel en 1995 à Robert Lucas qui affirme que les chômeurs le sont par choix? Les chômeurs se débattent pourtant pour s'en sortir comme l'a montré l'exemple de la compagnie Alcan qui a reçu 30 000 demandes pour une offre de 50 postes en 1997. Pourquoi accorder un prix Nobel pour des théories voulant que la diminution de l'impôt des riches soit la clé de l'investissement et de l'enrichissement général, alors que l'argent redistribué aux démunis qui en ont un pressant besoin pour consommer stimule bien plus sûrement la demande et l'économie?

Comment expliquer cette marée de matière oiseuse en provenance d'auteurs du libéralisme de vieille école qui fustigent les pauvres comme des paresseux, récusent la justice sociale comme nuisible à l'ordre, prêchent le salaire de subsistance et l'absolue liberté de contracter et célèbrent la présumée supériorité naturelle des riches? À la jouissance de la richesse est-il nécessaire d'ajouter celle de s'imaginer que l'on est riche parce qu'on est le meilleur? Les modèles macro-économiques néolibéraux à base de milliers d'équations ne peuvent-ils pas accoucher de mieux que cela? La science économique, en présentant la puissance des riches comme la récompense d'une compréhension supérieure du marché, ne dissimule-t-elle pas leur pouvoir de nous imposer produits et modes de travail?

Qui a intérêt à proclamer que le salaire minimum, l'assistance sociale, les monopoles syndicaux, le programme d'assurance-chômage même sont responsables du chômage? Qui a fourni 245 millions de dollars au Parti républicain en 1996 pour appuyer son programme de réduction des impôts alimenté par les coupures dans les programmes sociaux? À une plus petite échelle, le financement du parti Vision Montréal par des affairistes est-il étranger à la vague de privatisation réelle et appréhendée des infrastructures municipales? On a appris, par exemple, qu'un comptable à la recherche de contrats aurait offert 6 000 $ de meubles à Vision Montréal. Qui finance les instituts C.D. Howe, Fraser et compagnie qui entretiennent une hystérie du déficit? Qui bénéficie du mythe voulant que les déficits soient dus aux programmes sociaux trop généreux alors que la source principale en est le chômage généré par la politique de hauts taux d'intérêt de la Banque du Canada? Qui s'est enrichi outrageusement par cette politique monétaire aberrante qui nous fut imposée pendant des années? Il faut montrer comment, suite à cette politique frisant l'absurde, l'intérêt a mangé le salaire, recomposant la distribution des ressources en faveur des gros détenteurs de liquidités.

Les néolibéraux dénoncent les charges de l'État-providence qui sont oppressives pour leur droit de propriété, mais ils ne disent pas un mot de la barbarie de la société antérieure à l'État-providence. Le monde libéral de l'harmonie naturelle des intérêts fondée sur un équilibre des égoïsmes s'est-il déjà matérialisé ne serait-ce que partiellement dans le passé? On entend souvent dire que les doctrines collectivistes ont été des échecs. Une amnésie collective nous cache le fait que le néolibéralisme veut ressusciter le libéralisme économique classique, un fiasco social qui avait lui-même commandé l'interventionnisme étatique. Avec la doctrine de Keynes, un libéralisme réformateur a tenté de conjuguer l'interventionnisme et la propriété privée, restant ainsi en marge de l'utopie socialiste. Ce qui se passe en Russie actuellement n'est pas simplement une réfutation du planisme, mais aussi celle du capitalisme sauvage qu'on peut maintenant y voir à l'oeuvre.

Notre incompétence collective à générer un système équitable de coopération sociale nous accuse. Un peu partout, le néolibéralisme est aujourd'hui maître du terrain idéologique et il constitue un des mouvements intellectuels les mieux financés par l'entreprise privée. La dictature de la pensée unique est-elle moins dangereuse que la dictature du parti unique? Il faut mettre en rapport les libéraux classiques et les néolibéraux modernes qui les radicalisent en plaidant pour un État minimal strict, qui se limite à des fonctions étroites de protection contre la force, le vol, la fraude, pour la protection des contrats privés, et ainsi de suite[1].

L'idéologie de la finance : une idéologie bien financée

Un sentiment d'urgence « philosophique » vient à l'esprit de celui qui constate combien le néolibéralisme est aujourd'hui maître du terrain idéologique et comment il constitue un des mouvements intellectuels les mieux financés à cause de sa fonction instrumentale dans la dissimulation du pouvoir des possédants et de celui de la grande entreprise privée.

Malgré les résultats désastreux que l'on peut déjà comptabiliser à son débit, le néolibéralisme est devenu le socle d'une pensée unique[2]. Il était, dans l'après-guerre, un mouvement d'idées minoritaire qui se constituait dans des boîtes à idées (think-tanks) comme l'Université de Chicago[3]. Des économistes influents, comme Milton Friedman et Friedrich Hayek, deux prix Nobel, ont enseigné à Chicago et ont propagé les idées néolibérales[4]. Il faut dire que « le prix Nobel d'économie n'est pas un vrai prix Nobel. Le Nobel Memorial Prize in Economics est payé non par la fondation Nobel, mais par la Banque de Suède[5] ». Hayek avait rejoint cette université en 1950 après avoir fait paraître un livre influent qui s'opposait à l'interventionnisme étatique en agitant l'épouvantail du totalitarisme[6]. C'est à son invitation que s'était formée, en avril 1947, la Société du Mont-Pèlerin qui réunit encore au-

jourd'hui des intellectuels américains et européens voués à faire
l'apologie de la société de marché.

Un grand nombre de *think-tanks*, instituts et chaires universitaires appuyés par d'importants intérêts financiers propagent les
idées de la nouvelle droite et du néoconservatisme. La source du
financement sont les fondations alimentées par les grandes familles
industrielles (Coors, Scaife, Mellon, Olin), les spéculateurs milliardaires, les banques; mentionnons entre autres la Heritage
Foundation (1973) associée au reaganisme, le CATO Institute,
l'Institute for Foreign Policy Analysis, le Committee on the Present
Danger, la Reason Foundation, le Manhattan Institute for Policy
Research. Des publications telles que *National Review, The New
Republic, The Public Interest, New Criterion, American Spectator*
adoptent la philosophie néoconservatrice et reçoivent des dizaines
de millions de dollars[7]. En général, on a la publication facile; il
suffit de propager des idées de droite. Des titulaires de chaires universitaires reçoivent des salaires de plusieurs centaines de milliers
de dollars. La Olin Fondation, qui déclarait dans une brochure récente vouloir renforcer les institutions sur lesquelles est basée
l'entreprise privée, finance des chaires et instituts notamment à
Harvard, Yale, Stanford et Chicago. On parle de 32 millions de
dollars par année pour le Centre Olin de Chicago et 14 millions de
dollars pour l'Institut Olin d'études stratégiques de Harvard[8]. Au
Royaume-Uni, on retrouve l'Adam Smith Institute de Londres,
l'Institute of Economic Affairs et le Center for Policy Studies. Ces
sociétés se caractérisent par leur unité de pensée en faveur de l'État
minimal.

La nouvelle droite américaine a été appuyée par une série de
groupes évangéliques qui vont de la Moral Majority à la Full Gospel Businessman's Fellowship. Plus de trente groupes de la nouvelle droite s'appuient sur le fondamentalisme chrétien, et la plupart sont liés à de riches familles d'affaires américaines, incluant
Bunker Hunt, les Coors, les Wallace Johnson, William Randolph
Hearst et les familles contrôlant Pepsi-Co, Mobil Oil et Coca-Cola.
Grâce à ce puissant appui financier, ces groupes fondamentalistes
contrôlent un important réseau de médias. Par exemple, la National
Religious Broadcasters Association rejoint plus de 129 millions
d'Américains par la radio et la télévision[9]. C'est ce genre de médias qui stigmatisent les assistés sociaux en préconisant de leur
enlever le droit de vote ou de retirer l'appui de l'État aux enfants
des filles-mères qui se sont adonnées à la « fornication ». Il faut
supposer qu'eux-mêmes sont venus au monde par une opération du

Saint-Esprit. Les droits de propriété « seraient ce que le corps est à l'âme : ils lui donnent son efficacité dans ce monde[10] ».

Les néolibéraux radicalisent les libéraux classiques

Une étude de la Federal Reserve publiée dans le *New York Times* du 17 avril 1995 dévoile que 1% des foyers américains possède 40% des richesses du pays. Disney paie 28 cents de l'heure en Haïti. Levi accumule des fortunes en faisant travailler ses employés près de 90 heures par semaine pour un salaire hebdomadaire qui n'équivaut même pas au prix d'une paire de jeans en Amérique. Les compagnies américaines font affaire avec des sous-traitants taïwanais et sud-coréens qui payent 25 cents de l'heure à une main-d'oeuvre composée de jeunes paysannes chinoises. Mais les néolibéraux prétendent posséder le système de collaboration humaine qui satisfait les deux principales exigences des bonnes institutions : celle de l'utilitarisme qui demande à un système de maximiser le bonheur collectif et celle de la doctrine des droits naturels qui considère les droits individuels comme sacrés. Le néolibéralisme est donc indépassable[11].

Le néolibéralisme n'est pas un simple retour au libéralisme classique, car à bien des égards ses propositions vont plus loin. « Les idées des ultra-libéraux ont souvent été attribuées, à tort, aux classiques; cette erreur est commise, non seulement par des journalistes, mais aussi – et plus souvent qu'on ne le croit – par les professeurs universitaires les plus prestigieux. (...) on dit de Friedrich Hayek qu'il est très fidèle à la pensée d'Adam Smith et qu'il est proche de Hume. Ce sont là des rumeurs sans fondement[12]. » En se référant à Adam Smith hors de son contexte historique, Hayek fait appel à un libéralisme périmé. Smith était progressiste à son époque, car il combattait l'État mercantiliste qui, en France, contrait le développement de la libre entreprise en distribuant des monopoles et des privilèges. Sous le mercantilisme, l'État intervenait beaucoup et mal. La politique de Louis XIV, roi de France de 1643 à 1715, a enrichi les courtisans alors que la pauvreté et la disette étaient attestées à la fin du dix-septième siècle par une décroissance démographique. Les finances royales stagnaient. Les taxes et péages de toutes sortes accélérèrent les effets du déclin économique.

Jeremy Bentham, Adam Smith et John Stuart Mill étaient des utilitaristes. L'utilitarisme est une doctrine éthique « conséquentialiste », c'est-à-dire qu'elle juge de la valeur d'une action d'après son effet sur le bonheur de la collectivité plutôt que la conformité à une norme absolue supérieure comme la volonté de Dieu ou la Bible. « Plus précisément, l'utilitarisme est une doctrine éthique qui considère le " bonheur de la collectivité " comme critère suprême du bien et du mal[13]. » Les actions qui n'ont pas de conséquences publiques sont du domaine privé et elles relèvent de la liberté individuelle. Certaines actions ont un effet public comme le commerce; elles relèvent du domaine public, mais on les laisse à l'initiative des individus pour des raisons d'efficacité. Comme le commerce relève en principe du domaine public, la société a un droit de regard, on peut le réglementer. Adam Smith conclut que l'État doit intervenir dans certains domaines (taux d'intérêt, éducation, santé publique, etc.) mais que, dans la majorité des cas, la liberté l'emporte sur la réglementation. « Le libéralisme utilitariste considère donc que l'activité économique, bien qu'appartenant au domaine sur lequel la société a un droit de regard, doit (en règle générale) être laissée libre car la liberté assure mieux que le règlement le but que se fixe la société en la matière[14]. »

Si une municipalité veut privatiser son aqueduc, il faut se demander si le bonheur général est augmenté. Si les coûts des services augmentent et que les fonds sont investis à l'étranger, il est douteux que le tout conduise à un accroissement du bonheur général.

Les défenseurs des droits naturels se sont posés en adversaires des utilitaristes. Ils prétendent que les individus naissent avec des droits imprescriptibles. Ils plaident que l'augmentation du bonheur général ne peut se faire au détriment des droits naturels, ne serait-ce que le droit d'un seul individu. Malheureusement, il place le droit de propriété parmi les droits naturels. Un individu aurait beau posséder la moitié de la planète aux dépens de l'appauvrissement de ses concitoyens, on pourra toujours dire que son droit de propriété est inviolable. « Au dix-huitième siècle, les libéraux de la tendance Droit naturel considéraient que l'ensemble des droits naturels (la vie, la liberté, mais aussi la propriété) étaient " sacrés ", intouchables quel que soit l'avantage que la société puisse en tirer en les restreignant[15]. »

Le néolibéralisme reprend les arguments de Smith défavorables à l'État mercantiliste et les transpose dans la société contemporaine hautement industrialisée et complexe. Smith et Turgot redoutaient l'intervention gouvernementale à cause de la corruption et l'incompétence des administrations publiques au dix-huitième siècle. Le niveau d'instruction était bas, les hauts postes étaient héréditaires et une partie d'entre eux étaient soumis à la vente[16]. De plus, au temps de Smith, il y a deux siècles, l'économie était composée de multiples petits producteurs et nous n'observions pas la concentration industrielle actuelle. Autrement dit, l'on se rapprochait de la concurrence parfaite qui est à la base du fonctionnement équilibré du marché où personne n'est assez fort pour imposer sa volonté. Réduire la société à un marché à l'époque actuelle reviendrait à laisser les grandes corporations contrôler la société, la direction du progrès, etc. Pour démontrer ce pouvoir industriel, rappelons qu'aux États-Unis, un millier de firmes se partagent les deux tiers de la production du secteur privé et que les autres pays industriels connaissent une semblable concentration[17]. Celle-ci contraste violemment avec la dissémination de l'activité économique au temps du capitalisme de marché. Le chiffre d'affaires des deux cents principales compagnies multinationales équivalait à 28,3% de la dépense nationale brute mondiale en 1996. Le chiffre de leurs ventes combinées (7 100 milliards de dollars) dépasse les revenus combinés de 182 pays (6 900 milliards de dollars). Le droit de propriété des 359 milliardaires qui possèdent un montant égal au revenu de 45% de la population mondiale est-il un droit naturel qui ne peut être sujet à un marchandage politique ou au calcul de l'avantage de la société? Leur droit de propriété absolu fait-il partie de l'inviolabilité de leur personne qui l'emporterait sur le bien-être de l'ensemble de la société? On sent bien que la théorie de l'utilité pour le bonheur général aussi bien que celle du caractère absolu des droits naturels peuvent tous deux s'avérer théoriquement fausses comme critère du bien. De combien la situation du monde est-elle pire ou mieux du fait de l'existence du droit de propriété du 1% des foyers américains qui possèdent 40% des richesses du pays, du droit de propriété des 20% des mieux nantis du monde qui détenaient 85% de la richesse mondiale en 1991? Un peu de richesse excédentaire prise à ces riches par un impôt progressif et redistribuée en programmes sociaux augmenterait la somme de bien-être général. Les néolibéraux adopteraient la position de l'inviolabilité du droit « naturel » de propriété et iraient même jusqu'à dire que l'impôt est un vol.

Il n'y avait pas de véritable doctrine de l'État minimal chez les libéraux classiques.

> On ne peut pas assez insister sur le fait que les libéraux classiques n'étaient pas partisans de l'État minimum. La quantité souhaitable d'intervention publique ne pouvait, d'après eux, être déterminée qu'en examinant un par un

les différents types d'intervention publique qui étaient proposés[18].

Pour les libéraux partisans du droit naturel comme Turgot, Condorcet, Jefferson et Paine, les interventions devaient être conformes à la justice tandis que pour les utilitaristes comme Hume et Smith, il s'agissait de procéder par une étude de l'utilité des interventions qui augmentent le bonheur général. Comme le dit John Stuart Mill : « On peut dire d'une manière générale que l'État doit entreprendre toute activité qui est désirable pour l'intérêt général (...) si cette activité n'est pas de nature à rémunérer les individus ou les associations qui l'entreprendraient[19] ». Ce sont les ultralibéraux du dix-neuvième siècle comme Bastiat et Spencer que les néolibéraux remettent au goût du jour.

Les utilitaristes conviennent que l'État peut intervenir par réglementation ou interdiction là où les actions humaines ont des effets supra-individuels avec toujours comme objectif la maximisation du bonheur de la collectivité. Smith passait en revue les domaines où l'intervention de l'État était nécessaire. Il dit clairement que l'État doit pourvoir à la défense nationale et l'administration de la justice, mais aussi à l'infrastructure des routes, canaux, ponts, ports, à l'instruction publique, à l'hygiène publique, à l'assistance aux pauvres, c'est-à-dire qu'il admet que le marché est insuffisant pour créer l'ordre social et doit être assisté par l'État.

> Le premier des devoirs du souverain, celui de protéger la société contre la violence et l'invasion d'autres sociétés indépendantes, ne peut se remplir qu'à l'aide d'une force militaire (...) Le second devoir du souverain, celui de protéger, autant qu'il est possible, chacun des membres de la société contre l'injustice et l'oppression de tout autre membre de cette société, c'est-à-dire le devoir d'établir une administration de la justice (...) Le troisième et dernier des devoirs du souverain ou de la république est celui d'élever et d'entretenir ces ouvrages et ces établissements publics dont une grande société retire d'immenses avantages, mais qui sont néanmoins de nature à ne pouvoir être entrepris ou entretenus par un ou par quelques particuliers, attendu que, pour ceux-ci, le profit ne saurait jamais leur en rembourser la dépense[20].

À l'intérieur du grand principe de l'autonomie de l'économique, l'action de l'État est perçue comme comblant les limites du marché. Le marché n'est pas un système parfait que l'intervention de l'État perturbe nécessairement. Celui-ci doit surveiller les vices intrinsèques du marché et entreprendre les choses nécessaires à la société qui ne se feraient pas sans intervention. L'économie reste marquée par la nécessité d'un secteur privé et un secteur public et il n'y a pas de modèle fixant définitivement les frontières. Toute l'économie de bien-être (*welfare economics*), qui s'est développée des années 1930 à nos jours, est fondée sur le concept d'externalité qui traduit cette reconnaissance des limites du marché.

Smith reconnaît que l'égalité devant la loi cautionne une inégalité réelle devant la distribution des droits de propriété. « Le gouvernement civil, en tant qu'il a pour objet la sûreté des propriétés, est, dans la réalité, institué pour défendre les riches contre les pauvres, ou bien, ceux qui ont quelque propriété contre ceux qui n'en ont point[21]. »

Lorsque Smith recommande à l'État de fixer un plafond au taux d'intérêt, c'est un raisonnement utilitariste qu'il applique. Il en résulte une meilleure répartition du capital pour des projets à risque raisonnable. Par exemple, le revenu de la rente des terres reste avantageux par rapport au taux d'intérêt et l'on a avantage à développer ces terres[22]. Nous avons vécu le contraire au Canada dans les dernières décennies; la politique monétaire de hauts taux d'intérêt de la Banque du Canada a fait en sorte que les placements dans des titres à intérêt ont mangé le capital de risque destiné à créer des emplois.

> Pour Smith, l'État libéral n'est donc pas celui de laisser-faire au sens le plus trivial. Il doit avant tout construire et préserver le marché. (...) Smith n'a jamais manqué dans *La richesse des nations* d'insister sur les conflits et les déséquilibres qu'une économie, laissée à son libre cours, pouvait développer entre l'intérêt privé et l'intérêt général[23].

Hume, Smith et Mill ne présentent pas l'harmonie naturelle des intérêts comme une hypothèse démontrée, mais comme un phénomène qui se réalise souvent. Des choses utiles à la nation sont parfois délaissées par l'initiative privée et parfois certaines initiatives privées sont nuisibles. Un système d'encouragements et d'interdictions est nécessaire. La concurrence intervient pour préserver le désir de rechercher l'intérêt collectif. Il faut la garantir.

Au début du dix-neuvième siècle, Jeremy Bentham (1748-1832) entreprend d'être plus précis que Smith sur la question. Son utilitarisme ouvre la porte à l'interventionnisme dans la réalisation du bonheur du plus grand nombre, mais sans fixer de limites précises[24]. La valeur morale d'une action dépend de la quantité de plaisir qu'elle produit non seulement pour celui qui agit, mais pour l'ensemble de la collectivité.

> L'application du principe d'utilité conduisit Bentham à opter pour une très grande liberté commerciale, mais, comme Adam Smith avant lui, Bentham n'est pas partisan de la non-intervention de l'État. Ainsi il est favorable à une éducation gratuite, à un minimum légal pour le salaire, à l'aide publique en cas de maladie ou vieillesse, etc.[25]

Pour les libéraux utilitaristes, l'État a donc le droit de réglementer le commerce tout en reconnaissant que la liberté produit généralement les meilleurs résultats[26]. Pour Smith, la liberté de l'entrepreneur se justifie si elle accroît la consommation. Si l'État est mieux en mesure de susciter la consommation alors il faut le faire intervenir. En plus d'un pouvoir réglementaire sur les actions humaines, l'État a le devoir éthique positif d'augmenter le bonheur collectif. L'État doit donc entrer dans les activités utiles que les individus ne font pas spontanément d'eux-mêmes.

Les libéraux classiques partisans du droit naturel ne recherchent pas à réaliser le bonheur du plus grand nombre comme les utilitaristes; ils chercheront à isoler les actions qui violent ou non le droit d'autrui. Nous avons vu que, pour l'utilitariste Mill, un droit est une institution que la société fait respecter car elle la considère comme utile. Condorcet et Paine en arrivent à la maxime : *La liberté consiste dans le droit de faire tout ce qui n'est pas contraire aux droits des autres.* L'article 2 de la Déclaration des droits de l'homme de 1789 stipule que le but de toute association politique est la conservation des droits naturels. L'État aurait donc un devoir positif d'intervention en ce sens[27]. Condorcet démontrait que des institutions comme l'instruction gratuite étaient nécessaires aux pauvres pour jouir également des droits naturels, ce qui ramène l'éducation du devoir de bienfaisance au devoir de justice et règle le problème de la légitimité de l'imposition.

D'où vient le droit naturel? On l'a situé dans la révélation divine ou dans un sens moral implanté dans le coeur de l'homme. Puis, on a invoqué la raison humaine. Par exemple, le raisonnement déductif nous fait conclure à certaines propositions fondamentales comme la nécessité de la liberté. La déduction se fait en observant la nature, particulièrement la nature humaine. On suppose qu'une nature humaine objective existe en ne distinguant pas ce qui provient de la culture. Par exemple, les libéraux aboutissent à la propriété privée des moyens de production, à la propriété illimitée, à la liberté de commerce. On est loin de la fonction naturelle de l'animal qui s'approprie sa nourriture. L'état de société est l'état logique, car on observe que l'homme est un animal sociable qui ne peut survivre seul. « Le Droit naturel, c'est l'ensemble des droits et devoirs que les hommes doivent respecter pour que la société existe dans un état ordonné et paisible[28]. » C'est cette liste de droits que l'on essaie de compiler dans la Déclaration des droits de l'homme (1789), la Déclaration d'indépendance des États-Unis (1776). Les droits sont égaux pour tous étant donné la nature commune des hommes. En général, on aboutit aux droits à la vie, à la liberté et à la propriété. C'est ce dernier droit qui est à la base du libéralisme économique. Le président de Nike peut accumuler une fortune personnelle de 4,5 milliards de dollars américains en payant ses ouvriers 30 $ par mois en Indonésie, il n'est qu'un honnête citoyen qui exerce son droit de propriété; on dira que c'est le résultat d'un engagement libre, aucun droit naturel n'est violé, chacun a eu ce qu'il avait droit d'avoir. Dans le 4,5 milliards de dollars du président, il n'y a pas de droits de propriété des ouvriers qui se dissimulent; ils ont consenti « librement » à céder la plus-value occasionnée par leur travail pour 30 $ par mois plutôt que de mourir de faim. L'État ne peut contraindre un individu à la bienfaisance, mais il a le devoir d'intervenir pour permettre aux riches de jouir paisiblement de leur propriété, car le but de toute association politique est la conservation des droits naturels. Il est manifeste qu'à la question de la provenance des droits naturels il faille répondre : « Les droits dits naturels ne sont donc pas des choses sacrées, " inaliénables ", ce sont simplement des institutions humaines qui existent dans certaines sociétés et qui n'existent pas dans d'autres[29] (...) ».

Les néolibéraux prétendent avoir trouvé le système idéal et ils refusent de réduire la liberté pour des raisons d'utilitarisme. À la façon des ultra-libéraux, comme Bastiat et Spencer, les néolibéraux reconnaissent à l'État le devoir de faire respecter les droits naturels comme le droit de propriété, mais le devoir de justice de l'État n'inclut pas la mise sur pied d'un impôt pour réaliser l'égalité des chances par un système d'éducation par exemple. Ce serait une atteinte au droit naturel de propriété. L'État ne doit pas se mêler de bienfaisance. Dans le système néolibéral, seuls les bien nantis bénéficieraient de droits effectifs, les autres auraient seulement des droits formels vides. Les pauvres ont un droit naturel, imprescriptible et inné de propriété; le seul problème est qu'ils n'ont pas de propriété. Ils ont le droit à la liberté, mais dans la société actuelle l'exercice de la liberté est relatif aux moyens dont on dispose. Dans la société privatisée des néolibéraux, on ne pourrait même pas marcher sur le trottoir sans payer. Ainsi, on ne peut réduire la liberté pour instaurer la sécurité du revenu même s'il en résulte plus de bonheur pour le plus grand nombre. À la lumière du critère suprême de la liberté matérialisée dans le droit de propriété, le salaire minimum ne peut exister, ni les régimes assuranciels universels. Les néolibéraux invoquent l'argument voulant que le laisser-faire produise le mieux le bonheur du plus grand nombre. Il y aurait plus de richesse et plus de justice pour tous dans un capitalisme idyllique. Ils combattent la tradition utilitariste au nom d'un libéralisme classique de tradition libertaire qui inscrit le droit de propriété privée comme un droit naturel absolu.

Le libéralisme affirme que la concurrence, la multiplicité des projets font expérimenter et découvrir un usage plus optimal des ressources. Encore faut-il que les entrepreneurs puissent se concurrencer dans ce processus d'exploration. Ce contexte prévalait au temps des libéraux classiques, alors qu'aujourd'hui, de très grandes entreprises sont intégrées verticalement et horizontalement. On continue toutefois d'avoir recours aux anciennes théories comme si le contexte était resté le même.

L'idéologie néolibérale : main invisible et chômage naturel

Selon Vergara, les néolibéraux sont loin d'avoir la cohérence de pensée des libéraux classiques. Ils opèrent parallèlement avec plusieurs critères éthiques. L'éclectisme de Hayek est manifeste car, c'est un argument utilitariste qu'il utilise quand il déclare que les capitalistes sont fort utiles à la société en accumulant des capitaux; par contre, il invoque le droit naturel à l'égalité devant la loi pour combattre la progressivité de l'impôt sur le revenu des riches quels que soient les avantages de tels impôts progressifs pour la société et l'utilité supérieure du montant marginal d'impôt pour les démunis[30]. Les néolibéraux utilisent souvent la liberté comme critère ultime pour juger d'un système. Adam Smith considérait le bonheur public comme critère suprême. Pour un néolibéral, le salaire minimum ou le contrôle des taux d'intérêt ne peuvent donc pas exister, car ils entravent la liberté même s'ils augmentent manifestement le bonheur collectif. Une municipalité ne pourrait probablement pas empêcher l'installation d'une mégaporcherie sur son territoire. En tout cas, il est certain que l'aide aux démunis relève de la libéralité sous le système ultra-libéral. Les libéraux classiques étaient favorables à l'instruction gratuite, à l'action publique en faveur de la santé. Les ultra-libéraux considèrent ces interventions comme nuisibles.

Si l'on recherche les racines du néolibéralisme actuel, on doit revenir aux courants de pensée qui, au dix-neuvième siècle, ont voulu réduire le rôle de l'État aux fonctions de sécurité. Les auteurs représentatifs de ce mouvement sont Frédéric Bastiat (1801-1850) en France et Herbert Spencer (1820-1903) en Angleterre[31]. Pour eux, l'administration de la justice est le seul devoir de l'État qui se limite à faire observer les droits naturels. Administrer la justice signifie faire régner l'ordre et non pratiquer la justice distributive. Évidemment, cela condamne toute fonction de redistribution. Les « nouveaux économistes » néolibéraux exalteront F. Bastiat comme un des « grands penseurs du dix-neuvième siècle » et rééditeront des extraits de ses ouvrages. Hayek a préfacé certaines oeuvres choisies de Bastiat tandis que Keynes les considérait comme insignifiantes.

Herbert Spencer (1820-1903) participa au courant intellectuel dominant qui faisait des riches une caste dominante. Il apporta à la cause du capitalisme industriel l'argument du darwinisme dans l'ordre social[32]. Les grands industriels étaient intrinsèquement meilleurs et récoltaient le fruit de leurs talents naturels. Il expliquait par un mécanisme de sélection naturelle la montée des classes privilégiées. La pauvreté, les bas salaires contribuaient à l'euthanasie naturelle des faibles. Son livre, *The study of sociology*, ne cachait pas sa dette envers la théorie de la sélection naturelle. Il s'en vendit des centaines de milliers d'exemplaires dans les décennies qui suivirent sa publication en 1860 et cela, aux États-Unis seulement. En somme, cette idéologie proclamait que le riche était le bénéficiaire innocent de sa supériorité. Ce que valait un homme se mesurait par sa richesse. Les riches adoptaient donc un comportement ostentatoire dans leurs loisirs et leur consommation. Si la richesse est une vertu, il faut exhiber cette richesse.

> À la jouissance de la richesse venait s'ajouter la jouissance presque égale de savoir qu'on la possédait parce qu'on était le meilleur. Ces idées protégeaient aussi la richesse. (...) Personne, à plus forte raison aucun gouvernement, ne pourrait y toucher pas plus qu'aux mé-

thodes grâce auxquelles elle était acquise ou accrue. (...)
Secourir les pauvres, par une aide privée ou publique,
portait atteinte au processus terriblement essentiel qui
garantissait l'amélioration de la race. Car la lutte pour
survivre était le fouet qui cinglait les pauvres, qui les
faisait travailler dur contre toute inclination naturelle[33].

Les riches n'avaient pas à se soucier des pauvres, car leur pauvreté était le résultat naturel de leur infériorité. Les secourir allait contre le mécanisme de sélection naturelle. La charité privée était un acte libre, on ne pouvait l'interdire, mais on reconnaissait une certaine clairvoyance à ceux qui ne la pratiquaient pas. Paradoxalement, léguer sa fortune à ses héritiers restait compatible avec la sélection naturelle. La lutte pour la survie était davantage utile chez les pauvres. En fait, il s'agit de justifier la position de domination des industriels en invoquant la nature. Toujours la bonne vieille nature si utile pour masquer l'idéologie.

La société de marché comme lieu de l'abolition du politique a été l'horizon de plusieurs auteurs à la suite d'Adam Smith. Le libéralisme utopique poursuit son objectif de l'autosuffisance de la société de marché et du dépérissement de l'État. Le but des théories économiques classiques qui suivront est de célébrer le marché mais aussi de dissimuler le pouvoir capitaliste. La négation du pouvoir des industriels, c'est la clé de voûte de l'entreprise de conditionnement idéologique que constitue ce qu'on a appelé l'économie classique. L'industriel ne faisait qu'obéir aux injonctions du marché qui fixait les salaires; le pouvoir de l'industriel n'avait rien d'inquiétant. Une vaste succession de chercheurs produisirent des idées justifiant l'attitude de soumission nécessaire au pouvoir des industriels et au conditionnement social envers le capitalisme.

Nous étudierons spécialement Adam Smith au début du deuxième chapitre à cause de son importance dans l'idée du laisser-faire et nous verrons qu'il était un utilitariste plus modéré que les néolibéraux. Il menait une entreprise philosophique en mettant à jour les mécanismes de la coopération sociale. La plus grande part de l'ordre qui règne dans l'humanité n'est pas l'effet du gouvernement mais de l'intérêt réciproque. Dans la foulée de Smith, Thomas Paine écrivit dans *Common Sense*, publié en 1776, que la société est une bénédiction et le gouvernement un mal nécessaire[34]. La société industrielle a rendu encore plus évidentes les disparités de revenus entre les capitalistes et les ouvriers salariés.

> L'idéologie nécessaire pour rendre cette situation acceptable se trouva formulée, d'une façon extraordinairement significative, dans les écrits de deux personnalités fort influentes, David Ricardo (1772-1823) et Thomas Robert Malthus (1766-1834), contemporains et amis, qui tombèrent d'accord pour attribuer la faiblesse des salaires et l'inégalité qui en résultait à la prodigieuse et dévastatrice fécondité des classes laborieuses[35].

Les néolibéraux charrient leurs paradigmes de la rareté et de la nécessité de la croissance économique qui nous poursuivent encore comme si nous vivions dans l'Angleterre du début du dix-neuvième siècle.

Une vision de l'économie inspirée de l'avarice de la nature prenait la forme de la loi d'airain des salaires pour Malthus et Ricardo. L'accroissement de la population suit la courbe du minimum disponible pour survivre. En conséquence, les salaires auraient naturellement tendance à se situer au minimum vital. Les tentatives faites par les syndicats ou le gouvernement pour accroître les salaires amèneraient une croissance de la population qui, à son tour, ramènerait les salaires au seuil de subsistance. Distribuer les terres conduirait à une augmentation de la population des paysans. C'est une loi naturelle et il vaut mieux ne pas intervenir, car le résultat ultime est de toute façon la pauvreté. En somme, l'ouvrier est responsable de sa situation. Les riches ont une propension à épargner et les pauvres une propension marginale à forniquer, même si leurs conditions s'améliorent.

Le sociologue et économiste Vilfredo Pareto (1848-1923) compléta le conditionnement idéologique en justifiant l'inégalité des revenus comme un trait constant dans toutes les sociétés industrielles. Il en inféra que cette constance de l'inégalité dans la distribution du revenu reflète l'inégalité des capacités humaines, qui est une catégorie naturelle et universelle. L'enseignement de l'économie véhicula pendant des dizaines d'années des traces de la prétendue « loi » de Pareto[36].

Les théories économiques de Say et Ricardo régnèrent jusqu'à la crise des années 1930. Selon eux, la production en générant salaires, profits et dépenses de toutes sortes créait le pouvoir d'achat nécessaire à sa propre consommation. L'intervention de l'État dans la stimulation de la demande était par définition inutile. Les néolibéraux vont ressusciter cette théorie sous le nom de *supply side economy*.

On constate que les idées qui circulaient il y a cent ans sont les mêmes que celles qui circulent aujourd'hui au Québec, particulièrement lors des sommets économiques : il faut baisser les impôts des riches et des patrons pour stimuler l'offre d'emploi. Il faut se rappeler les catastrophes engendrées par cette théorie. En Irlande, la révolution verte créée par l'introduction de la culture de la pomme de terre se fit en conjonction avec un accroissement de la population. En 1845-1847, le système dérailla lorsqu'une maladie détruisit les récoltes. On appliqua la théorie de Ricardo à l'effet que la distribution de nourriture par l'État ne ferait que nuire au commerce en privant l'entreprise privée de profits. On conclut finalement que ce problème échappait au pouvoir des hommes et qu'il fallait s'en remettre à la Providence. Dieu ou la Nature ne devaient pas aimer les Irlandais. On ne songea pas à pointer les défaillances du capitalisme. Il y eut un million de morts et un vaste mouvement d'émigration vers l'Amérique.

La théorie économique classique nous dit que lorsqu'il y a du chômage, les travailleurs se font concurrence et les salaires baissent. Les salaires baissant, les entrepreneurs lancent des nouveaux projets devenus rentables, ils embauchent et le chômage baisse. Keynes pensait que lorsque les salaires baissent, la demande baisse et les entrepreneurs ne créent pas plus d'emplois. Milton Friedman a à son crédit la théorie du taux naturel de chômage. « Il y a dans toute économie, à un moment donné, un taux naturel de chômage qui est déterminé par les forces réelles en jeu et un certain nombre de contraintes institutionnelles : nature et puissance du syndicalisme, politiques d'assurance-chômage, rigidités diverses du marché du travail, salaire minimum[37]. » Le malheur vient du fait que nous avons troublé la main invisible. Évidemment, il prône l'abolition du salaire minimum, la limitation de l'assurance-chômage, l'affaiblissement des monopoles syndicaux, mais aussi l'abolition du contrôle des loyers, le retrait de l'État du domaine de l'éducation. Ce fut le programme du thatcherisme. Pour Friedman, le marché offrirait spontanément une éducation bien plus satisfaisante que celle du système public. Il ne parle pas trop de ceux qui ne pourraient se la payer.

Le prix Nobel d'économie de 1995 a été attribué à Robert Lucas, un ardent défenseur du retrait de l'État du champ de l'économie. Il affirme entre autres que les chômeurs le sont par choix en vertu de leur préférence intertemporelle. Reagan et ses conseillers s'inspiraient de l'économie de l'offre (*supply side economics*). Nous avons dit déjà qu'il s'agit d'une résurgence de la loi de Say, dite loi des débouchés, inventée en 1803, selon laquelle c'est l'offre qui crée la demande. L'investissement se nourrit des épargnes; or ce sont les riches qui épargnent, il faut donc réduire les impôts des plus riches[38]. On se rappellera que Keynes disait à peu près le contraire. Il préconisait de relancer l'économie et l'emploi en stimulant la consommation. Il vaut mieux augmenter les revenus des gens moins fortunés, car ce sont eux qui auront le plus tendance à consommer, les riches ayant déjà jusqu'au superflu. L'économie demeure une science tout en affirmant une chose puis son contraire.

On utilise des modèles économiques à cinq cents équations pour finalement aboutir à une subjectivité voulant que les chômeurs préfèrent les allocations de chômage au travail et que les assistés sociaux soient paresseux. En janvier 1995, lorsque General Motors de Pickering en Ontario a annoncé qu'elle recevrait des candidatures pour 700 futurs emplois rémunérés à 22 $ de l'heure à créer sur une période de deux ans, il s'est présenté 25 000 personnes. L'élite économique néolibérale continue de prétendre que les chômeurs le sont par choix.

En France, il est question depuis quelques années des « nouveaux économistes » qui endossent la doctrine néolibérale[39]. Parmi eux, Henri Lepage prétend montrer comment le progrès scientifique en économie a renouvelé le débat idéologique. « Sa véritable justification (au capitalisme) est d'ordre moral : c'est parce que le capitalisme est conforme à la nature humaine qu'il est juste... Les choses n'ont de valeur qu'en fonction des projets individuels qu'elles permettent de réaliser et dont elles sont issues, et elles n'ont de valeur que pour les individus qui les formulent[40]. »

Ceux qui se font appeler les « nouveaux économistes » tentent de démontrer scientifiquement la nécessité de réduire l'État au minimum.

> Mais les économistes de la nouvelle école ne se livrent pas à une attaque simpliste de l'État. Ils montrent seulement que l'État n'est pas bon économiste. Selon eux, les difficultés des sociétés occidentales révèlent moins la faillite de l'économie de marché que la faillite de nos mécanismes politiques... Pour les nouveaux économistes... les iniquités de la société contemporaine sont donc la conséquence non pas du fonctionnement de l'économie de marché, mais de son non-fonctionnement. La société souffre non pas de trop de marché mais de trop d'État[41].

La fin de l'idéal social : le concept d'un État fondé sur l'individualisme

Les néolibéraux nient la nécessité d'un recours à une idée de sociabilité ou à un idéal social. Ils refusent de partir d'une idée de la société pour déterminer la société concrète. C'est l'intérêt individuel qui fait exister la société et qui détermine sa forme. La poursuite de l'intérêt particulier réalise l'intérêt général par harmonie préétablie. Depuis toujours, on a cherché à expliquer la sociabilité de l'homme et sa tendance à vivre en collectivité au-delà du besoin des services mutuels. Par exemple, Aristote (384-322 avant Jésus-Christ) définissait l'homme comme un être naturellement incomplet qui ne peut atteindre son propre bien et se réaliser pleinement qu'en appartenant à une communauté[42].

La Cité développe les vertus civiques[43]. L'homme ne s'aliène pas dans le service de la Cité; il réalise sa nature du fait même de sa participation à la Cité. Il y a donc un devoir envers la Cité qui rejaillit positivement sur soi-même[44]. La poursuite de l'intérêt strictement personnel nous rapproche de la nature animale selon Aristote. Il affirmait donc que la poursuite de l'intérêt général peut réaliser l'intérêt particulier contrairement aux libéraux qui plaident la suffisance de la poursuite de l'intérêt personnel afin de réaliser un ordre social de coopération. Le libéralisme est une négation du point de vue d'Aristote, car il fera de l'individu un être autonome, indépendant qui fonde une Cité uniquement pour faire respecter ses droits individuels et qui la juge comme un mal nécessaire dont il faut se méfier. Mais les libéraux n'avaient pas de difficultés à trouver dans l'Antiquité des écoles de pensée qui préconisaient le recours à la nature. L'École des Sophistes affirmait que le but de l'homme est de vivre conformément à sa nature, à sa *phusis*, et non de se conformer à un système de lois artificielles, *nomos*. L'École stoïcienne recommandait la conformité avec la Nature qui servait de critère éthique ultime[45].

Au Moyen-Âge, l'autorité politique était perçue comme une composante du pouvoir d'une famille. Elle se transmettait comme les autres biens privés par hérédité ou par mariage. Il n'existait pas de constitution régissant la façon dont le pouvoir politique pouvait être exercé. Le pouvoir politique devait toutefois se soumettre à la coutume du royaume, notamment le sacre du nouveau roi par l'Église catholique. En retour, le roi protège la foi chrétienne par le glaive. Le roi n'embauche pas de fonctionnaires serviteurs de l'État car l'État, c'est lui; son pouvoir est personnel et il confie les fonctions à sa famille ou embauche des domestiques. Plus tard, on sentira le besoin d'établir des chancelleries, des structures impersonnelles de postes, noyaux de fonction publique nécessaires pour coordonner les activités.

Les monarchies ont pris progressivement de l'importance par rapport à la noblesse féodale (comtes, seigneurs et autres vassaux), notamment en raison d'une meilleure administration de la justice, de l'habileté législative du roi et sa capacité d'interpréter et d'exprimer en lois la coutume. Les monarchies se sont aussi livrées à une reconquête territoriale. Le roi mettra aussi au point une armée professionnelle pour ne pas dépendre de l'armée temporaire fondée sur le bon vouloir des vassaux. Aux dix-septième et dix-huitième siècles, on peut parler de monarchies absolues avec leurs appareils administratifs, judiciaires et militaires.

Mais le progrès de la monarchie avait été accompagné de la montée de la bourgeoisie marchande qui va chercher à obtenir sa part de pouvoir politique. La monarchie s'est émancipée du pouvoir religieux, de celui de la noblesse et de la coutume; son pouvoir apparaît comme arbitraire. Le débat politique va s'activer sur la question de la légitimité de l'étendue du pouvoir des monarchies. La doctrine du contrat social présentera la société comme le résultat de l'association volontaire d'individus libres et égaux. L'État tire sa légitimité de la volonté populaire et il est créé pour préserver les droits naturels des individus. Ceux qui s'associent dans le contrat social ne sont pas des nobles, des clercs ou des bourgeois, mais des individus munis de droits égaux. Les individus sont égalisés via un détour par la nature; les droits naturels sont les mêmes pour tous les hommes. Cette doctrine du contrat social intéresse la bourgeoisie qui n'y est plus présentée en position d'infériorité face à la noblesse et aux clercs. Elle conduit à la constitutionnalisation de l'exercice du pouvoir politique et judiciaire et établit la primauté du droit positif sur le droit coutumier[46].

Malheureusement, la démocratie libérale, l'ascension politique de la bourgeoisie, en remplaçant la monarchie par le parlement, en accordant le primat au droit des individus, a fait du droit de propriété un absolu. Avec la révolution industrielle, on constatera que la noblesse de robe et d'épée a été simplement remplacée par la noblesse d'industrie et ses nouveaux monarques de la propriété privée. Le droit de vote de la démocratie bourgeoise a également été prévu pour une élite de propriétaires jugés plus responsables, ce qui excluait les domestiques, les ouvriers, les petits paysans et les femmes, c'est-dire la vaste majorité de la population.

Les mentalités ont changé par rapport à l'idéalisme social d'Aristote; l'individu a droit à un bonheur naturel fondé sur ses besoins à la condition bien sûr que cet hédonisme soit contrôlé par la raison. On fonde la société de façon plus certaine si on l'assied sur le respect des droits des individus que tout le monde désire plutôt que sur la mission d'inculquer des devoirs aux citoyens[47]. Hobbes (1588-1679) voulait fonder l'ordre politique et social sur un réalisme radical plutôt que sur cet idéalisme qui nous venait de l'Antiquité.

> La tradition à laquelle s'opposait Hobbes admettait que l'homme ne peut atteindre la perfection de sa nature qu'à l'intérieur et au moyen de la société civile et par conséquent que la société civile est antérieure à l'individu. De ce postulat découlait l'idée que le fait moral élémentaire est le devoir et non les droits[48].

Le fait moral premier pour Hobbes est le droit à la vie, car la passion la plus forte est la peur de la mort. La société naît de la crainte des hommes les uns pour les autres et non de leur bienveillance mutuelle. La raison commande de sortir de cet état en vivant sous un pouvoir commun qui tienne tous et chacun en respect. L'État est donc le fruit de la raison, d'un contrat par lequel chacun, pour créer la paix civile, transmet son droit naturel, se soumet volontairement à l'autorité d'un homme ou d'une assemblée. Sa théorie débouche sur un cautionnement du despotisme ou de la monarchie absolue.

Au dix-septième siècle et encore plus au dix-huitième, l'idée de nature est omniprésente. Elle est partout, envahit tout, morale, médecine, religion, science, art et politique[49]. La religion a gagné en bonne partie la sphère privée et ne peut plus jouer le rôle de liant social. La nouvelle science met l'homme en demeure de trouver une signification au monde en explorant ce monde lui-même. En explorant les besoins de sa nature, l'homme découvre la nécessité de l'ordre social. L'ordre artificiel du social acquiert une nécessité et une transcendance en s'insérant dans l'ordre naturel qui est donné et immuable.

Les philosophes vont tenter d'expliquer l'institution du social en plaçant l'homme face à la nature. Ce seront les divers scénarios de l'état de nature. On y montre l'homme sortant de l'état de nature où il est plus ou moins en sécurité et entrant dans une société qui protégera les droits qu'il avait dans cet état de nature. La société et l'État se fondent sur les inconvénients éprouvés par les individus

dans un présumé état de nature, c'est-à-dire sur des motifs individualistes. L'union des volontés individuelles se fera par l'adhésion
à un contrat social. La loi naturelle est découverte par la raison, par
la réflexion, et elle inspire la loi positive codifiée et appuyée par la
force publique. Évidemment, c'est une vaste métaphore, un procédé d'exposition, mais il dévoile l'idéologie de ceux qui le posent.

> L'histoire de l'idée de nature au XVIII ième siècle libé-
> ral se ramène à la dénaturation de la nature et à la natu-
> ration de l'histoire qui acquiert les propriétés de la na-
> ture (universalité, nécessité, permanence, etc.) et qui par
> là perd son « historicité » et sa relativité[50].

L'idée de revenir à un état présociologique pour découvrir les
fondements de la société est la manifestation de l'idée voulant
qu'un individu souverain mandate l'État. C'est l'intérêt particulier
qui définit l'extension de la vie sociale et politique. Le bien collectif se comprend par référence à l'individu, sans abdication de
l'intérêt individuel. Chez les premiers libéraux, l'ordre social volontaire ne sera accepté que parce qu'il garantit les besoins individuels érigés en droits. Les individus donnent naissance au collectif
par un contrat implicite.

Pour Pufendorf également (1632-1694), le désir de conservation et l'intérêt produisent la sociabilité. L'homme a intérêt à être
sociable.

> La nature en nous ordonnant d'être sociables ne prétend
> pas que nous nous oubliions nous-mêmes. Le but de la
> sociabilité est, au contraire, que par un commerce de se-
> cours et de services chacun puisse mieux pourvoir à ses
> propres intérêts[51].

John Locke (1632-1704) est également un des premiers théoriciens de l'État libéral. Il s'est intéressé particulièrement à théoriser
les limites de l'État. Pour lui, l'autorité des gouvernements est dérivée d'un pacte que les hommes, agissant selon leur nature, si-
gnent entre eux. Puisque la volonté de Dieu se révélait par
l'intermédiaire de la Nature, on ne pourrait connaître la sorte de
gouvernement voulue par Dieu qu'en demandant conseil à la Nature, à la nature des hommes[52]. À partir d'un scénario de l'état de
nature plus paisible que celui de Hobbes, sa théorie de la conservation débouche sur le droit naturel à la propriété en tant que prolongement des facultés de l'individu. Le sociabilité instable de l'état

de nature conduit à un pacte d'association destiné à protéger la propriété et la paix plutôt qu'un pacte de soumission hobbien garantissant la paix civile. L'État tiendra ses pouvoirs de la délégation des pouvoirs individuels. Le contrat social est une convention limitée et révocable qui conduit à la liberté.

> La fin capitale et principale, en vue de laquelle les hommes s'associent dans les républiques et se soumettent à des gouvernements, c'est la conservation des propriétés. (...) Sauvegarder mutuellement leurs vies, leurs libertés, et leurs fortunes, ce que je désigne sous le nom général de propriété[53].

C'est un recommencement à partir des droits primitifs dans un contexte présocial et apolitique afin de passer les lois sociales au crible des droits naturels. Il est important de retenir que l'État protège les droits individuels mais ne doit pas les envahir. Chaque homme représente une valeur absolue face au social et au politique. C'est l'essence du message libéral.

Le pacte social réunit des hommes libres et propriétaires qui reconnaissent un pouvoir de contrainte indépendant d'eux et supérieur à eux, chargé de réprimer les violations de la loi. La seule fonction de la loi civile est de faire respecter la loi naturelle qui risquerait de rester lettre morte dans l'état de nature si elle n'était pas institutionnalisée. L'individu menace l'État d'une reprise des pouvoirs naturels délégués. La société et l'État dépendent donc de l'individu, non seulement dans leur origine, mais dans leur continuité.

Évidemment, ce que l'on appelle nature est une interprétation toute relative et historique[54]. On utilise la nature pour appuyer une idéologie. Un individu aura le droit naturel d'être propriétaire en associant son travail à la nature, mais l'État aura-t-il le droit de percevoir des impôts pour secourir les démunis? Le démuni a-t-il le droit naturel d'être secouru? Évidemment non. La nature est source de bonheur mais aussi modèle d'ordre. On s'en servira abondamment pour valoriser le travail le plus pénible et pour décrire les pauvres comme des paresseux expiant pour la violation de l'impitoyable ordre naturel. Dans la pensée du dix-huitième siècle, la nature représente une source d'épanouissement mais exige une soumission. Elle applique ses propres sanctions. Malthus pourra écrire en 1803 dans son *Essai sur le principe de la population* :

> Un homme qui naît dans un monde déjà occupé, s'il ne
> peut obtenir des moyens d'existence de ses parents aux-
> quels il peut justement les demander, et si la société ne
> peut utiliser son travail, cet homme n'a pas le moindre
> droit à la plus petite portion de nourriture, et en réalité il
> est de trop sur la terre. Au grand banquet de la nature, il
> n'y a pas de couvert mis pour lui; la nature lui com-
> mande de s'en aller, et elle ne tarde pas à mettre cet or-
> dre elle-même à exécution.

Malthus parle de nature, or il s'agit bien du banquet de la nature libérale. Les néolibéraux rééditent aujourd'hui les textes de
Malthus, ce qui en dit long sur cette idéologie.

Les premières bases du libéralisme sont jetées. L'individualisme est une coordonnée philosophique majeure du libéralisme.
Louis Dumont oppose société holiste et société individualiste[55]. La
société holiste privilégie l'ordre, donc la conformité de chaque
élément dans un ensemble hiérarchique préétabli. La société y est
perçue comme un tout et les besoins individuels y sont subordonnés au bien collectif. La société individualiste, au contraire, privilégie l'individu, sa liberté et son égalité formelle. Les besoins de la
société y sont subordonnés aux besoins individuels. Le type holiste
a dominé dans les grandes civilisations, mais la société occidentale
moderne est de type individualiste. Le néolibéralisme chauffe à
blanc l'idée de la préséance des libertés individuelles sur les exigences des structures collectives. Pour les libéraux du dix-huitième
siècle, les pouvoirs artificiels de l'État sont dérivés des droits naturels qui sont immanents aux individus.

Notes

1. NOZICK, Robert, *Anarchie, État et utopie*, Paris, PUF, coll. Libre-échange, 1988, p. 9.
2. GEORGE, S. « Comment la pensée devint unique » dans *Le Monde diplomatique*, août 1996, p. 16.
3. SMITH, J. A., *The ideas brokers : think-tanks and the rise of the new policy elites*, The Free Press, New York, 1991; G. H. NASH, *The conservative intellectual mouvement since 1945*, Basic books, New York, 1976. S. HALAMI, « L'Université de Chicago, un petit coin de paradis bien protégé », *Le Monde diplomatique*, avril 1994. Idem, « Les boîtes à idées de la droite américaine », *Le Monde diplomatique*, mai 1995.
4. FRIEDMAN, M., *Capitalism and Freedom*, The University of Chicago Press, 1962. Traduction : *Capitalisme et liberté*, Paris, Laffont, 1971.
5. DOSTALER, G. « Du libéralisme au néolibéralisme », dans *L'État aux orties?*, Montréal, Écosociété, dir. Sylvie Paquerot, 1996, p. 46.
6. HAYEK, F., *The road to serfdom*, The University of Chicago Press, 1943. Traduction : *La route de la servitude*, Paris, PUF, 1985.
7. CHORNEY, H., M. MENDELL et P. HANSEN, « Les sources de la nouvelle droite américaine », dans JALBERT, Lizette et Lucille BEAUDY, *Les métamorphoses de la pensée libérale. Sur le néo-libéralisme actuel*, PUQ, p. 90.
8. WEINER, Jon, « Dollars for neocon scholars », *The Nation*, 1er janvier 1990.
9. MURRAY, Ch., « Helping the Poor : A Few Modest Proposals », *Commentary*, vol. 79, n° 5, mai 1985, pp. 27-34.
10. NOVAK, M., « The Bishops and the Poor », *Commentary*, vol. 70, n° 5, mai 1985, p. 20.
11. Évidemment, l'intérêt général n'est pas pousuivi en soi, il se réalise magiquement par la poursuite de l'intérêt particulier.
12. VERGARA, Fr., *Introduction aux fondements philosophiques du libéralisme*, La Découverte, Essais, 1992, p. 109.
13. Idem, p. 34.
14. Idem, p. 46.
15. Idem, p. 51.
16. CHÂTELET, Fr., et al, *Histoire des idées politiques*, Paris, PUF, 1989, p. 147.
17. GALBRAITH, J. K., *Anatomie du pouvoir*, Paris, Seuil, 1985, orig. 1983, p. 166.
18. VERGARA, *op. cit.*, p. 19.
19. Idem, p. 47, citant John Stuart Mill, *Principles of political economy*, livre V, chap. XI, par. 15.
20. SMITH, A., « Des dépenses à la charge du souverain ou de la république » dans *La richesse des nations*, G. F. Flammarion, 1991, livre V, chap. I, pp. 313, 331, 346.

21. Idem, p. 337.
22. Idem, « Des fonds prêtés à intérêts », livre II, chap. IV, p. 447.
23. ROSANVALLON, P., *Le capitalisme utopique, critique de l'idéologie économique*, Paris, Seuil, 1979, p. 87.
24. On peut dire d'un homme qu'il est partisan du principe d'utilité lorsque l'approbation (ou la condamnation) qu'il manifeste à l'égard d'une action ou d'une mesure est déterminée par (et proportionnelle à) la tendance qu'elle a, d'après lui, d'augmenter ou de diminuer le bonheur de la communauté. BENTHAM, Jeremy, *An introduction to the principles of morals and legislation*, Londres, The Athlone Press, 1970, p. 13.
25. VERGARA, Fr., *op. cit.*, p. 24.
26. MILL, J. S., *De la liberté*, pp. 161-162.
27. CONDORCET, M. J. A. de, *Esquisse d'un tableau historique des progrès de l'esprit humain*, New York, Georg Olms, 1981, p.238.
28. VERGARA, *op. cit.*, p. 71.
29. Idem, p. 100.
30. Idem, pp. 112-113.
31. Idem, p. 20.
32. Doctrine de la survie des mieux adaptés suite à une sélection naturelle.
33. GALBRAITH, J. K., *Le temps des incertitudes*, Paris, Gallimard, 1978, pp. 52-53.
34. Ronald Reagan puis Mike Harris de l'Ontario présenteront leur programme comme le rétablissement du sens commun. Tout le monde sait que les chômeurs sont paresseux, que l'État court à la faillite, que les employés du secteur public ne créent pas de richesse, que les assistées sociales se font engrosser pour récolter plus de prestations, c'est le sens commun.
35. GALBRAITH, J. K., *Anatomie du pouvoir*, Paris, Seuil, traduction 1985, pp.113-114.
36. Idem, p. 115.
37. DOSTALER, G., « Du libéralisme au néolibéralisme », dans *L'État aux orties?*, Montréal, Écosociété, 1996, dir. Sylvie Paquerot, p. 44.
38. Idem, p. 49.
39. J. J. Rosa, P. Salin, F. Aftalion, A. Fourçans, A. Lepage, etc. Voir par exemple, ROSA, Jean-Jacques et Florin AFTALION, *L'économique retrouvée, vieilles critiques et nouvelles analyses*, Paris, Economica, 1977.
40. SALIN, P., *L'arbitraire fiscal*, Paris, Laffont, 1985, p. 16.
41. REVEL, J.-Fr., *L'Express*, 27 février 1978, commentant le livre de LEPAGE, Henri, *Demain le capitalisme*, Paris, Hachette Pluriel, Le livre de poche, 1978. Il sera suivi de *Demain le libéralisme*, 1980 et de *Pourquoi la propriété?*, 1985.
42. ARISTOTE, « Les politiques », Second chapitre du premier livre, Paris, G. F. Flammarion, 1993, pp. 87-93.

43. CHEVALIER, J., *Histoire de la pensée, d'Aristote à Plotin*, Paris, Éditions Universitaires, 1991, vol. 2, p. 96.

44. STRAUSS, Léo, *Droit naturel et histoire*, Paris, Flammarion, traduction 1986, p. 166.

45. VERGARA, *op. cit.*, p. 12.

46. LALONDE, M., *Société et sociétés*, Télé-Université, UQ, 1995, pp. 201 et suiv.

47. STRAUSS, Léo, *op. cit.*, p. 166.

48. Idem, p. 167.

49. EHRARD, J., *L'idée de nature en France à l'aube des lumières*, Paris, Flammarion, 1970, pp. 420-421.

50. VACHET, A., *L'idéologie libérale, l'individu et sa propriété*, Les Presses de l'Université d'Ottawa, 1988, p. 422.

51. PUFENDORF, *Droit de la nature et des gens*, tome I, livre II, chap. III, par. 18, cité par Rosanvallon, *op. cit.*, p. 20.

52. BECKER, C., *La déclaration d'indépendance*, Paris, Seghers, Vent d'Ouest, 1967, pp. 70-71.

53. LOCKE, J., *Traité du gouvernement civil*, Paris, Flammarion, coll. Oeuvres de philosophie politique, 1984, pp.274-275.

54. LENOBLE, R., « L'Évolution de l'idée de nature du XVIième au XVIIIième siècle », *Revue de métaphysique et de morale*, n°s 1-2, 1953, pp. 109-129.

55. DUMONT, L., *Homo æqualis, genèse et épanouissement de l'idéologie économique*, Paris, Gallimard, coll. Bibliothèque des sciences humaines, 1977, p. 12.

DEUXIÈME CHAPITRE

L'utopie de la société de marché autosuffisante

L es hommes se donnent une représentation de leur société comme un objet unitaire à penser, comme une identité collective. Dans certaines sociétés, le fondement, l'origine et la raison d'être de la société résident dans un récit mythique de l'origine des temps, dans une création à partir du néant, dans une histoire des ancêtres, etc. Chacun des membres de la société acquiert une représentation de sa société comme unité et agit conformément à cette représentation. Les institutions sociales sont présumées posséder une cohérence en fonction de cette raison d'être. Cette capacité de réflexion de la société sur elle-même dénote une capacité d'orientation qui se matérialise souvent dans l'institution politique.

Dans le libéralisme économique, l'ordre social est spontané, la société est autorégulée, l'ordre résulte d'une harmonie naturelle des intérêts individuels, d'une interdépendance occasionnée par la division du travail et la nécessité d'échanger. Je dois satisfaire l'autre pour obtenir ma propre satisfaction. L'intégration dans la société moderne se fait par l'économie, par le travail. Dans cette société, celui qui n'a pas de travail n'a rien à échanger et il subit une désinsertion sociale. Le néolibéralisme moderne appuie à fond l'idée d'un ordre spontané social. Le projet personnel est soumis à l'approbation d'autrui, rejoint le collectif, via l'institution du marché. En réalité, il y a bien une représentation de la société comme un marché accompagné d'un État minimal et l'institution politique n'a pas un grand rôle à jouer dans cette représentation, car elle s'impose d'elle-même. L'ensemble du savoir détenu dans la société dépasse de plus en plus les connaissances détenues par l'individu; les néolibéraux en déduisent l'impossibilité de toute planification centralisée et la supériorité de la réaction individuelle à une information codée par les prix. La société est un au-delà des individus qui ne peut naître que de l'action individuelle intéressée.

Pour avoir les coudées franches, ceux qui occupent le dessus du panier économique doivent démontrer que l'économie fonctionne toute seule et qu'ils sont soumis à une force externe tournée vers le bien général, une force constituée de l'interaction d'un grand nombre de producteurs en concurrence et orientée vers la satisfaction d'un nombre encore plus élevé de consommateurs parfaitement informés et rationnels. Or, la multiplication des oligopoles et l'immense force de persuasion des grandes corporations rendent inopérant l'équilibre des forces prévu dans le libéralisme classique.

> Le dispositif de défense de la grande entreprise moderne repose principalement sur l'affirmation que son pouvoir n'existe pas – que tout le pouvoir est laissé au jeu impersonnel du marché, que toute décision ne fait qu'entériner les injonctions du marché[1].

Les libéraux classiques associeront d'abord l'économie à un ordre naturel autogénéré via le concept de l'harmonie naturelle des intérêts, formulé notamment par Adam Smith. Les néolibéraux reviendront à un processus semblable via le concept de l'ordre spontané social ainsi que leur théorie de l'État minimal « agence de protection » du droit de propriété privée et du droit de contracter non entravé. L'ordre spontané social résulte du rapport de ses propres forces internes. La planification est impossible, l'ordre est autogénéré; nous sommes libres seulement quand nous n'allons nulle part, ballottés au gré des initiatives individuelles intéressées.

Le droit social doit être radié, car le droit civil suffit. La loi ne doit intervenir que là où les contrats privés ne peuvent faire leur propre loi. La justice sociale est niée comme concept et donc comme référence métajuridique au droit social. Dans le système utopique néolibéral, la justice sociale fait place aux « libéralités », c'est-à-dire à la charité privée : les démunis doivent compter sur la morale personnelle, sur la bonté naturelle des bien nantis. Comme ceux-ci doivent leur aisance à un système qui définit l'intérêt égoïste comme moteur de l'ordre social, les démunis, les victimes de contingences ou des effets pervers du marché doivent se préparer à laisser leur place aux gagnants.

La société de marché travaille continuellement la société politique. La classe affairiste tente toujours d'amenuiser la classe politique[2]. Elle méprise et discrédite les employés du secteur public comme une classe stérile. On appelle le monde à devenir un vaste marché qui effacera les États. Nous nous posons aujourd'hui fondamentalement les mêmes questions qu'au cours des siècles passés sur la place respective du politique et de l'économique. Peut-on laisser aller l'économique à lui-même? Qui en bénéficierait? Quels sont les risques de l'État minimal? Le néolibéralisme a fait son choix : il postule que l'État doit être minimal et que tout le monde s'en portera mieux; chacun sera plus prospère et plus libre. Si la société fonctionne toute seule à partir d'un agencement des intérêts particuliers, les lois, les règlements apparaissent majoritairement comme de trop, en commençant par le droit social. La première chose que le reaganisme a accompli est la réduction des normes environnementales pour faire place à une vision à court terme de la croissance et de l'exploitation de la nature. Quelles sont les racines de cette façon de penser? Comment des hommes ont-ils pu s'imaginer que la société pourrait se résumer plus ou moins à un marché?

Ce deuxième chapitre permet d'observer la naissance de la société de marché qui prétend fonder la cohésion sociale sur l'économique. Elle remet largement les rênes du développement de la civilisation au marché et à ceux qui le dominent. Les libéraux classiques ont cru que la société de marché, fondée sur l'harmonie naturelle des besoins, allait évacuer en grande partie la nécessité de l'ordre volontaire politique. Cette utopie se construit chez les physiocrates qui sont parmi les premiers économistes constitués en école et chez Adam Smith[3]. Avec ce dernier et l'école historique écossaise du dix-huitième siècle, l'institution du social s'appuie sur une représentation économique de la société[4]. Le ciment de la société réside dans le fait que chacun est obligé de boire et de manger. La liberté se confond avec l'indépendance économique et le fait de produire pour un marché. Il faut s'attarder à la croyance en l'harmonie naturelle des intérêts, puisqu'elle sert d'appui à la demande de réduction de l'État.

> Le « libéralisme » qui a dominé le XIXième siècle et les premières décades du XXième, c'est-à-dire essentiellement la doctrine du rôle sacro-saint du marché et de ses concomitants, repose sur une innovation sans précé-

dent : la séparation radicale des aspects économiques du tissu social et leur construction en un domaine autonome[5].

D'où cela vient-il? Il faut observer la naissance de cette théorie de la main invisible chez les premiers économistes. Cette théorie se présente comme la dernière étape vers une société individualiste. L'intérêt général se réalise par la poursuite de l'intérêt particulier sans intériorisation de l'ordre social ou d'un idéal social dans la conduite des individus. Le social se résout en économique, car il apparaît involontairement, par reliquat de l'action d'individus poursuivant leur intérêt économique. L'harmonie naturelle des intérêts obnubile la pensée moderne : on pense avoir trouvé ainsi la quintessence du vivre ensemble. La poursuite de l'intérêt personnel, fut-il le plus grossier, sert l'intérêt commun. Dans le libéralisme, l'économie acquiert un caractère hégémonique, subordonne le politique et aménage le social.

L'optimisme du laisser-faire et l'harmonie naturelle des intérêts d'Adam Smith

L'émancipation de l'économique face à l'État exige la découverte d'une cohérence interne à l'activité économique et l'absence d'effet pernicieux qui puissent la dégager de la nécessité de l'intervention politique. Sinon l'ordre doit être introduit du dehors. En fait, il fallait une théorie de l'harmonie naturelle des intérêts qui chassera le politique de l'économique : elle sera posée par les physiocrates et polie par Adam Smith.

Faire régner la bonne vieille nature qui fait si bien les choses signifie au fond veiller au laisser-faire. La réduction de la société à un ordre naturel conduit à la dissolution du politique et au retrait de la classe politique devant la classe bourgeoise affairiste. L'ordre naturel exige une soumission, l'intervention humaine risque de le troubler.

L'optimisme anti-interventionniste des physiocrates a pour fondement un déisme via le naturalisme. Ils ne prennent pas de chances, leur théorie tient par une ceinture et des bretelles; ils invoquent la surnature et la nature en même temps. Dieu se manifeste à l'homme par l'ordre naturel que celui-ci doit faire régner dans ses institutions. Quesnay admirait la Chine qui était gouvernée par les mêmes principes depuis vingt-quatre siècles[6]. Elle exprimait un ordre naturel immuable qui clôt l'histoire. Il existe des principes éternels et métaphysiques qu'il s'agit de reconnaître. La surnature nous parle à travers la nature.

L'idée de nature, omniprésente au dix-huitième siècle, s'exprime chez les physiocrates par une doctrine qui inscrit l'ordre social et économique autant que l'ordre moral et physique à l'intérieur d'une présumée loi naturelle. C'est une façon d'enraciner la vie sociale dans les besoins, dans la subsistance des hommes et dans les lois immuables de la nature. Les physiocrates voient d'ailleurs l'origine des richesses dans le travail de la terre.

> Mais l'engouement pour l'agriculture au milieu du XVIIIième siècle a aussi une signification philosophique profonde. Il est le signe d'une mutation intellectuelle. La terre symbolise l'enracinement de la vie sociale dans le sous-sol des besoins alors que la philosophie politique n'offre plus de points de repères stables et sûrs. C'est ainsi, nous semble-t-il, qu'il faut comprendre la constatation de Voltaire lorsqu'il écrit : « Vers 1750, la nation rassasiée de vers, de tragédies, de comédies, d'opéras, de romans, d'histoires romanesques, de réflexions morales plus romanesques encore, et de disputes théologiques sur la grâce et les convulsions, se mit à raisonner sur les blés[7] ».

Les physiocrates présenteront une morale économique. « Le devoir naturel de l'homme est de vivre et d'être heureux... notre morale doit être toute économique[8]. » La nécessité physique entraîne la nécessité morale. La fin ultime de l'homme est le bonheur et la promotion du genre humain; cela passe par l'acquisition de biens économiques. La loi naturelle présente un déterminisme vers le meilleur, une référence métajuridique. « La législation positive consiste dans la déclaration des lois naturelles[9]. »

Ces références à la nature prépare la voie à la théorie de l'harmonie naturelle des intérêts des libéraux.

> Le dauphin se plaignant un jour à Quesnay de ce que la charge royale soit difficile à remplir, le médecin du roi répondit que ce n'était pas son avis. « Eh! que feriez-vous donc si vous étiez roi? » demande le dauphin. « Monsieur, dit Quesnay, je ne ferais rien. » « Et qui gouvernerait? » poursuit le dauphin. « Les lois », répond Quesnay. Cette anecdote exemplaire a souvent été citée pour caractériser le libéralisme[10] (...)

Les hommes cherchant à satisfaire leurs besoins doivent se rendre mutuellement des services et cette dépendance mutuelle produit un ordre en soi fondé sur la collaboration nécessaire.

Dans son livre *Recherche sur la nature et les causes de la richesse des nations*, publié en 1776, Adam Smith (1723-1790) synthétise deux siècles de réflexion sur le statut philosophique de l'individu et de l'État. La sociabilité y a comme origine le jeu spontané des intérêts personnels. Le moteur de l'ordre est l'individu à la recherche de ses utilités. La raison dicte à l'individu la nécessité de la société pour la réalisation de ses propres intérêts. La société est un moyen et un reliquat.

Selon Rosanvallon, Smith devient économiste par nécessité philosophique. L'économie ne sera pas pour lui un domaine d'investigation scientifique séparé, il y verra le résumé et l'essence de la société, le terrain solide sur lequel l'harmonie sociale pourra être pensée et pratiquée. « L'idéologie économique, l'économie comme philosophie, se présente en effet progressivement comme la solution concrète aux problèmes les plus décisifs du dix-septième et du dix-huitième siècles : ceux de l'institution et de la régulation du social[11]. » Smith conçoit le marché sociologiquement, comme un mécanisme d'organisation sociale, comme opérateur de l'ordre social. Sa sociologie est fondée sur une théorie des droits de propriété. La relation entre les hommes et les choses codifie la relation entre les hommes. L'homme est libre en tant que propriétaire et il s'opposera à tout ce qui empêche l'homme d'user de sa propriété tels les monopoles, les corporations, etc. Le marché remplit la fonction de la volonté générale de Rousseau.

La liberté d'entreprendre, de disposer de son capital, de choisir ses biens de consommation puise à la même source que la liberté d'expression et de religion : c'est cette souveraineté de l'individu. Cette liberté ne peut être adéquate dans le domaine politique et religieux, puis cesser soudain de l'être dans le domaine économique.

Le social sera donc une conséquence des volontés individuelles et non une instance abstraite au-dessus de l'homme. Par exemple, le marché comme concept collectif existe parce que tout homme a, selon Adam Smith, un besoin naturel pour les échanges. La propriété, le travail, l'échange font partie des besoins de l'homme même à l'état de nature. Ce n'est pas une société qui dépasse l'homme qui le forcera à la division du travail. C'est un besoin individuel. C'est une vision utilitaire de la sociabilité.

D'où vient l'ordre social? Il est spontané. L'ordre libéral apparaît comme le résultat du jeu dialectique entre la concurrence des agressivités individuelles et l'interdépendance des hommes. Comme les hommes sont présumés faire une expérience commune de l'intérêt, le système apparaît objectif. Le moteur de l'ordre est l'individu à la recherche de ses utilités; le social et le politique ne font que permettre ce dynamisme. La division du travail rend les individus complémentaires, elle est un transformateur sociologique. La division du travail n'est pas le résultat d'un plan social, d'un grand organisateur qui divise les tâches, d'une sagesse humaine qui ait prévu ainsi *a priori* la voie de l'opulence. La socialisation des vouloirs individuels, l'équilibre des agressivités s'opèrent par la voie du marché qui contraint à satisfaire autrui pour obtenir sa propre satisfaction. La société de marché conduit ainsi à une autonomie réalisée dans la dépendance. Les agressivités sont neutralisées, car l'individu doit satisfaire l'autre pour faire triompher ses propres exigences. La libre concurrence stimule l'ingéniosité, la lutte développe l'initiative productrice de biens dont chacun est appelé à jouir.

> Donnez-moi ce dont j'ai besoin, et vous aurez de moi ce dont vous avez besoin vous-mêmes; et la plus grande partie de ces bons offices qui nous sont nécessaires s'obtiennent de cette façon. Ce n'est pas de la bienveillance du boucher, du marchand de bière et du boulanger que nous attendons notre dîner, mais bien du soin qu'ils apportent à leurs intérêts. Nous ne nous adressons pas à leur humanité, mais à leur égoïsme; et ce n'est pas de nos besoins dont nous leur parlons, c'est toujours de leur avantage[12].

> À la vérité, son intention, en général, n'est pas en cela de servir l'intérêt public, et il ne sait même pas jusqu'à quel point il peut être utile à la société. En préférant le succès de l'industrie nationale à celui de l'industrie étrangère, il ne pense qu'à se donner personnellement une plus grande sûreté; et en dirigeant cette industrie de manière à ce que son produit ait le plus de valeur possible, il ne pense qu'à son propre gain; en cela, comme dans beaucoup d'autres cas, il est conduit par une main invisible à remplir une fin qui n'entre nullement dans ses intentions; et ce n'est pas toujours ce qu'il y a de plus mal pour la société, que cette fin n'entre pour rien dans ses intentions. Tout en ne cherchant que son intérêt personnel, il travaille souvent d'une manière bien plus efficace pour l'intérêt de la société, que s'il avait réellement pour but d'y travailler. Je n'ai jamais vu que

ceux qui aspiraient, dans leurs entreprises de commerce, à travailler pour le bien général, aient fait beaucoup de bonnes choses[13].

L'harmonie des intérêts, c'est penser l'homme comme jouissant d'une indépendance tout en reconnaissant qu'il ne peut pas survivre sans la société. La division du travail, l'échange de marchandises n'expriment qu'indirectement la nature sociale de l'homme. Comment une société composée d'individus poursuivant leur intérêt particulier peut-elle tenir? Le lien social peut se fonder sur l'utilité mutuelle. Le lien a alors un caractère économique.

> Elle (la société) peut alors subsister entre les hommes, comme elle subsiste entre des marchands, par le sentiment de son utilité, sans aucun lien d'affection : quoiqu'alors aucun homme ne tienne à un autre, par les devoirs ou par les noeuds de la gratitude, la société peut encore se soutenir, à l'aide de l'échange intéressé des services mutuels, auxquels on a assigné une valeur convenue[14].

La moralité peut bien continuer de condamner l'égoïsme dans d'autres domaines, le rapport social économique pourra se fonder sur la recherche de l'intérêt égoïste par les échangistes. « Adam Smith a différencié l'action économique à l'intérieur de l'action humaine en général comme le type particulier qui échappe à la moralité sans être contraire à la morale dans un sens plus large[15]. » La rupture entre la morale et l'économie fait partie d'une démarche plus générale de régulation sociale par l'économie des passions.

Avant Smith, Mandeville, dans sa *Fable des Abeilles* (1714), voulait démontrer que la frugalité est source de la ruine du commerce. L'appétit de jouissance nourrit l'ardeur au travail. La fable développe le thème de l'utilité des passions. Une ruche, symbolisant une société humaine, vit dans la corruption et la prospérité. Après un retour nostalgique à la vertu, surviennent l'inactivité, la pauvreté, la baisse de la population. Le bien public est réalisé par une action qui n'est pas orientée vers lui. Les préceptes moraux échouent dans leur prescription d'actions non égoïstes.

Selon Dumont, Mandeville exprime le passage de la moralité traditionnelle à l'éthique utilitaire. Dans le système social de la moralité, l'agent intériorise l'ordre social sous la forme de règles morales, chacun définissant sa conduite indirectement par référence à la société tout entière. Dans le système économique, chacun définit sa conduite par référence à son intérêt propre. La société n'est plus qu'un mécanisme par quoi les intérêts s'harmonisent. La morale économique expulse la dernière forme sous laquelle, dans le monde moderne, le tout social contraignait encore la conduite individuelle. L'individu est libre, ses dernières chaînes sont tombées[16]. Rien ne sert de s'opposer à la recherche de l'intérêt personnel qui est une passion fondamentale; l'échange permet de créer une forme de bien commun à partir d'intérêts particuliers.

La *Fable des abeilles* s'inscrit aussi dans la tradition de l'ordre social spontané. Mandeville a l'intuition que la société, l'économie, le langage, les valeurs morales, les techniques, en somme la culture est le résultat de la sagesse et l'expérience de plusieurs générations. La sagesse accumulée dans les lois et dans les règles morales dépasse inéluctablement celle de ceux qui les observent à un moment donné. L'ordre global est le résultat d'une évolution[17]. L'intuition de Mandeville est à l'origine de l'idée exprimée par la formule célèbre de Ferguson « le résultat de l'action humaine mais non des desseins humains » qui sera portée à des sommets par les néolibéraux afin de contrer la planification sociale.

Dumont parle du remplacement de la société hiérarchique. La sociologie de Smith est en rupture avec la société à ordre où les rôles étaient définitivement distribués. La mobilité sociale est possible dans une société où les individus peuvent connaître une ascension sociale fondée sur leur pouvoir économique. Dans la société de marché de Smith, le travail des classes militaires, politiques, des magistrats est jugé improductif ce qui bouleverse la représentation traditionnelle des hiérarchies sociales. L'État doit être réduit, car il consomme sans produire de capital productif.

L'échange conduit à la division du travail et à l'interdépendance, donc à la socialisation. Finalement, c'est l'échange qui socialise. L'homme entre en société pour échanger, seul il ne survivrait pas. La division du travail crée une interdépendance, un système de relations médiatisées par la valeur, les prix. Comme dans la volonté générale de Rousseau, la liberté est l'intériorisation d'une interdépendance. Le marché est une forme de contrat social. La société est une collectivité unie par les besoins.

Le concept de marché permet de résoudre la difficile question du fondement de l'obligation dans le pacte social. Pour Rousseau, l'obligation de respecter le pacte social et de se soumettre à la volonté générale est seulement fondée sur le libre engagement de chacun. L'obligation est l'affirmation la plus élevée de la liberté, une intériorisation de la nécessité. L'État résulte d'une identité entre un universel et un particulier. L'individu ne se reconnaît une obligation d'obéissance que dans la mesure où il comprend la coïncidence de son intérêt propre avec l'intérêt collectif. Or, le marché joue le rôle que jouent les lois en tentant de faire coïncider l'intérêt particulier avec l'intérêt général.

> La notion de main invisible permet de dépasser cette difficulté du fondement de l'obligation dans le pacte social sans revenir à une conception despotique. Elle permet de penser une société sans centre, d'abolir pratiquement la distinction entre l'intérieur et l'extérieur, entre l'individu et la société. Elle réalise cette immédiateté que poursuivait Rousseau sans pouvoir lui donner de fondement effectivement opératoire. (...) Le marché constitue ainsi une loi régulatrice de l'ordre social sans législateur[18].

La théorie de l'harmonie naturelle des intérêts peut apparaître comme une libération de l'individu, mais elle conduit à une philosophie du laisser-faire et à une apologie du capitalisme et de l'entrepreneurship.

> En impliquant la souveraineté de l'économique, les libéralistes en ont libéré les puissances fauves et inconsciemment, ils leur ont jeté en pâture l'homme qu'ils avaient pris soin de délivrer de la nature et de la volonté. (...) Toute la synthèse du libéralisme ouvre la voie à la montée et à l'implantation des puissances sociales qui peuvent contrôler le pouvoir économique et y asseoir leur propre domination, domination d'autant moins défiée et discutée que la dénaturation de la nature aboutit à justifier et à légitimer l'agencement des rapports sociaux le plus favorable à la permanence de ces forces[19].

Si la société de marché autorégulée a déjà existé, elle n'a pas duré longtemps, car la grande entreprise est vite apparue avec son pouvoir d'influencer le marché et de limiter la concurrence. Cela a été possible grâce à la société par actions qui a pu réunir des capitaux énormes et devenir propriétaire d'autres sociétés. Toutefois, l'utopie du marché autorégulé, d'une force impersonnelle exigeant soumission est encore bien vivante malgré son anachronisme, car elle masque le pouvoir des grandes corporations.

La théorie de la supériorité de l'ordre spontané du marché

Friedrich Hayek, prix Nobel d'économie en 1974, défend un libéralisme radical, doctrinaire. Déjà en 1949, il déplorait l'absence d'une utopie du libéralisme radical pour contrer l'utopie socialiste[20]. Il a pris les choses en main.

Hayek considère que l'existence des institutions humaines peut s'expliquer de deux façons. Une première façon, dite constructiviste, considère que pour servir des buts humains, une institution doit nécessairement être le résultat d'un plan préconçu, d'un objectif délibéré. Une deuxième façon, dite évolutionniste, observe plutôt que les institutions bénéfiques à l'homme et le caractère ordonné de la société ne découlent pas de constructions guidées par un but prédéterminé, par une belle raison planificatrice qui a tout prévu, mais sont le résultat d'un processus évolutif, de la coutume de plusieurs générations. L'ensemble du savoir d'une société dépasse considérablement celui que peut posséder n'importe quel individu ou comité. Cet énoncé est à la base du refus de la planification et de l'acceptation du marché comme mode indépassable de coordination des actions.

La plupart des règles de conduite qui gouvernent nos actions et la plupart des institutions qui se dégagent de cette régularité sont autant d'adaptations à l'impossibilité pour quiconque de prendre consciemment en compte tous les faits distincts qui composent l'ordre de la société. Pour Hayek, la société est un ordre naturel non planifié qui a évolué vers l'autorégulation par sélection des institutions.

Il y a des bornes à ce qui peut être délibérément réalisé et le progrès du savoir consiste à comprendre que certains événements sont impossibles à planifier. Hayek souligne qu'il y a chez l'homme un élan naturel à penser que les institutions sont le résultat d'un choix rationnel. Cela offusque l'esprit de penser que des institutions, qui servent des desseins humains, soient le résultat d'un processus d'évolution ou même d'une apparition accidentelle.

Les institutions et usages traditionnels deviennent suspects au rationaliste. Pour Aristote et saint Thomas, il était rationnel de suivre la tradition, la rationalité consistant à discerner les actions en accord avec les règles établies. Après Descartes (1596-1650), la rationalité consiste à douter de la tradition comme un ensemble de préjugés. On ne peut s'y fier qu'à titre de morale provisoire en attendant le corpus des pratiques justifiées par la raison. Le rationalisme enseigne que l'homme devrait cantonner ses actions à ce qui se justifie rationnellement à partir de prémisses claires et distinctes.

Hayek soutient que le fonctionnement social effectif contredit cette présomption. Selon lui, nombre d'institutions de la société, qui sont des conditions indispensables à la poursuite efficace de nos buts conscients, sont en fait le résultat de coutumes, d'habitudes, de pratiques qui n'ont ni été inventées ni ne sont observées afin d'atteindre des buts de cette nature. Certaines règles se sont installées par un processus de sélection suite à l'expérience de plusieurs générations et on les observe en fait sans pouvoir les énoncer clairement ni préciser leur origine[21]. L'Homme agit constamment sans connaître la totalité des faits, guidé par des règles adaptées au monde dans lequel il vit, mais sans un examen conscient de tout ce qui est nécessaire à la réussite de son action.

La réussite de l'action dans la société dépend de plus de faits particuliers que personne n'est capable d'en connaître. La totalité de la mémoire culturelle d'une société n'est pas concentrée dans le cerveau de chacun des individus. Cette inéluctable ignorance de la plupart des données qui entrent dans l'ordre de la Grande Société est la racine du problème central de tout ordre social. Aucune autorité centrale ne peut connaître en totalité l'ensemble des faits. Par exemple, la vie économique dans une société non socialiste consiste en des millions de relations entre des firmes et des ménages.

Hayek affirme que la compréhension profonde de la nature de la justice est refusée à tous les constructivistes qui raisonnent habituellement à partir d'une présomption d'omniscience. Dans une petite société, les membres ont plus ou moins connaissance des mêmes circonstances, mais dans la Grande Société où des millions d'hommes interagissent, où le travail et la connaissance sont divisés, chacun a accès à une petite fraction seulement de la connaissance globale au principe du fonctionnement de la société. Il s'ensuit que les planificateurs qui rêvent d'orchestrer la vie sociale et économique, le font au mépris de la majorité des faits non portés à leur attention, victimes qu'ils sont d'une « illusion synoptique ».

> Le projet d'une reconstruction rationnelle, volontaire et délibérée de l'ordre social supposerait, pour ne pas être absurde, un sujet omniscient à l'égard de la société; or, nulle connaissance objective des processus sociaux dans leur totalité n'est possible ne serait-ce que dans la mesure où le sujet connaissant fait lui-même partie de ce dont il recherche : une vision objective totale; par défi-

nition, il ne saurait en effet voir objectivement, donc de l'extérieur, une totalité où il est lui-même inscrit[22].

Le rationalisme constructiviste influencé par le dualisme cartésien postule que l'homme, doté d'une parcelle de surnaturel ou tout simplement d'une substance spirituelle à part, est ainsi rendu capable *de facto* de façonner la nature, la société et la culture à partir de sa raison. Le point de vue évolutionniste rejette l'idée d'un esprit ainsi accompli *a priori* et postule que l'esprit humain est le résultat d'une adaptation. L'esprit s'est développé au gré des habitudes et des pratiques qui offraient des avantages et des chances de survie, et cela autant qu'il a agi sur l'environnement social. Autrement dit, l'homme n'a pas délibéré sur des buts.

L'ordre du marché est « catallactique » (du grec *katallattein*, échange); il procède d'un continuel échange d'informations par lequel les objectifs des individus s'ajusteraient spontanément les uns aux autres. Le mécanisme de cet échange d'information, de cette « catallexie », est simple : au sein du marché, chacun poursuit ses objectifs propres, soit acheter tel ou tel bien de consommation, soit produire telle ou telle marchandise, sans nulle autre limitation à ses initiatives que celle du respect des règles juridiques concernant la propriété, les dommages et les contrats, règles qui ont pour unique fonction de protéger l'ordre spontané du marché et d'assurer ainsi l'autodéploiement de ses lois immanentes. Or, en poursuivant ainsi ses buts propres, l'individu reçoit du marché certaines informations sur l'intégration, possible ou non, de ses projets dans l'ordre social. Le prix devient l'indicateur qui l'informe d'une compatibilité de ses activités avec un processus du marché qu'il ne connaît pas d'avance, qu'il explore. Le producteur ne connaît pas d'avance les besoins. Rien n'est garanti d'avance. Les gains réalisés par la vente des produits sont un indicateur de l'adéquation de ses offres avec les attentes du marché. L'acheteur, quant à lui, est informé par le prix de l'adéquation de ses demandes avec l'ordre du marché. Le fonctionnement du marché dépend de cette information codée par les prix.

L'intervention de l'État introduit un désordre, au sens cybernétique du terme, dans le jeu de la catallaxie. Si, par le libre jeu de l'offre et la demande, chacun obtient une quantité d'informations qui oriente l'activité économique et sociale mieux qu'aucune institution construite ne pourrait le faire, le rôle de l'État se limite à créer le cadre juridique où sera possible une diffusion maximale de l'information au sein de la société, donc laisser le jeu de la catallaxie se développer librement[23]. Le jeu catallactique est plus efficace, car c'est la multiplicité des projets en concurrence qui fait découvrir l'usage efficace d'un bien. Il est dangereux de centraliser la planification entre les mains des États. Or, il faut bien constater aujourd'hui que plusieurs compagnies ont des revenus supérieurs à ceux de nombreux États. Les idéologues néolibéraux ne parlent pas trop du pouvoir centralisateur de la propriété privée.

Hayek tente aussi de démontrer l'absence de fondement et même l'inexistence du concept de justice sociale. Sur le terrain de l'utilitarisme, les néolibéraux soulignent l'inutilité et la nocivité de l'intervention de l'État. Spencer le faisait en disant que les législations en faveur des pauvres encourageaient l'imprévoyance. Les discours des néolibéraux sur les effets pervers de l'assurance-chômage ou du salaire minimum sont bien connus. Selon Friedman, le système public d'éducation est mauvais en comparaison de ce que permettrait un système privé. Pourtant, les libéraux classiques en général considéraient l'offre privée d'éducation comme insuffisante et non disponible pour les plus démunis.

Hayek estime que le développement de la vie dans les grandes cités à l'époque moderne a multiplié les occasions d'externalités, légitimant une importante catallaxie indirecte gérée par l'État-providence. La « catallaxie indirecte » est régie par le principe voulant que le recours aux services collectifs n'est autorisé que là où le marché ne peut produire spontanément le bien jugé nécessaire et que ce bien doit être géré de façon à ne détériorer en rien les mécanismes de l'ordre spontané du marché.

La thèse de l'État minimal : l'État réduit à une agence de protection

Le dénigrement de l'intervention étatique prenait le chemin du thème moderne de l'hypercomplexité ou de l'impossibilité de la planification chez Hayek. L'anarcho-capitalisme va plus loin et recommande l'extinction de l'État dans une société civile autogérée. Nous verrons au sixième chapitre comment le néolibéralisme suscite un mouvement encore plus à droite avec Murray Rothbard et David Friedman, le fils de Milton Friedman de Chicago. Dans tous les cas, le marché demeure la transcendance idyllique qui réglera les rapports sociaux et qui assurera la prospérité à tous.

Robert Nozick, professeur à l'Université de Harvard, est présenté comme un des meilleurs penseurs de l'État minimal :

> (...) un État minimal, qui se limite à des fonctions étroites de protection contre la force, le vol, la fraude, à

> l'application des contrats, et ainsi de suite, est justifié;
> tout État un tant soit peu plus étendu enfreindra les
> droits des personnes libres de refuser d'accomplir cer-
> taines choses, et il n'est pas justifié; enfin l'État minimal
> est aussi vivifiant que juste. Deux implications méritent
> d'être signalées : l'État ne saurait user de la contrainte
> afin d'obliger certains citoyens à venir en aide aux au-
> tres, ni en vue d'interdire aux gens certaines activités
> pour leur propre bien ou protection[24].

Nozick veut bâtir un État qui ne viole pas les droits naturels
parmi lesquels le droit de propriété. Pour lui, même le droit à la
vie, pourtant classé au premier rang parmi les droits de la personne,
ne peut fonder une contestation du droit de propriété. La question
de la pauvreté se règle par la charité. Toutes les pratiques d'interventions sociales familières au paysage social occidental, que l'on
regroupe sous le vocable d'État-providence, sont violemment prises à partie et sont associées à un État totalitaire. Le système des
impôts qui y est attaché est identifié à un système organisé de travaux forcés[25]. De plus, chez Nozick comme chez Locke, la société
et l'État sont soumis aux lois du marché, lois de l'échange par consentement. La propriété est inhérente à l'individu et la seule façon
d'acquérir et de disposer de biens en respectant le droit des individus est le recours aux mécanismes du marché. L'État ne peut effectuer des redistributions ou forcer la coopération sans violer des
droits.

Pour les anarchistes, l'existence même de l'État est un empiétement, ne disposerait-il que du monopole de la violence. Nozick
s'écarte des anarchistes sur la question de l'État minimal. Il prétend qu'un État veilleur de nuit assurant la sécurité des citoyens,
les protégeant du vol, de la fraude est un État moralement justifié
s'il n'excède pas ces fonctions. Il s'emploie donc d'abord à réfuter
les libertaires, les anarchistes individualistes et à démontrer la légitimité de l'État minimal. En même temps, il s'attaque à une tâche
traditionnelle des libéraux : celle de déterminer des critères de dé-
limitation de l'activité de l'État.

Il part de l'idée classique à l'effet que, dans une situation pré-
étatique, la justice privée mène au désordre, d'où un scénario dit de
l'État agence de protection. L'État sera une entreprise privée de
protection qui a acquis un monopole et une universalité. Il ne s'agit
pas d'une convention politique ou d'un contrat social. La protection est une marchandise particulière et c'est le libre marché qui
crée le monopole appelé à devenir État minimal.

Nozick emprunte à la tradition weberienne et pose le monopole de la force comme première manifestation de l'existence d'un État[26]. Comment démontrer que, sans violer les droits individuels, l'État puisse s'arroger le monopole de la force et empêcher les individus d'user de leur pouvoir naturel de se rendre justice? Il démontre longuement que des individus vivant sans État créeraient des agences de protection et, qu'à cause de la nature du service qui implique de rendre justice, une agence finirait par prendre le contrôle de toutes les autres créant ainsi un État.

> (...) je prétends pour ma part qu'un État naîtrait de l'anarchie (telle qu'elle est définie par l'état de nature défini par Locke) quand bien même nul n'en aurait l'intention ni n'agirait dans ce sens – et ce, au terme d'un processus qui ne viole pas nécessairement les droits de quiconque[27]. Expliquer comment un État pourrait naître d'un état de nature sans violer les droits de qui que ce soit revient à réfuter les objections de principe de l'anarchisme [28].

Nozick part d'un scénario lockéen de l'état de nature pré-étatique; les hommes y vivent ensemble selon la raison, sans aucun supérieur commun qui ne soit compétent pour statuer sur leurs litiges. Les individus jouissent des droits naturels à la vie, à la liberté et à la propriété, ainsi qu'à l'emploi de la force pour défendre ces droits. Afin que ce scénario ne soit pas une justification d'une paisible anarchie, il doit y avoir un moment hobbien. Celui-ci vient du fait d'avoir à se rendre justice soi-même. L'un surestime le tort qui lui est fait et exige une réparation démesurée; une chaîne de représailles s'enclenche et tout bascule. L'État doit naître comme juge impartial, comme dernier mot de la violence légitimée. Pour échapper à la menace de destruction mutuelle, les hommes inventent des agences de protection qui conduiront à l'État. La force exercée par l'État relèvera d'un niveau logique supérieur à celui des coups échangés par les individus, c'est pourquoi sa violence peut être une bonne violence, parce que le dernier mot de la violence.

Le droit naturel de me faire justice, de me défendre et de punir ceux qui m'attaquent, je peux le transférer, surtout qu'un calcul économique m'y incite. Je confie mes droits à une agence privée de protection dominante (l'État en devenir) et je la rémunère pour sa protection. L'État agence de protection prescrit des interdits quant aux actions qui violent carrément les droits individuels de ses protégés. Les individus intimés obéiront suite à un calcul économique. Par exemple, l'agence dominante peut fixer le prix du marché d'un meurtre à celui de la mort sur la chaise électrique.

Les purs mécanismes du marché font émerger une agence dominante sur chaque territoire. L'agence qui réussit le mieux à protéger les droits de ses clients domine. Ce scénario n'est pas irrationnel, car c'est ce qui est arrivé en Europe à la fin du Moyen-Âge. La royauté a progressivement imposé ses tribunaux aux dépens de la justice seigneuriale locale.

> Pour le vassal en lutte avec son seigneur, pour la commune bourgeoise en conflit avec le comte de la région, pour la communauté paysanne qui a un litige avec l'abbaye locale, la justice royale représente l'espoir d'un rétablissement des droits[29].

Les tribunaux royaux obtiendront progressivement une capacité législative. Donc, selon Nozick, la majorité des individus acceptent d'être jugés selon les procédures de l'agence dominante et ces procédures deviennent la règle. L'État minimal est né et il résulte d'actions individuelles et intéressées sans que personne ne recherche sa création.

Nozick reconnaît la fonction étatique de maintien de l'ordre public parce que, selon lui, il semble logique que ce monopole découle du marché; mais il refuse d'autres prestations de services publics. Il semble que tout le reste puisse se réaliser sans le secours de cette grosse agence appelée État. La position d'Hayek semble plus raisonnable, car il fait intervenir le gouvernement comme palliatif aux insuffisances et imperfections du marché pour réaliser des allocations de biens et services. Par exemple, certains biens ne peuvent être réservés aux seuls utilisateurs et n'intéressent pas l'entreprise privée qui ne peut faire payer les utilisateurs : il y a là motif à un bien public[30]. Pensons à la protection contre les épidémies, la recherche pure, les infrastructures des cités qui ne se prêtent pas à la logique de l'échange. Mais il faut bien admettre qu'il devient de plus en plus facile d'identifier l'usager d'un pont, d'une route, de l'eau, du système judiciaire et de lui facturer l'usage; la recherche se fait de plus en plus par les entreprises. On a déjà privatisé ces biens dans beaucoup de pays et jusqu'aux prisons et la police à certains endroits.

Les effets pervers du marché : le coût de l'absence de l'État

À tous les zélateurs néolibéraux qui développent leurs litanies sur le coût de l'intervention de l'État, il faut opposer le calcul du coût de l'absence de l'État. L'externalité désigne les conséquences pour un agent, qui résultent des actions d'un autre agent, que ce dernier ne prend pas en compte dans le calcul de ses décisions. Hayek avoue candidement que l'action individuelle ne peut envisager le résultat qu'elle aura sur la situation globale qui est le résultat de l'action humaine en dehors de tout projet délibéré. L'énoncé fondateur du libéralisme veut que l'individu poursuivant son intérêt personnel réalise, par des voies qu'il ignore, l'intérêt général. Dans le libéralisme, un individu peut réaliser son intérêt personnel en causant des torts aux autres, si le système ne lui impute pas ces torts. Cette ignorance intrinsèque ne favorise pas l'élévation du niveau de conscience face à un phénomène comme la pollution et la prédation à court terme des ressources naturelles.

La prétendue rationalité libérale est en effet parfaitement illogique dès lors que l'on tient compte de la nature, de la santé et de la qualité de la vie. « Un déversement de pétrole sur les côtes de la Bretagne ou des cancers de la peau favorisés par le déficit d'ozone apparaissent aujourd'hui dans les comptes comme des valeurs positives, facteurs d'accroissement du PNB puisqu'ils engendrent de l'activité économique : nettoyage, soins, production pharmaceutique, etc.[31] » La logique interne du libéralisme est prise en défaut dans le cas des externalités négatives. Par exemple, la pollution n'est pas prise en compte dans les décisions d'investissements des entreprises à moins d'une intervention gouvernementale qui internalise le coût de cette pollution en mettant l'entreprise sous amende ou en lui imposant une « taxe verte ». Il en va de même pour l'entassement urbain, etc. Des décisions, qui apparaissent comme rationnelles à l'échelle des entreprises, provoquent des résultats globaux aberrants. « Jusqu'au moment où une catastrophe a effectivement lieu, le marché ne donne aucun avertissement à travers les prix[32]. » Les prix sont supposés signaler un indice de rareté, mais les ressources sont ruinées sans que les prix ne réagissent. Les morues restaient bon marché, mais elles étaient en train de disparaître. On détruit une ressource puis on va en détruire une autre. Un économiste comme Pigou reconnaissait dans son livre *L'économie de bien-être* (1920) que les limites internes du libéralisme justifiaient l'intervention de l'État pour maximiser le produit social.

Le marché instruit l'individu de la correspondance de son projet individuel avec le projet collectif par l'intermédiaire de cette mesure quantitative économique qu'est le profit. Mais le profit n'est le signe de la contribution sociale d'une entreprise que si l'on accepte le postulat de l'économie libérale voulant que la poursuite de l'intérêt privé permette finalement de réaliser l'intérêt général. Le modèle économique libéral ne tient pas compte des coûts sociaux pas plus que les postulats de la comptabilité. Cela signifie qu'une entreprise peut avoir réalisé un profit élevé aux dépens de coûts sociaux publics infiniment plus élevés, sans que le phénomène ne soit relevé financièrement. L'entreprise ne recevant pas la facture des coûts sociaux, elle ne le fait pas entrer dans le prix de revient de ses produits. Il y a là une appropriation hors marché d'une ressource collective. De plus, les consommateurs ne paient pas le prix réel que leurs choix impliquent. L'économie libérale ne peut parler dans ces conditions d'une économie de marché qui favorise une utilisation optimale des ressources. Sans une intervention gouvernementale, sans une contrainte extérieure qui menace leur profit, comme une loi environnementale, les entreprises ne se soumettent pas spontanément à une éthique corporative, la prédation se perpétue jusqu'à l'extinction des espèces.

Les néolibéraux prétendent que le marché pourrait régler lui-même la question des coûts environnementaux. En réalité, une entreprise pourrait polluer une région et vendre ses produits dans une autre région. Elle n'a pas de comptes à rendre aux non-échangistes. Chaque entreprise poursuit sa rentabilité comme si elle était en vase clos. Le monde devient un stock de marchandises à saisir et à transformer pour en faire l'objet du dernier désir subjectif créé par une immense force publicitaire de persuasion aux mains d'entreprises puissantes. À une autre échelle temporelle, nous réaliserons peut-être que la stricte rentabilité financière nous a amenés collectivement à une façon d'appréhender le monde qui doit être reconsidérée. L'entreprise moderne est caractérisée par la séparation de la propriété et de la gestion. L'actionnaire peut découvrir par les médias que les dividendes qu'il encaisse ont été gagnés au mépris des coûts publics. Ce fait est généralement porté à l'attention du public par des personnes hors marché qui ne font justement pas partie du cercle des échangistes de l'entreprise. La société de marché postule l'inexistence de ceux qui n'ont rien à échanger. Faire carrière dans une organisation signifie être un acteur poursuivant un intérêt personnel à l'intérieur d'une organisation asociale et apolitique soumise à la règle économique du profit.

Considérons aux plans national et international l'effet du marché sur l'environnement, l'usage cupide et non planifié des terres, des forêts, des mers, les vastes problèmes d'urbanisation[33]. Au Canada, on gaspillera 1,7 milliard de dollars dans la décennie 1990 pour atténuer les effets économiques de la surpêche. Le marché n'a pas de conscience écologique, car une fois la ressource ruinée, les capitaux anonymes et convertibles se déplacent simplement ailleurs. Dans une société où le politique s'efface devant l'économique, détenir les capitaux, c'est détenir le pouvoir d'orienter la société. Or, la seule voix de ceux qui n'ont pas la richesse économique, c'est la voix politique.

Comme toute valeur découle de l'échange dans une société de marché, la nature n'a de valeur que comme marchandise et aucune valeur en soi. C'est un réservoir de ressources à transformer en argent. La nature devient progressivement une propriété privée dont l'exploitation est confiée à l'intérêt personnel et qui échappe progressivement à tout contrôle public. Le néolibéralisme a créé une pression énorme pour l'élimination des normes environnementales en échange d'une pseudo-autodiscipline.

Une des externalités principales du libéralisme est le taux élevé de chômage que le système n'arrive pas à diminuer. Pour les néolibéraux, les transferts incessants de main-d'oeuvre d'un secteur à l'autre, d'une région à une autre sont vus comme des phénomènes inévitables à ranger sous la même catégorie causale que les cataclysmes naturels. C'est un processus normal du développement du marché. Personne n'est responsable, donc l'État ne devrait pas intervenir par des programmes. Le libéralisme de Locke situe la liberté dans la propriété acquise par le travail. Adam Smith spécifie que le patrimoine de l'individu réside dans l'adresse de ses mains; personne ne doit l'empêcher d'utiliser ce patrimoine. La société de marché, l'utopie libérale laisse pourtant une partie appréciable de la population sans travail.

Quels sont les changements de contexte qui font que les interventions de l'État en faveur de l'assistance au fonctionnement du marché souhaitées par bien des libéraux classiques seraient aujourd'hui à proscrire?

Partout à travers le monde, une fois les ressources épuisées, le capital anonyme ne fait que se déplacer vers un autre site à exploiter. Pensons aux compagnies de pâtes et papiers au Québec, pensons à la surpêche, à la barge de pétrole que le gouvernement a dû récupérer à la place de la compagnie Irving Oil qui s'en lavait les mains[34]. Selon Roger Guy, sociologue à l'Université du Québec à

Trois-Rivières, les grandes entreprises multinationales ont été longtemps les interlocutrices privilégiées des gouvernements au détriment des habitants de la région.

> En pratiquant la coupe à blanc, elles ont complètement détruit les ressources forestières situées en périmètre des municipalités. Aujourd'hui, les gens sont obligés de quitter leur milieu. Si on leur avait confié ces ressources, ils se seraient davantage souciés de développement durable. L'exemple vaut aussi pour les mines. L'Abitibi est aujourd'hui aux prises avec des parcs de résidus miniers, de véritables dégâts environnementaux, qui hypothèquent l'avenir des résidents[35].

Cela n'empêche pas les zélateurs du néolibéralisme de friser l'absurde en préconisant la généralisation de la propriété privée des ressources comme moyen de protection de l'environnement. Pourtant, on connaît très bien le degré d'anonymat qu'atteint la propriété privée dans les grandes corporations où les actionnaires exigent des rendements sans connaître les détails de la propriété de l'entreprise. Le regroupement des capitaux, les montages financiers font que les sociétaires ne connaissent pas le détail des actions qu'ils détiennent. Par exemple, un honnête citoyen peut protester contre un marchand d'armes ou une entreprise polluante et découvrir qu'il est actionnaire de cette compagnie via les parts qu'il détient dans un fonds mutuel qui gère ses épargnes de retraite. En fait, il participe indirectement à ce qu'il dénonce et de façon beaucoup plus efficace qu'en protestant. En tant que sociétaire d'un fonds mutuel recherchant le profit maximal, il participe et il passe une commande pour la pollution, la vente de mines dites « personnelles », l'exploitation de la main-d'oeuvre étrangère. C'est ainsi que des travailleurs ontariens du secteur public de la santé ont découvert que leur fonds de pension, l'Ontario Municipal Employee's Retirement Fund investissait largement dans une chaîne de cliniques privées, MDS Health Group, qui abolissaient leurs propres emplois.

L'argument de la propriété privée salvatrice de l'environnement est une hypocrisie visant à protéger le laisser-faire. La précarisation des situations, la péremption accélérée des produits et des techniques induisent une préférence pour le rendement à court terme. L'impossibilité de prévoir au-delà de quelques années augmente le risque des projets à long terme. Ceux qui sont familiers avec le fonctionnement des entreprises privées savent pertinemment bien que, dans les calculs financiers des entreprises, plus une ressource ne rapporte qu'à long terme, moins elle compte dans une décision. Prétendre que l'entreprise privée peut bien gérer les ressources à long terme est contradictoire avec sa façon de diriger et de rendre des comptes. Les industries internationales, sauf quelques secteurs particuliers, ne sont pas attachées au sol. Comment des décideurs attentifs seulement au court terme tiendraient-ils compte des effets à long terme sur l'environnement? Un investissement en immobilisation est jugé risqué et le but est de le convertir le plus vite possible en capital moins risqué, source de frais fixes plus liquides pour recommencer ailleurs. Évidemment, le capital international se moque des normes environnementales tant que cela n'affecte pas son marché, car il n'est pas attaché à un territoire. D'ailleurs, on peut polluer le territoire d'un pays pauvre qui n'a pas de pouvoir de négociation et écouler la production dans un pays riche, ce qui rend l'organisation du boycott pratiquement impossible. Ceux qui affirment que les entreprises tiennent compte de facteurs non monétaires, comme la pollution de l'environnement, mentent. Dans les entreprises, on n'a pas l'habitude de renoncer à des biens matériels pour des biens moraux, non inclus dans les échanges d'ailleurs. Rappelons-nous la catastrophe provoquée par la Union Carbide Co. à Bhopal aux Indes dans la nuit du 3 décembre 1984. Un dégagement accidentel de gaz toxiques fît 362 540 victimes, des morts immédiates, des morts ultérieures, de graves blessés et handicapés. Des emplois qui exigeaient des formations universitaires avaient été déclassés pour être occupés par des personnes ayant une formation secondaire. Des programmes de formation du personnel avaient été supprimés. L'effectif avait baissé de 1 500 personnes à 950[36].

Le néolibéralisme organise même un mouvement anti-vert. Plus de cinquante organisations anti-écologiques travaillent en Amérique du Nord en se cachant derrière des façades peintes en vert. Par exemple, Society for Environmental Truth, Citizens Coalition for Sustainable Development, etc. L'ennemi numéro un désigné par la droite américaine est le mouvement écologique. Toute la droite américaine réclame la liberté totale pour les tronçonneurs, mineurs, ranchers, pollueurs[37].

La mondialisation des marchés crée une pression vers l'uniformisation par le bas des normes juridiques. On invoque de plus en plus la mobilité des capitaux pour obtenir des gouvernements la réduction des normes environnementales. En effet, il se trouvera toujours un pays prêt à accueillir des entreprises polluantes. Le capital international n'a pas de conscience, il se déplace où il peut le plus facilement épuiser les ressources à meilleur compte. Transformer des morues ou des flétans trop petits en « cash » pour aller l'investir ailleurs dans une autre industrie une fois la ressource ruinée est un mode normal d'opération. Ce sont maintenant les compagnies qui livrent les guerres coloniales. Il n'est pas dénué de sens d'affirmer qu'une entreprise qui pollue verra bientôt ses actions à la Bourse monter comme celle qui congédie.

Une autre forme des effets pervers du marché est la spéculation qui atteint aujourd'hui des sommets. Il faut se rappeler comment la spéculation a mené au krach boursier de 1929; le phénomène est bien décrit par John Kenneth Galbraith[38]. Il relate comment un des éléments de l'architecture spéculative des années 1920 est apparu. Il s'agit des sociétés d'investissement. Une société émettait des actions avec pour unique but d'utiliser les fonds ainsi recueillis afin d'acheter des actions d'autres sociétés engagées, elles, dans une véritable activité productive. Au début de 1927, il en existait 160 aux États-Unis et il s'en créa 140 nouvelles cette année-là. La Bourse de New York s'en méfiait, mais en 1929, elle autorisa leur inscription. En 1928, il en fut créée 186 nouvelles alors que 1929 en voyait naître 265. En 1927, elles vendirent 400 millions de dollars de titres alors que les ventes furent de 3 milliards en 1929, poussant la totalité de leur avoir à plus de 8 milliards. L'accueil du public aux émissions des sociétés d'investissement était tel qu'une société démarrée avec 500 $ en 1927 atteignit des actifs d'un milliard à la fin de 1929. Certaines sociétés dont le seul actif était les portefeuilles d'actions d'autres sociétés avaient elles-mêmes une valeur marchande (valeur au marché de leurs propres actions) deux fois supérieure à cet actif. Cinquante pour cent de leur valeur reposait donc sur la confiance, mais aussi sur l'euphorie financière de l'époque.

Tous les jours, les prix des actions montaient. L'indice des industriels passa de 339 à 449 de juin à août. L'achat d'actions sur marge progressa. (Un client achète de son courtier des actions en ne versant qu'une partie de la somme – le taux était de 10% en 1929 – en laissant les actions en garantie, il attend la hausse des valeurs, il les vend et règle alors son courtier). Les prêts des courtiers augmentèrent à 400 millions par mois à l'été 1929. Pourquoi pas, puisque le prix des actions ne faisait que monter? Les banques, les sociétés de placement rachetaient leurs propres actions créant ainsi une demande artificielle et les revendaient ensuite à profit. Tout énoncé pessimiste ou d'invitation à la prudence était l'oeuvre d'oiseaux de malheur. Les gestionnaires de ces sociétés avaient le statut de héros et de magiciens infaillibles.

Le 5 septembre 1929, il se produit une rupture à la Bourse; l'indice des industriels perdit 10 points. Durant l'été, les cotes de U.S. Steel, G.E., A.T.T. étaient passées respectivement de 165 à 258, de 268 à 391 et de 209 à 303. Durant la seule journée du 5 septembre, ces cotes respectives perdirent 9, 7 et 6 points. Devant cette baisse, les investisseurs voulurent se délester massivement de leurs actions.

> Le jeudi 24 octobre est la première des journées que l'histoire – telle qu'on l'a écrite sur le sujet – identifie avec la panique de 1929. (...) Ce jour-là, 12 894 650 parts changèrent de mains, beaucoup d'entre elles à des prix qui brisèrent les rêves et les espoirs de ceux qui les possédaient. (...) Vers onze heures, le marché avait dégénéré en une mêlée folle et effrénée pour vendre[39]. (...) Le mardi 29 octobre fut le jour le plus dévastateur dans l'histoire de la Bourse de New York – et peut-être aussi dans toute l'histoire des bourses – . (...) 16,41 millions d'actions changèrent de mains. La US Steel tomba à 167 alors qu'elle avait atteint 258 pendant l'été, Westinghouse tomba à 131 alors qu'elle était à 286 le 3 septembre[40]. Le marché baissa jusqu'en 1932. L'indice des industriels qui avait fermé à 224 le 13 novembre 1929 était à 58 le 8 juillet 1932. Après la grande catastrophe vint la grande crise qui dura, avec une gravité variable, pendant dix ans. En 1938, le PNB était inférieur d'un tiers à celui de 1929[41].

Histoire du passé? Il y avait eu dans le passé d'autres euphories financières qui avaient mal tourné et il y en a eu par après. En 1987, le krach boursier piégea les jeunes spéculateurs des années Reagan[42]. À la mi-février 1997, l'indice Dow Jones vient de traverser le plafond des 7 000 points. Plusieurs observateurs mentionnent qu'il s'agit d'une surévaluation importante et prédisent une descente rapide. Alan Greenspan, l'actuel président de la Federal Reserve, sert continuellement des mises en garde aux marchés financiers contre leurs excès d'enthousiasme. Quand les boursicoteurs se seront suffisamment enrichis, il augmentera les taux d'intérêt; la classe moyenne emprunteuse paiera alors pour le party. En décembre 1996, il qualifiait la hausse du Dow Jones d'exubérante, cela n'a pas empêché l'indice de progresser de 600 points de décembre 1996 à février 1997. Une progression de 10% environ en trois mois, ce qui fait un rendement annualisé de 40%. Au Canada, les banques rachètent leurs propres actions pour en augmenter artificiellement la valeur. Il faut dire que les hauts gradés des banques détiennent de très nombreuses options d'achat d'actions à des prix très avantageux; ils ont intérêt à faire grimper les prix. Ce mode d'intéressement des hauts gestionnaires est très répandu. Le rendement réel des actionnaires fut là aussi de l'ordre de 40% en 1996. Nous traiterons de ces machines à argent au septième chapitre.

Notes

1. GALBRAITH, J. K., *Anatomie du pouvoir*, Paris, Seuil, 1983, p. 116.

2. La société de marché est celle où les individus dépendent du marché pour leur travail et leurs consommations. Une sociabilité intéressée est fondée sur l'interdépendance économique des individus, sur le besoin de l'autre dans la poursuite d'un but personnel. L'État y est réduit à un rôle minimal de protection, notamment celui de faire respecter les contrats. Il en découle une sociologie qui laisse les individus face à la classe affairiste jouant le rôle principal dans la détermination de l'usage de la connaissance et finalement de la civilisation. Un réductionnisme économiste résume l'homme à un échangiste dans toutes les activités de sa vie.

3. École de la deuxième moitié du dix-huitième siècle qui décrit la société comme un ordre naturel et qui prêche le laisser-faire qui réalise présumément cet ordre.

4. SMITH, Adam et Adam FERGUSON, *Essay on the history of civil society*, 1767, William Robertson, *The history of Scotland*, 1759, *History of America*, 1777, John Millar, *An historical view of the english government*, 1787, *Observations concerning the distinction of ranks in society*, 1771.

5. DUMONT, Louis, *Homo æqualis, genèse et épanouissement de l'idéologie économique*, Gallimard, coll. Bibliothèque des sciences humaines, 1977, p. 15.

6. François Quesnay (1694-1774) est un chef de l'École physiocratique. Le moment fort de l'École se situe en 1758 avec la publication du *Tableau économique* de Quesnay.

7. ROSANVALLON, P, *Le capitalisme utopique, critique de l'idéologie économique,* Paris, Seuil, 1979, p. 50.

8. MIRABEAU, *Les devoirs*, Paris, 1780, pp. 40 et 49. Cité par Vachet, *L'idéologie libérale, l'individu et sa propriété*, Les Presses de l'Université d'Ottawa, 1986, p. 274.

9. QUESNAY, Fr., *Physiocratie, le droit naturel, Tableau économique et autres textes*, Paris, Flammarion, 1991, pp. 83-84.

10. ROSANVALLON, P., *op. cit.*, p. 82.

11. Idem, p. 41.

12. SMITH, A, *La richesse des nations*, tome I, Paris, G.F. Flammarion, 1991, p.82.

13. Idem, tome II, pp. 42-43.

14. SMITH, A., *Théorie des sentiments moraux*, 2ième partie, cité par Rosanvallon, p. 40.

15. DUMONT, Louis, *op. cit.*, p. 93.

16 Idem, p. 98.

17. NEMO, Ph., *La société de droit selon F. A. Hayek*, p. 381.

18. ROSANVALLON, P., *op. cit.*, pp. 47-48.

19. VACHET, André, *L'idéologie libérale, l'individu et sa propriété*, Les Presses de l'Université d'Ottawa, 1986, p. 511.

20. FERRY, J., *Friedrich A. Hayek, Les éléments d'un libéralisme radical*, p. 184.
21. Au Moyen-Âge, la justice royale constate la coutume orale. Avec le temps, les règles seront écrites et aux dix-septième et dix-huitième siècles, les monarchies absolutistes seront actives dans la création de lois (passage du droit coutumier au droit positif).
22. RENAUT, A. et L. FERRY, *Philosophie politique*, tome 3, Paris, PUF, p. 140.
23. Idem, p. 142.
24. NOZICK, R., *Anarchie, État et utopie*, Paris, PUF, coll. Libre-échange, 1988, p. 9.
25. Idem, p. 212.
26. Idem, p. 41.
27. Idem, p. 11.
28. Idem, p. 151.
29. LALONDE, M., *Société et sociétés*, Télé-Université, UQAM, 1995, p. 206.
30. HAYEK, F.A., *Droit, Législation et Liberté*, tome 3, « L'Ordre politique d'un peuple libre », p.14 et Ph. NEMO, *op. cit.*, pp. 175-188.
31. GEORGE, Susan, « Planète en perdition », *Manière de voir*, n° 28, nov. 95, p.70.
32. Idem, p. 71.
33. DUMONT, R. et C. PAQUET, *Misère et chomâge, libéralisme ou démocratie*, Seuil, coll. Histoire immédiate, 1994, chap. 2, « Le tiers-monde en difficulté : la responsabilité du libéralisme » p. 27, également *L'utopie ou la mort!*, Seuil, Points politique, chap. 2, « Les riches des pays riches sont responsables », p. 54.
34. DUBOIS, P., *Les vrais maîtres de la forêt québécoise*, Montréal, Éco-société.
35. CÔTÉ, M., « La bataille de l'environnement », *CA Magazine*, mai 1996, p. 96.
36. VERNA, G., « Éthique réactive ou proactive : les victimes et les barbares », *Document de travail n° 96-56*, Faculté des sciences de l'administration, Université Laval, pp. 4-5.
37. GEORGE, Susan, *op. cit.*, p. 69. Elle cite Carl Deal, *The Greenpeace guide to anti-environmental organizations*, Berkeley, California, Odinian Press, 1993.
38. GALBRAITH, J.K., *La crise économique de 1929, anatomie d'une catastrophe financière*, Paris, Petite Bibliothèque Payot, 1970.
39. Idem, pp. 123-124.
40. Idem, p. 133.
41. Idem, p. 193.
42. GALBRAITH, J.K., *Brève histoire de l'euphorie financière*, Paris, Seuil, 1992.

TROISIÈME CHAPITRE

La justification de la propriété privée illimitée

L e problème avec les principes de la société de marché, que nous avons étudiés au premier chapitre, n'est pas tellement que nous puissions disposer des services de personnes qui nous sont complètement indifférentes et qui poursuivent elles-mêmes leur intérêt personnel; c'est plutôt que cette relation est généralisée et qu'il n'existe plus d'autres accès aux biens que de s'adresser au marché. Seule la demande solvable est remplie et le comportement est gouverné par les prix. La propriété privée étant la clé de voûte du libéralisme, il faut retracer les grandes lignes de la démarche philosophique qui en a fait une condition nécessaire à la liberté annulant tout autre mode d'accès aux biens, à part la charité, et qui a réduit l'égalité à une identité formelle de traitement face à la loi.

Le néolibéralisme veut appliquer la théorie d'un droit de propriété originant uniquement du travail ou de l'échange. Pour un chômeur, le principal droit naturel libéral demeure donc une coquille vide, son accès aux biens devient la charité gouvernée par la morale privée plutôt que le droit. Il doit compter sur la bonté naturelle « proverbiale » des bien nantis pour avoir accès aux biens premiers.

Le droit formel de propriété protège les privilèges sous le couvert d'un droit universel. Le concept de propriété privée est nécessaire à celui de l'harmonie des intérêts, à l'action mue par l'intérêt personnel. Les deux vont ensemble. Nature, surnature, transcendance, *a priori* sur la nature de l'homme, confusion de l'inné et de l'acquis, assimilation de la culture à la nature, tout a servi à justifier la propriété privée illimitée, formant ainsi une sorte de métaphysique, de scolatisque. Nous nous permettrons quand même de défendre l'idée que le droit de propriété n'est pas un absolu, qu'il est un mode relatif et culturel de l'accès de l'homme aux choses et qu'il doit être accompagné du droit social qui instaure le droit à l'essentiel des uns contre le superflu des autres en cas de contingence sociale.

La vérité révélée des docteurs de l'Église a été remplacée par le fondamentalisme des grands prêtres du néolibéralisme avec sa doctrine, ses temples, ses zélateurs et leurs litanies. Le dogme néolibéral entretient le projet d'une société gouvernée par l'intégrisme du marché. Nous aurions là le modèle idéal, l'explication universelle, l'aboutissement de nos recherches qui nous avaient conduits par erreur à l'État-assuranciel. C'est aussi la fin du politique, car le marché dans un État minimal serait suffisant pour gérer les rapports de pouvoir.

Nike, Levi, Wal-Mart et compagnie encaissent des milliards en payant 30 cents de l'heure en Indonésie et 50 cents de l'heure en Haïti; on nous dit que c'est le prix du marché, une « utilisation optimale des ressources »; 30 dollars par mois au Vietnam, c'est une loi aussi déterministe qu'une loi de la nature. Lorsque les compagnies congédient ceux qui les ont enrichies, on dit que c'est un dégraissage commandé par le marché; lorsque le peuple québécois parle d'indépendance, on dit que le marché craint l'incertitude politique; pourtant le marché « à la Team Canada » n'a pas l'air de craindre le travail des enfants aux Philippines ou la radiation en bloc des droits du travail en Corée du Sud. Trente millions par année en rémunération pour Laurent Beaudoin de Bombardier, dix millions pour Matthew Barrett de la Banque de Montréal, c'est le juste prix. Les économistes continuent de nous faire de beaux petits modèles mathématiques élégants sur la concurrence, alors que les grandes compagnies supplantent les États. On nous parle encore des bienfaits de la concurrence dans le régime capitaliste.

Les zélateurs de la cabale néolibérale récitent leurs litanies : scandale des coûts sociaux, cotes de crédit en baisse, révolte des contribuables, saignée des fonds publics, gouffre de la dette, insécurité politique, fuite de capitaux, déficit zéro, taxes coupables, tripotage, crise, krach, boum, amen.

Le concept de marché est devenu une simple idéologie ou une métaphysique qui est invoquée même si elle ne correspond plus à la réalité empirique. La référence au marché dissimule un rapport de force en nous le présentant comme un ordre objectif des choses. Elle nous cache le fait que nous vivons dans un monde construit, un univers de la décision, un monde de la politique.

Les libéraux feront aussi un usage massif de la surnature : Dieu aurait pu faire des créatures uniquement attentives au bien d'autrui, mais il a établi les choses autrement. N'accusons point l'instinct qu'il nous donne, et faisons-en l'usage qu'il commande. La richesse deviendra signe d'élection divine. Mais c'est derrière le prestige et la transcendance de la nature que les libéraux cacheront leurs constructions. La frontière entre le culturel et le naturel étant floue, elle est source de subjectivité et de cautionnement du pouvoir. Le droit de propriété privée, une construction toute humaine, culturelle et historique, sera présenté comme un droit naturel.

> La nature est peut-être la dernière forme, et la forme la plus massive, d'un artifice destiné à cacher que l'ordre dans lequel nous sommes condamnés à vivre est un ordre de la politique pure, un ordre de la décision pure, où celle-ci ne peut se nourrir que de ses propres valeurs, sans pouvoir se reposer sur une objectivité qui la transcenderait[1].

Les néolibéraux utiliseront amplement l'auréole de la nature, mais ils invoqueront aussi un ordre dit spontané résultant de l'action des individus. Les nouvelles transcendances modernes sont la mondialisation des marchés, qui justifie à peu près n'importe quoi au nom d'un impératif de compétition mondiale, et le progrès technologique, complètement contrôlé et orienté par les grandes machines capitalistes et qui nous est présenté comme un déterminisme : le moyen est devenu la fin.

L'éthique de l'enrichissement

Robert Dôle, dans son livre *Le cauchemar américain*, a décrit comment les Américains modernes sont embourbés dans le puritanisme croyant faire partie d'un peuple élu[2]. Il suffit d'examiner le programme politique du Parti républicain pour s'en convaincre. Il faut constater historiquement comment la nouvelle rationalité mercantile a su s'imposer au point de faire de la réussite économique une vertu dans une société où les biens matériels et l'aventure terrestre étaient jugés non essentiels. Avec le puritanisme du dix-septième siècle, les marchands et les industriels, mal à l'aise dans une société chrétienne qui se méfie des riches, infléchiront la religion et l'éthique vers une doctrine qui valorise leur activité et leur enrichissement en faisant de leur richesse un signe d'élection divine.

Dans l'Europe précapitaliste, le pouvoir était partagé entre l'Église et les grands féodaux. Le pouvoir de l'Église tirait sa source d'une remarquable organisation, elle-même appuyée sur des possessions amples et riches et sur la brillante glorification des figures du Christ et du Créateur. Il s'exerçait essentiellement par la persuasion; c'était la foi qui amenait les fidèles à plier leur volonté à celle de l'Église. La richesse de l'Église permettait l'entretien des prêtres, des églises et des monastères. Elle faisait aussi un usage extrêmement énergique du châtiment. Le traitement approprié des hérétiques consistait en la peine de mort. Mais la première source du pouvoir revenait à la promesse, bien plus subtile, d'un châtiment ou d'une récompense dans l'autre monde. À une époque où la vie était presque toujours brève et souvent pénible, la promesse d'un sort éternellement meilleur dans l'au-delà avait bien de quoi convaincre, de même que la menace d'une aggravation considérable et prolongée des peines d'ici-bas[3].

Le Moyen-Âge avait entraîné une domination des clercs fondée sur la croyance en la surnature et celle des nobles fondée sur la force[4]. La pensée médiévale était mystique et contemplative et prônait une théologie de l'aumône et de l'ascétisme. La croissance de l'économie marchande introduira une rationalité économique fondée sur la raison instrumentale, le calcul, la prévoyance et la poursuite du gain. La recherche de l'épargne et du paisible commerce contraste avec la mentalité des nobles basée sur la guerre, l'honneur et la bravoure.

Dès le onzième siècle, l'activité commerciale commence à se développer en Occident. Le marchand contribue à dissocier la production de la consommation et à transformer l'économie domestique fondée sur l'autosuffisance en une économie de marché basée sur l'échange. Il met en rapport des artisans et des paysans producteurs avec des consommateurs. Le tout permet aussi l'urbanisation, car des hommes vivant dans des villes peuvent escompter être ravitaillés. Les seigneurs vont aussi devenir des urbains et louer leur seigneurie ce qui affaiblira leurs prérogatives. C'est la révolution industrielle qui consacrera la rupture entre la production et la consommation via l'innovation technique permettant la production massive, la division du travail et la concentration d'ouvriers dans des usines. Le travail domestique s'efface alors devant le travail salarié.

Au début, le marchand s'insère dans la hiérarchie sociale après le noble et le clerc, et il respecte les privilèges de l'Église. Mais c'est un acteur social nouveau qui modifie les valeurs et la hiérarchie sociale. Au treizième siècle, les maîtres effectifs de la commune sont les bourgeois en vue. « Il est indéniable que le XIIIième siècle voit la puissance économique passer progressivement des nobles et de l'Église à la bourgeoisie des villes, surtout à la bourgeoisie commerçante favorisée en premier lieu par les nouvelles techniques[5]. »

L'ouverture et le dallage de routes, les nouvelles techniques de navigation, la canalisation des cours d'eau, le progrès général contribue à consolider l'activité et la position de la bourgeoisie commerçante.

> L'arrivée des marchands et le développement des activités commerciales marquent bien, en effet, l'origine d'un long cheminement qui aboutira à l'établissement de la société libérale et capitaliste sur les ruines de la société médiévale. Le passage d'une économie familiale et locale à une économie de marché, même imparfaite, devait insensiblement révolutionner les rapports humains tant individuels que collectifs[6].

Les bourgeois commerçants accumulent des fortunes dès le douzième siècle et ils vont prêter à la noblesse et à l'Église, les plaçant en situation de dépendance.

> (...) Depuis le commencement du XIIIième siècle, toute la haute noblesse du bassin de l'Escaut est endettée chez les bourgeois des villes. (...) Les villes ne sont pas moins emprunteuses que la noblesse. Grandes ou petites, elles ont continuellement recours à la bourse des marchands. (...) Les établissements religieux avaient des besoins moins considérables. Eux aussi pourtant recouraient continuellement au crédit[7].

Le message de la bourgeoisie dans sa lutte contre la société à ordre de l'Europe de l'Ancien régime, c'est notamment l'égalité face au régime juridique et l'égalité de participation au pouvoir pour tous les hommes sans égard à la richesse et à la naissance. Évidemment, ce n'était pas à son avantage de réclamer l'égalité socio-économique, l'égalité des richesses, car c'est le pouvoir économique qui lui avait permis de modifier l'ancienne stratification sociale.

L'Église avait moralisé l'activité commerciale qui prenait son essor. Un premier sujet d'affrontement avec la bourgeoisie marchande prend la forme de la doctrine du juste prix ou du juste salaire qui s'oppose à un rapport libre entre l'offre et la demande. L'Église craint le rapport de force qui s'établit dans les échanges, qui introduit des gains en fonction d'une rareté momentanée ou d'une habileté au marchandage[8]. « Les libéraux des XVIIIième et XIXième siècles suivront exactement l'ordre inverse, ils érigeront le fait brutal de l'offre et la demande en fait normal; ils en feront une " norme ", une " loi " économique[9] ». Autrement dit, les libéraux postuleront que les échanges se font d'égal à égal, le consentement libre attestant du juste prix. La valeur ne peut être fixée de façon externe aux échangistes, la valeur naissant du processus de l'échange. Ils masqueront le rapport de force notamment dans le juste salaire.

En termes modernes, la théorie de la valeur se partage entre deux pôles : un pôle individualiste qui accorde au travail une valeur en soi qui se répercute sur le produit avant même l'échange. Le travail est l'assise morale légitime du gain. Cela suppose qu'une valeur objective existe en soi. L'autre pôle holiste tend à affirmer que la valeur s'objective par l'échange donc par le prix. Le travail présente alors une valeur subjective qui est reliée à la possibilité de l'échange dans un monde où le travail est divisé. La valeur n'est pas localisée dans les choses, mais est déterminée par les échangistes supposés rationnels et libres. Évidemment, dans cette perspective, une masse de travailleurs n'arrivent qu'à obtenir le salaire de subsistance.

Pour les mêmes raisons, l'Église s'opposa à l'intérêt sur les prêts. Aristote avait décrit la fructification de l'argent comme une transgression d'une donnée naturelle objective, l'argent ne pouvant faire de « petits ». Le loyer est permis, car le locateur épuise le champ et dégrade la maison, mais l'argent prêté demeure intact. La prohibition de l'intérêt gène le commerce et le développement du crédit, et pèse sur la conscience de ceux qui la contournent.

Le christianisme recommande l'indifférence aux biens matériels et prêche le partage. Le grand courant franciscain prêchant la pauvreté eut une grande influence au treizième et au quatorzième siècles. L'activité économique était subordonnée au principe de la primauté du spirituel et représentait une activité mineure sinon répréhensible. Les moines suivaient la règle de l'*ora* et *labora* (la prière et le travail) et jouaient un grand rôle économique, notamment dans le défrichement des terres en Europe. L'économie monastique était fondée sur l'aumône, sur la dépense plutôt que l'épargne; les monastères produisaient pour donner, la thésaurisation aurait témoigné d'un manque de confiance en la Providence. Mais la pauvreté, l'humilité et l'abstinence ne sont pas des vertus favorables au commerce. Il est évident que la classe montante des bourgeois ne pouvait tolérer une idéologie qui valorisait la pauvreté et qui donnait mauvaise conscience à ceux qui s'enrichissaient.

> Toute classe nouvelle qui prend la place de celle qui dominait avant elle est contrainte, pour réaliser ses fins, de présenter ses intérêts comme l'intérêt collectif de tous les membres de la société, c'est-à-dire de l'exprimer idéalement; de donner à ses pensées la forme de l'universalité; de les présenter comme les seules rationnelles, universellement valables[10].

Du point de vue éthique et religieux, le conflit entre l'Église et l'économie mercantile s'atténuera dans le puritanisme par l'adaptation de la religion à l'activité économique. Calvin en 1545 s'attaquera au principe de la prohibition de l'intérêt dans sa *Lettre sur l'usure.*

Il faut dire aussi que le philosophe René Descartes (1596-1650) avait lancé le mouvement rationaliste. Selon cette école de pensée, l'individu dispose d'une raison qui le rend maître de lui-même et de la nature. La tradition est désormais passée au crible de la raison individuelle. Cela entraîne une représentation du monde sur un mode naturel et individuel plutôt que métaphysique et collectif[11].

Au seizième siècle survient la Réforme religieuse sous l'impulsion de Martin Luther (1483-1546) et Jean Calvin (1509-1564). Plusieurs événements ont sollicité l'esprit laïque. La richesse et la cupidité de l'Église qui pourtant prêche le détachement des biens matériels, l'usage du pouvoir spirituel pour accaparer des avantages économiques, l'infiltration dans la direction de l'Église de princes et de leurs conseillers, les guerres de religion où l'on s'égorge au nom de l'amour du Christ, toutes ces contradictions ont généré un renouveau de la religion centré sur l'individu plutôt que sur l'institution sociale de l'Église[12]. L'individu peut s'adresser directement à Dieu en dehors de la structure de l'Église. La religion n'est plus la voie royale vers le salut pour une élite cléricale retirée de la vie commune. Le chrétien doit servir Dieu en soignant et en augmentant sa création. On peut servir Dieu dans la profession la plus humble. Le travail devient sanctificateur. La richesse est signe du zèle à glorifier Dieu dans sa création.

La Réforme enseigne que la liberté est dans l'homme. « Suscitée par la pratique du jugement critique, établie sur le rejet de toute autorité dont l'homme n'aurait pas, dans l'intimité de son être, reconnu le bien-fondé, elle apparaît comme l'école même de l'individualisme. (...) Car c'est à l'homme en général que la Réforme va étendre cette liberté dont les audacieux et les forts s'étaient arrogé le dédaigneux monopole[13]. »

La bourgeoisie du seizième siècle s'empare du message de la Réforme en l'inscrivant dans un cadre matériel propice au capitalisme marchand naissant. L'individualisation du rapport à Dieu a des effets sur le plan personnel, mais surtout sur la capacité de l'Église d'agir comme liant social. Cette nouvelle forme du religieux, le puritanisme, va englober cet utilitarisme naissant et cautionner une nouvelle anthropologie qui va faire du succès matériel la marque du succès spirituel.

Le sociologue Max Weber a vu une relation entre la morale puritaine calviniste et le comportement économique capitaliste[14]. L'acte économique ne se limite plus à l'exercice d'un droit naturel à la survie. La réussite matérielle ne conduit pas en soi au salut, mais elle est quand même le signe d'une prédestination, d'une élection. Il s'agit d'une adaptation de la religion à la nouvelle économie, une transformation de l'ascétisme chrétien en vertu économique.

> Les conditions du succès en affaires, la prévoyance, la prudence, l'économie, le calcul, la sobriété, la mesure, deviennent en quelque sorte les vertus profanes du chrétien. (...) En même temps, la production l'emporte sur la consommation car le chrétien ne veut pas conquérir le monde pour en profiter; il ne doit pas jouir de son succès mais de Dieu seulement en qui il peut trouver un repos légitime. Ainsi se développe une nouvelle discipline qui ressemble étrangement à celle qu'exigent l'activité et l'accumulation capitalistes : le chrétien comme l'homme économique moderne ne s'arrête pas au succès, il doit le dépasser[15].

L'application professionnelle est une vertu. Inversement, la pauvreté est la sanction du péché. La religion et les affaires doivent faire bon ménage. Le religieux se retire et, en même temps, les activités économiques acquièrent une qualité morale. Les dépositaires du pouvoir économique ont domestiqué la religion, l'ont transformée, de sorte que la pauvreté qui était une voie du salut devient une anti-valeur chrétienne. Dieu n'aime plus les pauvres. Le pauvre est celui qui n'a pas su accumuler un excédent de travail. Les premiers libéraux mépriseront les pauvres jusqu'à un certain point tout en reconnaissant la nécessité de leur existence et n'auront pas trop la conscience inquiète à édicter la loi d'airain des salaires. La théologie du petit nombre des élus justifie l'exploitation des salariés pour le service des possédants.

En plus de rassurer les consciences, la nouvelle religion présente une efficacité sociale. Cet ordre théologique justifie l'ordre social. Les législations sociales en faveur des pauvres troubleraient cet ordre théologique du petit nombre des élus. Il a plu à la divine Providence qu'il y ait des salariés et des entrepreneurs. Paradoxalement, la religion est d'ordre privé; elle ne peut être la base d'une solidarité sociale, mais elle nourrit désormais l'impérialisme individuel et devient un instrument du pouvoir social de la bourgeoisie d'affaires. La bourgeoisie d'affaires s'appuie dorénavant sur une religion, une éthique, une rationalité qui la cautionnent et qui justifient ses activités.

> Mais changer les références religieuses d'une société, c'est en modifier les coordonnées souvent de façon imprévisible. Ce fut le destin de la Réforme dont les conséquences sociales auraient probablement épouvanté ses auteurs. En effet, la Réforme en libérant l'individu de l'autorité de l'organisme ecclésial brise le fondement principal de l'unité sociale du Moyen-Âge. La société médiévale est en ce sens atteinte mortellement en 1519, même si l'on n'y trouve aucun projet conscient de modernité[16].

Le religieux recule mais survit en s'adaptant à l'esprit économique nouveau. Le puritanisme libère l'activité marchande profane. Le retrait de l'impérialisme du spirituel permet l'installation d'un ordre séculier et dégage une anthropologie du bonheur centrée sur l'accumulation et la jouissance des biens matériels. Il pose aussi l'intérêt comme motivation de l'activité humaine. Les libéraux diront plus tard que la poursuite de l'intérêt particulier dans un cadre de division du travail crée un ordre social.

La représentation de la propriété privée comme un droit naturel

> *La nature est muette,*
> *on l'interroge en vain.*
> Voltaire

La propriété privée est une norme culturelle définissant le rapport de l'homme aux choses. Au Moyen-Âge, la propriété immobilière conférait un pouvoir sur les hommes et la richesse mobilière était méprisée. La richesse terrienne déterminait une certaine hiérarchie entre les hommes tandis que le propriété mobilière n'exprimait qu'une relation passagère de l'homme aux choses ou du moins, elle n'était pas l'instrument d'une relation de pouvoir durable entre les hommes. La richesse moderne devient anonyme et privée, ce caractère privé inclinant à une séparation entre le politique et l'économique. La nature est désenchantée, elle n'est plus qu'un moyen de satisfaire les besoins d'un individu-roi; l'homme trouve donc par l'exploration de ses besoins l'usage à faire de la nature. L'action destinée à combler la distance entre le besoin et sa satisfaction est le travail. La diversité du travail correspond à la diversité des besoins.

En même temps, au Moyen-Âge, les droits de propriété étaient divisés en droit de pâturage, de cueillette, de ramassage, etc. Le libéralisme renversera cette réalité. La propriété collective n'est pas favorable à l'innovation à cause de l'obligation de partager les résultats[17]. Le sens de l'évolution va donc vers la privatisation de l'activité économique garantie par le droit.

La révolution industrielle a joué comme facteur accélérant la recomposition des classes sociales en modifiant la façon de produire et de détenir un capital. Les nobles propriétaires terriens deviennent des capitalistes avec les bourgeois enrichis. Les paysans et artisans deviennent employés d'usine. Les anciens ordres sont repartagés entre deux classes. Le contrôle des ressources économiques, des appareils de production, sera le facteur de stratification entre les classes capitalistes et ouvrières (prolétaires). Le dix-huitième siècle est celui de l'essor de la richesse privée. La croissance du commerce colonial, la révolution industrielle dans le textile (tissage mécanique 1733-1765), la métallurgie (fusion de la fonte, 1735), l'énergie (machine à vapeur, 1763) profitent en Angleterre et en France essentiellement à la classe bourgeoise. L'aristocratie s'appauvrit et la monarchie perd son autorité économique et sociale. Le bourgeois a maintenant la bourgeoisie comme idéal, il n'aspire plus à la noblesse. Le libéralisme sera sa doctrine[18]. Le bourgeois proclame la dignité morale de son état qu'il oppose à la frivolité des gens du monde et la situation misérable de la populace. C'est un bonheur mérité, justifié par la rectitude de sa vie personnelle et par son utilité. À la fin du siècle, le bourgeois aspire à être à la tête de l'ordre social.

> Au XVIIIième siècle l'apologie pour l'amour-propre et les passions est liée, sur le plan des faits, au développement du capitalisme commercial, et, sur le plan des idées, à la naissance du libéralisme économique. Puisque la recherche du profit est l'âme du commerce, et que ce dernier manifeste la sagesse de l'ordre naturel des choses, il est absurde de s'élever contre la cupidité des marchands. Voltaire refuse d'admettre avec Pascal que l'amour-propre et « la pente vers soi » engendrent le désordre : « Il est bien vrai que Dieu aurait pu faire des créatures uniquement attentives au bien d'autrui. Dans ce cas, les marchands auraient été aux Indes par charité, et le maçon eût scié de la pierre pour faire plaisir à son prochain. Mais Dieu a établi les choses autrement. N'accusons point l'instinct qu'il nous donne, et faisons-en l'usage qu'il commande ». Morale de marchands, la morale naturelle justifie l'amour de soi et la passion de s'enrichir[19].

La nouvelle activité économique doit se rattacher à un ordre. Ce sera l'ordre naturel. Paradoxalement, la nature fournit la nouvelle transcendance justificatrice de l'activité industrielle et commerciale. Le droit naturel à la survie et au bonheur est personnel et se substantialise dans la propriété privée. L'unité fondamentale de l'organisation de la survie et du bonheur est la propriété privée. Elle est un carrefour de liberté, d'indépendance face à autrui, de sécurité personnelle.

Dans le libéralisme, la liberté, l'égalité et la sûreté se définiront par rapport à la propriété privée. Par exemple, l'égalité devient l'égalité formelle dans l'accès à la propriété alors que l'égalité réelle, utopique, ne se rencontre pas dans la nature. Pour Locke (1632-1704), la société devient instrumentale par rapport à la protection du droit de propriété. La société est une union ordonnée par les droits naturels parmi lesquels figure en tête le droit de propriété.

La philosophie du christianisme présentait tout acte humain comme ayant deux aspects, l'un de fonction sociale et l'autre de plaisir personnel. Le service du bien commun exige de lier droits et devoirs, avantages et charges, privilèges et fonctions. Le péché consiste à prendre le plaisir en répudiant la fonction sociale. Saint Thomas d'Aquin présente l'appropriation privée comme souhaitable, comme une exigence de la nature humaine; mais le propriétaire, après avoir pourvu aux besoins nécessaires de sa personne et de sa famille doit partager le superflu. Le libéralisme fera du droit de propriété un droit absolu et dégagé de sa fonction sociale[20]. Le christianisme encadrait la propriété par la morale, le libéralisme lui conférera un caractère absolu en la fondant sur un droit naturel présocial, l'État-providence la subordonnera à un contrat social de solidarité.

La propriété qui est un rapport historique de l'homme aux choses sera élevée au rang de droit naturel par les premiers auteurs libéraux. « Dès lors qu'en se détachant de la tutelle religieuse on cesse de considérer que la quête du salut doit être le premier principe de l'activité des hommes, on accepte que le mobile en soit la recherche du bonheur temporel. On découvre, du même coup, qu'ils trouvent ce bonheur dans l'accroissement de leurs biens[21]. » D'autre part, la propriété exige d'être individuelle pour démontrer sa vertu.

John Locke a proposé un lien existentiel entre le bonheur et la propriété[22]. La tradition libérale soutiendra avec lui le caractère naturel et prépolitique de la propriété privée. La recherche de la conservation de soi-même et du bonheur passe par l'utilisation et la jouissance de biens. La propriété est identifiée au droit de se conserver et de jouir et on peut même en dériver un instinct de la propriété, un donné primitif qui s'impose par lui-même.

En associant la propriété au travail, John Locke en fait un droit naturel, car le travail existe dans l'état de nature; il est le prolongement des facultés appartenant naturellement en propre à l'individu. Par le travail, le sujet rejoint l'objet : la personne incorpore aux choses son travail qui lui appartient indubitablement. À l'état de nature, les biens appartiennent à tous; c'est le travail de l'homme qui les soustrait à l'indivision où la nature les avait laissés. La chose devient ainsi une partie de lui-même. L'homme porte en lui-même la justification principale de la propriété, parce qu'il est son propre maître et le propriétaire de sa personne, de ce qu'elle fait et du travail qu'elle accomplit. Il n'est pas tenu de partager avec d'autres. C'est une ontologie individualiste qui évacue le fait que le droit prend naissance dans la société[23]. Les penseurs de l'État-providence devront revenir à une ontologie solidariste qui enseigne que la liberté et la propriété sont un produit social. Le droit y sera donc social et non naturel[24].

> (...) dans la mesure où, selon Locke, les hommes maîtrisent le mal économique naturel par le travail individuel et ce de façon fondamentalement identique avant et après leur socialisation, la substance des droits de propriété est antérieure à l'État[25].

Le droit naturel de propriété de chaque homme se réduit, dans la réalité, à la proportion qu'il peut se réserver par cet acte d'individuation qu'est le travail. Le travail d'un individu sur un bien supprime le droit des autres à ce bien. L'acte d'appropriation implique une occupation, un usage réel, une transformation. Par exemple, la culture est un acte d'appropriation s'il s'agit de la propriété terrienne. L'appropriation par le travail laisse entrevoir que l'on se dirige vers une société productiviste. La justification de la propriété par le travail laisse présager que celle-ci se mérite activement. Selon une notion éthico-économique, l'effort personnel est ennobli. Comme la propriété est associée à l'individu suite à son travail, suite à l'exercice de ses facultés, vouloir limiter la propriété équivaudrait à le priver de l'usage de ses facultés. La propriété peut être illimitée, le riche est celui qui a utilisé correctement ses facultés qui sont probablement supérieures...

Un démuni n'a pas le droit à des biens qu'il n'a pas acquis par son travail. Il doit compter sur la charité qui est un acte volontaire (libéralité). Le besoin ne crée pas d'obligation ni de titre de propriété. « Le gouvernement a le pouvoir de régler par des lois le commerce des propriétaires de biens, mais il n'a jamais celui d'intervenir dans le droit à la propriété, ne serait-ce que d'un individu, sans l'accord de ce dernier, car cela ne serait plus la propriété[26]. » Les penseurs de l'État-providence diront que le besoin crée le droit d'accès aux biens suite à un contrat de solidarité, un contrat de mutualisation des risques sociaux (par exemple, l'assurance-chômage, l'assurance sociale.)

Les coordonnées essentielles du libéralisme sont donc posées. Un individualisme essentiel combiné à un naturalisme fait de l'État le mandataire de l'individu dans la réalisation de ses droits naturels. Le droit de propriété est le moyen naturel de l'accès aux biens et de la garantie de la liberté face à autrui. L'égalité face à la loi n'implique aucunement une égalité naturelle qui n'est pas constatée dans la nature; là aussi la propriété illimitée pourra donc être légitime.

Nous avons montré précédemment que les physiocrates, une des premières écoles de pensée économique organisée, avait consolidé l'idée de l'harmonie naturelle des intérêts. L'idée de nature sera à la base des réflexions de l'école physiocratique comme son nom l'indique (*phusis* signifie nature). Ce mouvement commence autour de 1756 pour se disperser vers 1770. François Quesnay (1694-1774), le chef de cette école, compare l'économie et la circulation des capitaux et marchandises à la circulation du sang dans le corps humain. La propriété privée est valorisée par les physiocrates comme une condition nécessaire à la survie et au bonheur. La propriété donne son contenu au droit à la vie et au bonheur. La propriété est une garantie du bonheur et de sa durée; l'idée de jouissance fait naître l'idée de possession. Dans la société agraire du dix-huitième siècle, la possession du fonds de terre et des fruits assure un minimum de sécurité, d'indépendance et de liberté. La jouissance particulière d'une propriété nous libère du jugement d'autrui sur ce qui convient à nos besoins. La propriété, les droits et les devoirs qui en découlent, ont un caractère prioritaire et absolu. Le droit naturel doit se traduire par un pouvoir, celui de l'appropriation et de la jouissance de sa propriété.

> Le droit de propriété, considéré dans tous ses rapports, est un droit naturel et essentiel; ... il est le premier principe de tous les droits et de tous les devoirs réciproques que les hommes doivent avoir entre eux; ... ces droits et ces devoirs, qui n'en sont que des conséquences nécessaires, deviennent essentiels comme lui[27].

La liberté est médiatisée par le droit de propriété. La propriété impose un cadre aux possibilités humaines. Elle est prééminente par rapport à la liberté et l'égalité, c'est-à-dire que la liberté est impossible sans la propriété. La liberté tend à devenir la liberté du propriétaire ou même le libre emploi du capital.

> On cherchera en vain dans toute la cabale physiocratique une liberté concrète qui ne soit réductible à un droit de la propriété, mais qui affirme l'autonomie individuelle, sociale ou politique de l'homme en tant que tel[28].

Les physiocrates ne réclament pas la liberté politique, mais la liberté du travail garant de l'accession à la propriété, la liberté du commerce et de la concurrence. La liberté des échanges est une conséquence du droit de propriété. Le commerce doit être débarrassé des privilèges et des protections. L'exercice de la faculté qu'a chaque individu de connaître ses intérêts exige que celui-ci puisse s'adresser et faire connaître ses exigences à un marché libre.

L'éthique naturaliste des physiocrates les amène à expliquer le chômage et la pauvreté par la prodigalité et la paresse. Cela leur a valu d'être sortis des boules à mites par les néolibéraux et d'être ramenés au goût du jour.

La justice distributive comme injustice à la propriété privée formelle

La cible favorite des néolibéraux est la justice distributive ou corrective qu'exerce l'État-providence. Parmi les auteurs néolibéraux contemporains qui se sont attardés au droit de propriété, il faut mentionner Robert Nozick qui a connu un succès extraordinaire aux États-Unis. Nous avons vu au premier chapitre qu'il démontre d'abord aux néolibéraux, qui rêvent d'une société de marché sans État, que l'État minimal est nécessaire. Une fonction minimale de protection (police, administration de la justice) est justifiable pour l'État. Mais aussitôt, il s'attache à démontrer que toute fonction excédentaire à cette protection est une usurpation. Beaucoup de chambres de commerce sont prêtes à payer quelques milliers de dollars pour se faire seriner le message du droit de propriété absolu par un professeur de Harvard... la métaphysique prend alors le caractère de la science.

Nozick procède essentiellement par la réfutation des thèses plaidant pour une fonction distributive de l'État. La justice distributive présume l'existence d'un gâteau qui n'appartient à personne et que l'on doit distribuer. Ce n'est pas le cas; tout est déjà distribué. La justice gouvernant les possessions est historique; elle dépend de ce qui est arrivé véritablement. La justice dans les possessions implique l'examen de la justice dans l'acquisition originelle, ensuite celui de la justice dans le transfert de ces possessions. Une distribution est juste si elle naît d'une autre distribution juste grâce à des moyens légitimes. Nozick doit ajouter un principe de réparation : si une injustice passée a donné naissance à des possessions actuelles, il doit y avoir réparation. En admettant une distribution originelle juste, c'est-à-dire que chacun avait alors droit à ses propriétés, le résultat final sera juste si la justice dans les transferts a été respectée. Pour que les avoirs d'une personne soient justes, celle-ci doit y avoir droit en vertu des principes gouvernant l'acquisition et le transfert, ou au nom du principe de redressement de l'injustice. Il s'agit de la théorie de l'habilitation (*entitlement theory*). Nozick formule cette théorie ainsi :

> Premièrement, une personne qui acquiert une possession en accord avec le principe de justice concernant l'acquisition est habilitée à cette possession.
>
> Deuxièmement, une personne qui acquiert une possession en accord avec le principe de justice gouvernant les transferts, de la part de quelqu'un d'autre habilité à cette possession, est habilitée à cette possession.
>
> Troisièmement, nul n'est habilité à une possession si ce n'est par application (répétée) des deux premières propositions[29].

La procédure présente un caractère récursif. La justice se définit par la justice. « Toute chose, quelle qu'elle soit, qui naît d'une situation juste, à laquelle on est arrivé par des démarches justes, est elle-même juste[30]. » C'est une théorie procédurale pure, car elle n'est pas basée sur l'atteinte d'un résultat final prédéterminé, mais sur l'utilisation d'une procédure juste qui conduira donc nécessairement à une distribution finale juste. Par exemple, si on joue une somme d'argent aux dés, il y aura des gagnants et des perdants, on ne peut pas prévoir la distribution finale, mais la procédure étant acceptée, le résultat devra être accepté comme juste. Admettons qu'un modèle quelconque de distribution est réalisé, par exemple l'égalité. Par la suite, de nombreuses personnes paient un prix d'entrée pour voir un joueur de basket-ball talentueux s'exécuter. Le joueur devient très riche et les spectateurs se sont appauvris un peu. Cette nouvelle distribution est-elle juste ? Toutes les personnes visées ont choisi librement de payer le droit d'entrée. Vouloir rectifier la distribution pour revenir au premier modèle d'égalité exigerait une intervention, par exemple un impôt de 100 % sur les revenus au-delà de 50 000 $, pour rétablir cette égalité. On ne peut contester le salaire très élevé d'un joueur de hockey ou d'un banquier, ce serait faire le procès du libre marché sur le dos d'un individu qui a suivi les règles. Il faut réfléchir à la question avant d'accepter les règles du jeu néolibéral, car après nous n'aurons plus rien à dire.

Si l'on examine une répartition à un moment donné, elle peut sembler injuste. Par exemple, on peut noter que la répartition n'est pas égale, ne maximise pas la somme de l'utilité, que la répartition n'est pas fonction du travail de chacun, que les démunis pourraient avoir mieux sous un autre modèle, etc. La justice distributive fait intervenir une répartition selon un modèle. Admettons qu'au Québec nous adoptions le modèle de l'égalité, que nous faisions un poll de tous les biens. Dans une courte période de temps, l'inégalité serait revenue. La liberté bouleverse les modèles. Nozick nous dit qu'on ne peut regarder ainsi la répartition à un moment donné. La justice d'un État ne peut être évaluée que si l'on se penche sur la façon dont cet État a été réalisé. Nozick affirme « qu'on ne peut absolument pas décider si un État doit faire quelque chose pour modifier la situation simplement en analysant un profil de distribution[31] (...) ». Il faut s'intéresser à la façon dont une distribution actuelle est née. Les circonstances et les actions passées ont créé des habilitations différentielles.

> Les choses viennent au monde déjà rattachées à des gens ayant des droits sur elles. Du point de vue de la conception historique, de la justice du droit à la possession, ceux qui commencent à zéro et complètent la formule « à chacun selon son... », traitent les objets comme s'ils jaillissaient de nulle part, apparaissant de rien du tout[32].

Donc, même à partir d'une distribution des possessions suivant un modèle comme par exemple l'égalité, il en résultera au bout d'un certain moment une distribution non égalitaire. Ceci ne signifie pas nécessairement que tous méritent les possessions qu'ils reçoivent. Mais le tissu constitué par ces transactions est largement raisonnable et intelligible. Si l'on veut faire respecter un modèle, comme par exemple à chacun selon son mérite, il faudra intervenir constamment dans les transactions qui se déroulent spontanément.

> (...) aucun principe dans lequel l'état est considéré comme une fin, ni aucun principe de justice distributive mis en modèle ne peut être appliqué de façon continue sans une intervention continue dans la vie des gens[33].

Cette théorie chérie des néolibéraux nous sert un sérieux avertissement; si nous acceptons les règles du néolibéralisme, nous ne pourrons plus nous plaindre. Si un malheur arrive, serait-ce à un grand nombre de personnes, nous ne pourrons invoquer un autre mode de distribution, car une fois les règles du jeu acceptées, les perdants n'ont plus rien à dire. Ils ne peuvent rien demander en droit; ils ne peuvent que solliciter la charité. Par exemple, selon les néolibéraux, les sinistrés des inondations du Saguenay n'auraient rien pu exiger du gouvernement, car cela n'aurait pas fait partie des règles du jeu.

Critique : le caractère subordonné et relatif de la propriété privée

Le libéralisme a fait du droit de propriété un droit absolu et dégagé de sa fonction sociale[34]. Nous avons vu plus haut comment le libéralisme a présenté la propriété privée comme un droit naturel antérieur à l'État. Le travail crée le droit de propriété en soustrayant un bien à l'indivision originale et comme le travail existe dans l'état de nature, la propriété est d'origine naturelle ou prépolitique. La propriété est le prolongement des facultés de l'individu. Elle assure la liberté. La fin principale que poursuivent les hommes en instituant l'État, c'est la sauvegarde de leur propriété que l'état de nature n'assure pas suffisamment. L'État-providence qui effectue une redistribution obligatoire des revenus des riches aux plus démunis viole un droit de propriété inscrit dans la nature, et même dans la surnature, pour ceux qui croient que Dieu nous parle à travers la nature. Les néolibéraux oublient que le droit à la vie et à la liberté a logiquement préséance sur le droit de propriété, celui-ci ayant été créé pour garantir ceux-là. Le droit de propriété privé est le moyen utilisé pour accomplir les exigences de droits plus fondamentaux comme les droits à la vie et à la liberté. Pour Nozick, le droit d'appropriation des biens nécessaires à la vie se traduit par le droit de propriété privée[35]. Mais si un système économique n'a pas pour effet d'implanter les conditions nécessaires pour que tous puissent acquérir les biens premiers, il ne répond pas à la norme. Le droit de propriété doit être subsumé sous la catégorie du droit réel aux biens essentiels qui lui-même est dérivé du droit à la vie.

Droit à la vie, liberté

Égalité réelle face aux biens essentiels

Propriété privée

L'autonomie qu'a revêtue le système économique libéral au cours de l'histoire est un produit imprévu des pratiques sociales adoptées par les individus; aussi n'est-elle que relative et par suite perméable aux correctifs que l'État lui apporte en tant que mandataire des intérêts de tous et de chacun. Nozick confère une valeur absolue, éternelle et immuable à cette autonomie du système économique et au droit de propriété qui le régit; ce qui le conduit à minimiser le rôle dévolu à l'État[36].

La redistribution via les impôts est justifiée, car elle accorde une priorité au droit à la vie et à la liberté sur le droit de propriété; « (...) puisque les services de protection sont des moyens nécessaires à la sauvegarde des droits fondamentaux à la vie, à la liberté et à la propriété privée, il s'ensuit que l'impôt progressif est juste dans la mesure où il se fonde sur cette priorité[37] ».

La priorité du droit à la vie et à la liberté sur le droit de propriété est fondée depuis longtemps. Hobbes en avait fait le premier droit constatant que le désir de conserver la vie était la passion la plus forte. Le droit naturel à la vie contredit la position néolibérale. Par exemple, dans le système de Hayek, ce néolibéral couronné d'un prix Nobel, le démuni n'a aucun recours contre la société, car la situation des démunis est un effet de système. La société est le résultat de l'action des individus, mais non de leurs intentions, c'est un ordre spontané.

Pourtant, le libéralisme même affirme que les droits de l'État résultent de la délégation des droits naturels individuels. Le démuni qui voit sa vie en danger a donc le droit naturel d'utiliser son pouvoir naturel pour sauver sa vie. Il en résultera une riposte. Le démuni aura le droit d'utiliser sa force naturelle dans une société qui l'empêche de protéger son droit à la vie, droit plus fondamental que le droit de propriété. Le néolibéralisme est donc un système instable qui conduit à la violence dans sa réfutation du droit social. Le droit à la liberté et à la vie est fondé sur la référence au droit naturel, ces droits apparaissent comme ayant préséance sur le droit de propriété qui n'est qu'une détermination de l'appropriation des biens nécessaires à la vie.

Il est vrai que la liberté nécessite à un certain degré la propriété privée. « (...) la liberté postule un espace protégé où elle puisse s'exercer à l'abri des activités nocives d'autrui. Cet espace protégé est garanti par le droit de propriété privée[38]. » Toutefois, si la liberté passe par la propriété privée, l'accès à la liberté devient l'accès à la propriété et l'on devrait retrouver dans la vision des néolibéraux des clauses de juste égalité des chances. En effet, l'inégalité réelle est inacceptable s'il n'y a pas eu d'abord égalité des chances. Si mon voisin est riche et moi pauvre, je ne peux l'envier si nous avons eu la même égalité des chances. De plus, dans le système néolibéral, la liberté passe par la propriété privée étant donné l'absence de biens publics; la société de marché devrait dans son ordre spontané procurer la propriété à tous, sinon il y a négation du droit fondamental à la liberté.

Le droit de propriété est sacré s'il s'insère dans les droits naturels intouchables. Les partisans du droit naturel appuient leur raisonnement sur une nature humaine universelle et le besoin mutuel que les hommes ont les uns des autres. La loi naturelle inculque les désirs de la survie et du bonheur, mais la raison doit-elle nécessairement traduire cette loi naturelle en termes de propriété privée? La référence au droit naturel doit être prudente, car la nature est silencieuse sur le droit, elle ne connaît que des finalités extramorales. « Ces droits seraient dits naturels, non pas en ce sens qu'ils auraient été produits par la nature, mais par les hommes dans le sillage d'une réflexion sur des données fournies par la nature[39]. » Les individus font une expérience commune de l'intérêt et il la qualifie de naturelle. Si on a prétendu qu'il existe un droit naturel, c'est que l'homme a interprété le droit qu'il se donnait comme étant d'origine naturelle. Il est difficile de penser réellement que nos droits sont immanents à notre nature comme nos jambes, comme si une essence des droits précédait leur existence. Le droit naturel, et notamment le droit de propriété privée, est une construction toute humaine, culturelle et historique que l'on a cru bon alors appuyer sur la transcendance de la nature. Il n'y a pas ontologiquement de droits préexistant à l'état social. Le droit est une construction appuyée par le consensus et la force publique.

> La parole vraie qu'elle serait censée nous enseigner et qui devrait dicter nos conduites n'est jamais que celle que nous lui prêtons. La nature est peut-être la dernière forme, et la forme la plus massive, d'un artifice destiné à cacher que l'ordre dans lequel nous sommes condamnés à vivre est un ordre de la politique pure, un ordre de la décision pure, où celle-ci ne peut se nourrir que de ses propres valeurs, sans pouvoir se reposer sur une objectivité qui la transcenderait[40].

Mais rejeter le droit naturel revient à dire que tout droit est positif, autrement dit que le droit est déterminé exclusivement par les législateurs et les tribunaux des différents pays. Cela implique une renonciation à rechercher un étalon du juste et de l'injuste qui est indépendant du droit positif et lui est supérieur et grâce auquel nous serions capables de juger le droit positif. L'étalon du juste implique une référence critique donnée par les droits de la personne car même un consensus majoritaire peut dévier du juste. Le vingtième siècle face aux systèmes totalitaires du nazisme et du fascisme a soulevé la question de la validité du droit. Ces régimes s'appuyaient sur un positivisme juridique. Une stricte philosophie positiviste du droit permettait d'envisager ces systèmes comme du droit. Les droits de la personne ont posé la question du droit comme question critique par rapport à la légalité.

Castoriadis qualifie d'imaginaire social, l'ensemble des indicatifs qui permettent aux agents d'ajuster leur agir respectif[41]. Le droit comme symbole, c'est le pouvoir subjectif d'exercer une activité déterminée sans entrave de la part d'autrui. L'attribut d'imaginaire désigne toute forme qui n'est pas préfigurée dans la matière où elle est appelée à s'inscrire, ni référée à un modèle préexistant. Le choix définitif des accords et des droits qui les scellent n'est donc pas l'objet d'une découverte, comme les lois de la nature qui sont déjà à l'oeuvre avant même d'être exprimées dans une proposition formulée par le savoir humain. En tant que réalité sociale, le droit ne revêt jamais une forme définitive, il varie au gré de l'évolution du comportement social.

Le rapport de l'homme aux choses réside dans la nécessité de s'approprier les choses dont il a besoin pour vivre. Les formes d'appropriation ont été déterminées par la raison au gré des conjonctures. À partir de quel moment une forme d'appropriation devient-elle un droit? Cela exige l'intervention d'un acte volontaire qui recueille l'adhésion. Le droit de propriété est un dérivé du droit à la vie. Il faut distinguer le droit fondamental à l'appropriation des biens matériels nécessaires à l'exercice de la vie et de la liberté qui est indéterminé dans sa forme, du droit de propriété privée qui est issu d'une détermination particulière. Le droit de propriété n'est pas un en soi, mais comme toute institution, il a été retenu à cause de sa fonction sociale d'accès aux biens.

> Toute association entre êtres libres doit être telle que chacun puisse par sa médiation s'approprier les biens nécessaires à l'exercice de la vie et de la liberté. Telle est la norme fondamentale et ultime à laquelle toute association déterminée doit se plier[42].

Le néolibéralisme est un propriétarisme, car il définit ce qui revient à l'individu dans une société juste à travers le concept de propriété privée. Toutefois, les mieux nantis n'auraient jamais pu parvenir à leur position sans la coopération sociale. Les néolibéraux cautionnent la thèse qu'aucune obligation sociale n'émerge de cette condition de bien nanti. Pourtant, le présumé laisser-faire marchand n'est en rien un non-interventionnisme, un stade spontané de l'économie. Il est le résultat de la participation d'un immense appareil public, entre autres dans le domaine de l'éducation, qui fournit la main-d'oeuvre instruite aux entreprises privées. Est-il nécessaire de mentionner toute l'infrastructure et le système veillant au respect des contrats privés? Il est impossible de calculer dans la propriété de chacun la part qui est due à la coopération sociale et à l'action individuelle.

La propriété privée est efficace comme institution, mais non parfaite. Elle doit donc demeurer ouverte à une imposition visant à constituer le fonds commun destiné à corriger ses propres imperfections. Ces dernières années, les médias ont fait état d'une situation au Pakistan où des enfants sont attachés à des métiers à tisser et sont vendus pour 20 $ afin que leur parent puissent honorer une dette. Le droit de propriété peut atteindre des extrêmes s'il n'est pas subordonné. Or, le néolibéralisme veut lui donner un caractère absolu. L'inexécution d'une petite obligation monétaire peut être sanctionnée par l'esclavage d'un enfant. Il y aurait encore deux cents millions d'esclaves aujourd'hui[43]. Ces phénomènes peuvent se produire lorsque le droit de propriété peut suspendre des droits plus fondamentaux, comme le droit à la liberté, à l'instruction, etc., et même le droit à la vie.

Notes

1. EWALD, François, *L'État-providence*, Paris, Grasset, 1986, p. 424.
2. DÔLE, R., *Le cauchemar américain*, Montréal, VLB éditeur, 1996.
3. GALBRAITH, J.K., *Anatomie du pouvoir*, Paris, Seuil, 1985, pp. 92-93.
4. Moyen-Âge : période moyenne entre l'Antiquité et la Renaissance allant du début des années 400 à la fin des années 1400.
5. VACHET, A., *L'idéologie libérale, l'individu et sa propriété*, Les Presses de l'Université d'Ottawa, p. 43.
6. Idem, p. 34.
7. PIRENNE, H., *Histoire économique et sociale du Moyen-Âge*, Tournai, Desclée de Brower, 1951, pp. 104-107.
8. Idem, p. 25.
9. PIETTRE, A. et A. REDSLOB, *Pensées économiques et théories contemporaines*, Paris, Dallos, 1986, p. 26.
10. MARX, K., *L'idéologie allemande*, dans Oeuvres choisies, choix de Norbert Guterman et Henri Lefebvre, tome I, Paris, Idées Gallimard, 1963, p. 142.
11. VACHET, A., *op. cit.*, pp. 52-53.
12. Idem, p. 63.
13. BURDEAU, G., *Le libéralisme*, Paris, Seuil, Points Politique, p. 21.
14. WEBER, M., *L'éthique protestante et l'esprit du capitalisme*, Paris, Plon, coll. Presses Pocket, 1964.
15. VACHET, A., *op. cit.*, p.72-73.
16. BURDEAU, G., *op. cit.*, p. 66.
17. LEPAGE, H., *Demain le capitalisme*, Paris, Hachette, coll. Pluriel, p. 152.
18. PIETTRE, A. et A. REDSLOB, *op. cit.*, p. 50.
19. EHRARD, Jean, *L'idée de nature en France à l'aube des lumières*, Paris, Flammarion, 1970, p. 230.
20. PIETTRE, A. et A. REDSLOB, *op. cit.*, p. 24.
21. BURDEAU, G., *op. cit.*, p. 84.
22. LOCKE, J., *Traité du gouvernement civil*, Paris, Garnier-Flammarion, original 1690.
23. *Ontos*, être et *logos*, discours. Ici, l'étude de la nature de l'être.
24. EWALD, F., *L'État-providence*, p. 349 et suivantes, « Le contrat de solidarité » Paris, Grasset, 1986.
25. HABERMAS, J., *Théorie et pratique*, p. 123.
26. Idem, p. 119.
27. MERCIER de LA RIVIÈRE, *Ordre naturel*, cité par Vachet, *op. cit.*, p. 398.
28. VACHET, A., *op. cit.*, p. 317.
29. NOZICK R., *Anarchie, État et Utopie*, Paris, PUF, coll. Libre-échange, 1988, p. 189.
30. Idem, p. 190.
31. Idem, p. 286.

32. Idem, p. 200.
33. Idem, p. 204.
34. PIETTRE, A., et REDSLOB, A., *op. cit.*, p. 24.
35. LAMBERT, R., « L'État minimal et le droit de propriété privée », *Revue de Métaphysique et de Morale,* n° 1, 1990, p. 110.
36. LAMBERT, R., *La justice vécue et les théories éthiques contemporaines*, Sainte-Foy, Les Presses de l'Université Laval, 1994, p. 169.
37. Idem, p. 159.
38. Idem, p. 209.
39. Idem, p. 159.
40. EWALD, F., *op. cit.*, p. 424.
41. CASTORIADIS, C., *L'institution imaginaire de la société*, Paris, Éditions sociales, 1975.
42. LAMBERT, R., *op. cit.*, p. 163.
43. TORRÈS, D., *Esclaves, 200 millions d'esclaves aujourd'hui*, Phébus, 1996.

QUATRIÈME CHAPITRE

La théorisation de l'indifférence : la réfutation de la justice sociale

Ceux qui se sont enrichis en suivant les règles du marché ne doivent rien à personne et sont innocentés des effets pervers du capitalisme. Ce sont les résultats de leurs actions mais non de leurs intentions. Lorsque cela leur convient, pour susciter une résignation, les néolibéraux nous servent à outrance le caractère inéluctable des lois du marché, comme s'il s'agissait de lois naturelles exigeant le respect, tirées d'une patiente observation des actions individuelles devant un phénomène inéluctable, à la façon de la loi de la chute des corps qu'Isaac Newton n'avait qu'à exprimer en langage mathématique. Les néolibéraux veulent montrer que les affairistes, les possédants ne font qu'obéir au même déterminisme auquel tout le monde obéit. Mais ils utilisent volontiers le paradigme du caractère hasardeux du marché, surtout lorsqu'il s'agit de justifier des profits. Leur position balance du hasard essentiel au déterminisme essentiel. Dire que l'ordre social est spontané, qu'il découle de l'action non intentionnelle des individus est un postulat métaphysique, c'est dire que cet ordre obéit à une causalité qui échappe aux acteurs sociaux; c'est dire aussi qu'il n'est pas planifiable et que rien n'y peut être prédit. Mais, c'est surtout dire que ceux qui dominent l'ordre social, seraient-ils milliardaires et à la tête d'empires commerciaux, ne possèdent aucun véritable pouvoir sur le résultat final; ils sont les gagnants d'un jeu d'essais et d'erreurs, un jeu d'exploration des besoins toujours déjà existants de leurs contemporains; ils récoltent le fruit de leurs bons offices envers la demande, ce sont des serviteurs de premier ordre, on doit les admirer et ils ne portent aucune responsabilité envers les perdants, qui n'ont plus que la charité comme recours. Nous voilà emmurés dans la subjectivité des possédants; nous irons où ils choisissent d'aller, c'est-à-dire là où leurs intérêts personnels les conduisent.

Dans une société qui cherche son ordre dans le marché, l'intégration des individus se réalise par l'économie, par le travail; dans cette société, celui qui n'a pas de travail n'a rien à échanger et il subit une pénible désinsertion sociale. La réfutation du droit social par les néolibéraux s'appuie sur l'idée que, dans l'ordre spontané du marché, personne n'est responsable du sort des démunis. Le marché est un jeu dont on ne peut prévoir l'effet final sur des individus particuliers. Si on accepte les règles d'un jeu qui fait des gagnants et des perdants et qui ne garantit pas les résultats d'avance, personne ne peut se plaindre ensuite et exiger l'amélioration de son sort au nom du droit. Celui qui est frappé par une contingence n'a comme recours que la charité. Il peut tenter d'émouvoir les bien nantis, de s'adresser à leur morale personnelle, de solliciter leur bonté proverbiale.

La liberté « libérale », c'est la liberté de faire quelque chose sans entraves dans les limites d'une réglementation minimale, mais sans garantie d'avoir les moyens de le faire. Par exemple, la liberté d'expression est la liberté d'exprimer son point de vue mais, dans le néolibéralisme, tous les moyens de diffusion sont privés puisque l'État y est minimal; la liberté d'expression est donc la liberté de demander à un propriétaire de médias ou à ses représentants de publier notre opinion si elle fait leur affaire. Mais on pourra toujours nous dire qu'il n'existe pas d'entraves au droit d'expression, puisque l'on peut acheter une page de journal et que nous sommes libres de nous lancer dans la business des médias en vertu de la liberté de concurrence. Conrad Black peut donner l'ordre à ses cinquante journaux de publier son opinion comme il l'a déjà fait. C'est la différence entre la liberté réelle et la liberté formelle d'expression inutilisable concrètement. Si on instaure une télévision publique en prélevant des impôts, les néolibéraux nous diront qu'il s'agit d'un viol du droit de propriété. La liberté formelle est souvent la liberté de faire ce que seule une minorité bien nantie peut faire. D'autre part, la liberté ne s'identifie pas au laisser-faire et la liberté de la majorité ne doit pas être subordonnée à la liberté absolue d'une minorité.

Le néolibéralisme opère une simplification extrême entre un monde planifié, totalitaire et une société de marché spontanée et libératrice. Il rejette le concept même du droit social et affaiblit les droits de la personne, limitant l'État à faire respecter les droits-libertés traditionnels. Le néolibéralisme défend les droits formels à la liberté et à la propriété. Les pauvres ont le droit naturel de propriété; le seul problème est qu'ils n'ont pas de propriété.

La justification de l'inégalité comme phénomène naturel

Nous avons vu précédemment que le recours à la surnature ou à la nature comme un ordre objectif qui garantit l'inégalité et le droit de propriété privée est un artifice destiné à cacher que l'ordre dans lequel nous vivons est un ordre de la politique pure, un ordre de la décision pure. Ceux qui dominent, « transcendantalisent » ou naturalisent leur domination pour la dissimuler et la soustraire à la volonté de ceux qui voudraient introduire des réformes, par exemple ceux qui voudraient fonder l'être ensemble sur la solidarité.

Le deuxième chapitre a montré que le thème de l'harmonie naturelle des intérêts a été exploré par les physiocrates, puis perfectionné par Adam Smith pour être ensuite retraité par Hayek sous la forme de l'ordre spontané[1]. Nous revenons encore une fois aux physiocrates du dix-huitième siècle, car ils illustrent le recours à la nature qui était alors généralisé. Le naturalisme des physiocrates les amènera bien sûr à cautionner les inégalités sociales. Cela est important, car les néolibéraux contemporains reprennent cet argument de l'inégalité naturelle. L'inégalité de fait est cautionnée chez eux par une inégalité naturelle des facultés physiques et intellectuelles. Le droit formel à l'égalité n'affirme pas une égalité concrète dans le contenu de ce droit. L'inégalité de fait est aussi naturelle que l'égalité de droit. Tous ont le droit à la conservation, au bonheur, mais l'inégalité dans les dons naturels entraîne l'inégalité des fortunes. L'inégalité n'est pas historique, ou construite, ou le fait du maintien des privilèges; c'est un fait objectif de la nature. Forcer les plus talentueux dans l'égalité entraîne l'appauvrissement général si on postule que l'intérêt personnel est la seule motivation à l'action humaine.

> Car son droit à tout est semblable au droit de chaque hirondelle à tous les moucherons qui voltigent dans l'air, mais qui dans la réalité se borne à ceux qu'elle peut saisir par son travail ou ses recherches ordonnées par le besoin. (...) Mais en considérant les facultés corporelles et intellectuelles, et les autres moyens de chaque homme en particulier, nous y trouverons encore une grande in-

égalité relativement à la jouissance du droit naturel des hommes[2].

La société doit accomplir l'ordre naturel et surtout ne pas tenter d'instaurer un ordre égalitaire marqué par l'artificiel. Elle doit même permettre l'accroissement des inégalités réelles car tous en bénéficieront. On postule que l'accroissement de la richesse de certains bénéficie à tous. L'inégalité naturelle se métamorphose en une inégalité sociale via un gouvernement qui emprunte l'ordre social à l'ordre naturel. Sans propriété pas d'inégalité, car l'inégalité naturelle se convertit en inégalité réelle par le droit d'appropriation. Or, le droit de propriété comme condition essentielle du droit à la conservation et au bonheur est premier. La liberté a été définie comme le droit d'acquérir et de jouir de ses facultés. L'égalité est l'égalité formelle de ce droit. La loi de la propriété est la même pour tous les hommes. La justice consiste en la reconnaissance de la liberté d'appropriation et non dans l'égalité réelle. Les physiocrates instaurent une bonne conscience bourgeoise devant le capitalisme naissant et ses conséquences nécessaires[3].

L'inégalité de fait, si elle est bien comprise, ne peut générer de troubles sociaux, car les intérêts économiques de tous sont finalement en harmonie. Le riche dépend du pauvre pour faire progresser son capital et le pauvre a besoin du riche qui crée les possibilités de travail en avançant du capital. « Les individus, les classes sociales, loin de se détruire se complètent et s'harmonisent sous peine de se nier et de se détruire. (...) l'affirmation de l'harmonie générale des intérêts nie toute transformation révolutionnaire de la société[4]. » L'accroissement de l'inégalité améliore quand même le sort des plus pauvres. Sans l'investissement du propriétaire, le monde resterait stérile. La différence entre le pauvre et le riche est vue comme une nécessité de la division des fonctions sociales. L'approfondissement des différences individuelles est justifiée par une augmentation du bien-être collectif.

> « Le bonheur des uns ne peut s'accroître que par le bonheur des autres », de sorte que l'homme, tendu vers son intérêt propre, « travaille et concourt nécessairement à former le meilleur état possible du corps entier de la société ». « Chacun est entraîné par la vue de son bien propre à concourir au bien universel », de telle façon que « chacun travaille pour autrui en croyant travailler pour soi[5] ».

La société joue un rôle instrumental dans l'accomplissement des finalités naturelles et individuelles de l'homme. La société est ainsi conforme à l'ordre naturel, car elle permet la division du travail source d'abondance et réalise la fin naturelle de la production des biens nécessaires à la survie et au désir naturel de bonheur de l'homme.

> L'état de société n'est donc point pour l'homme un état de choix et de convention, que les réflexions et les circonstances aient introduit : c'est un état nécessaire, primitif, et institué par la nature[6].

> On comprend que Mirabeau puisse affirmer : « L'intérêt commun, c'est l'intérêt de personne. C'est l'intérêt particulier qui est l'intérêt de tous. » La société doit donc demeurer une somme d'individus enfermés dans leurs intérêts propres, profondément isolés malgré les rapports d'utilité qui les réunissent. Totalement fonctionnelle et sans vie propre, la société physiocratique est l'opposé d'un lieu de rendez-vous humain. Instrument nécessaire de la réalisation de la finalité de chacun de ses membres, elle s'identifie à une mosaïque d'individus indépendants[7].

Le constant recours à la nature confère une respectabilité à un état historique des rapports économiques. La raison devient l'instrument de l'universalisation de ces rapports qu'elle dote d'un caractère métahistorique, nécessaire.

> La doctrine physiocratique, et en elle le libéralisme dévoile ici son orientation : elle est une doctrine de l'univers humain qui tend à une praxis propre à une certaine catégorie d'hommes, celle des propriétaires qui se subordonnent tous les autres intérêts (...) Les théories de l'harmonie des intérêts et de la justice nous amènent de nouveau à conclure à la réduction des lois politico-sociales à la seule loi économique. C'est là, croyons-nous, l'intuition la plus lourde de conséquences de la physiocratie, et le centre moteur de cette théorie scientifique, politique et économique. (...) Cette intuition du caractère envahissant des valeurs économiques révèle, il nous semble, la base du capitalisme physiocratique, première expression du capitalisme moderne[8].

La justice sociale comme viol des règles du jeu libéral.
Le retour à la charité

La position néolibérale est très bien exprimée par celle de Hayek sur la justice sociale. Elle est une conséquence de sa philosophie sociale décrite sommairement au premier chapitre. L'ordre social est spontané, il est un résultat non intentionnel d'individus qui poursuivent leur intérêt personnel. Personne ne peut réunir les informations nécessaires à la planification sociale. Il vaut mieux laisser agir les individus. Un démuni ne peut avoir recours contre des individus qui ne sont évidemment pas responsables de l'ordre spontané social. Il ne peut que demander la charité. Pour lui, la notion de justice sociale est contemporaine et découle de la conversion du socialisme à la doctrine de l'État-providence au milieu du vingtième siècle. Sa critique porte sur le sens que l'on peut donner à ces mots de « justice sociale » et à l'impossibilité de définir des critères que l'on pourraient utiliser pour imposer politiquement une répartition juste entre des individus et des groupes[9].

Il décrit la justice sociale comme un mirage. Le principe est que personne n'a été injuste dans le fonctionnement du marché. Puisque la distribution résultant du fonctionnement du marché est le résultat d'un ordre spontané, on ne peut cibler de responsable de la répartition finale. À l'encontre de qui le plaignant aurait-il titre à demander justice? Le recours contre la société procède d'une « substantialisation » de la société en une instance mystérieuse et responsable à laquelle on serait en droit d'adresser des réclamations[10]. La notion est dérivée de celle de justice distributive dont traitaient Aristote et saint Thomas qui recommandaient que chacun reçoive sa part du bien commun en fonction de son apport[11]. Cela implique une autorité tutélaire qui dispose de toutes les informations pour réaliser ce partage au mérite. Cela est impossible dans un ordre spontané[12]. L'intervention de l'État dans le but de modifier la répartition est une erreur, car toute correction dans l'ordre spontané du marché engendre un désordre dans le jeu catallactique[13].

Toute intervention particulière en faveur de certains individus ou certains groupes est une injustice envers ceux qui ont suivi les règles. Face au marché, chaque homme était égal en droit dans la poursuite de l'amélioration de son sort. Les droits « créances » ne sont pas effectivement des droits en face des droits-libertés qui sont véritables[14]. Or, les politiques redistributrices sont condamnables au nom du principe de l'égalité devant la loi. Plus précisément, Hayek reconnaît que quelque chose doit être fait pour ceux qui ne peuvent subsister dans le système du marché. Toutefois, cette prestation doit être fournie hors marché[15]. Comme l'État ne doit pas fausser le mécanisme du marché, cette intervention doit être privée et relever de la charité privée. Elle n'est pas due en droit et la solution au problème de l'indigence est non politique comme dans le libéralisme classique.

La notion de justice sociale n'a pas de sens, car elle accole la notion de justice qui s'applique à des comportements individuels au mot social d'ailleurs polysémique. Seules les conduites individuelles peuvent être justes ou injustes. Personne n'a une conception claire d'une structure sociale ou d'un système de distribution qui serait juste. En réalité, il n'y a pas de règle pouvant fixer ce que chacun devrait recevoir. On a recherché vainement depuis le Moyen-Âge le juste prix et le juste salaire. Il n'y a pas de valeur sociale des biens et services ni de moyen d'évaluer les activités des individus d'un point de vue social. Les prétendus principes de justice sociale veulent niveler le sort d'individus qui sont foncièrement inégaux, et aboutissent donc, invariablement, à un traitement inégalitaire des individus. Les droits sociaux des uns créent des obligations à d'autres qui n'ont rien à voir avec le sort des premiers.

La justice sociale découle d'une vision constructiviste de l'ordre social par laquelle le gouvernement s'engage à user positivement de son pouvoir pour obtenir un résultat social déterminé. L'appel à la justice sociale est le principal canal de la demande d'État ou de l'inflation du politique. On aboutit à une société où la sécurité prend le pas sur la liberté. Ce procédé contrevient au principe libéral de la limitation des pouvoirs coercitifs et à l'application uniforme de lois valables pour tous. « La justice distributive à laquelle vise le socialisme est ainsi incompatible avec la souveraineté du droit, et avec cette liberté selon la loi qu'entend assurer la *Rule of Law*[16]. » La notion de justice sociale est incompatible avec le rôle du gouvernement dans un état de droit.

Les revendications de justice sociale finissent invariablement dans une mobilisation partisane de certains groupes afin d'obtenir satisfaction de leurs revendications auprès du gouvernement[17]. Selon un principe libéral, la coercition ne devrait pas servir des groupes particuliers[18]. La notion de justice sociale est incompatible avec la Société ouverte ou la Grande Société. « La revendication de justice sociale est en fait une expression de révolte de l'esprit tribal contre les exigences abstraites de la logique de cette Grande Société sans objectif commun qui se puisse voir[19]. » La justice sociale est le cheval de Troie du totalitarisme, car elle exigerait un pouvoir coercitif. Finalement, la justice sociale est incompatible avec l'ordre du marché qui ne sert aucun objectif d'ensemble préétabli. Il ne peut y avoir d'injustice dans la distribution des biens, parce qu'au sens strict, il n'y a pas de distribution intentionnelle dans ce processus aveugle et anonyme. Les revenus n'ont pas de lien direct avec le mérite. Dans cette avancée dans l'inconnu qu'est le jeu économique, personne n'est assuré d'avoir une position stable ou ascendante.

Le mythe de la liberté « libérale » et de l'égalité formelle

L'égalité formelle dissimule l'inégalité réelle. Tous ont les mêmes droits, mais l'élite seule peut en tirer partie. Lorsque Conrad Black, magnat de la presse, propriétaire de multiples journaux, force quelque cinquante de ses journaux à publier sa réponse à un journaliste indépendant qui osait questionner l'effet de la concentration de la presse sur la démocratie, peut-on dire que le droit d'expression, qui est universel, est le même pour tous? C'est la différence entre le droit formel et le droit réel. Lorsqu'en période de référendum sur l'indépendance d'une province, le propriétaire d'un journal comme *La Presse* décide que tous ses éditoriaux devront se prononcer contre l'indépendance, le droit formel d'expression égal pour tous est-il réel?

Nous avons vu au premier chapitre que le penseur libéral, John Locke, fondait l'État sur la réalisation des droits naturels repérés par une réflexion sur l'état de nature. Il combattait alors l'absolutisme royal. Toutefois, le droit de vote a longtemps été présenté comme le privilège d'une minorité. Seuls les citoyens disposant d'un certain revenu, d'une bonne éducation, intéressés au maintien de la propriété privée sont réputés avoir l'indépendance et le jugement pour voter de façon éclairée. Lorsque le suffrage « universel » remplaça le suffrage limité en France en 1848, le nombre d'électeurs passa de 250 000 à 9 000 000, et cela excluait encore les femmes[20].

Dans le scénario de Locke, la fin principale de l'État est la « sauvegarde de la propriété[21] ». La forme de l'État est déterminée par le droit de propriété privée. Pourtant, on aurait pu soutenir avec la même force que l'État naît de la nécessité de créer des biens communs. La liberté libérale est qualifiée par la propriété, c'est-à-dire que la liberté est définie pour ne pas entrer en conflit avec la propriété. La liberté doit protéger l'accès aux biens par l'exercice du droit de propriété. L'égalité a comme limite de contenu la liberté, car l'égalité ne doit pas entrer en conflit avec la liberté.

L'égalité réelle implique la subordination de la liberté à l'égalité. Par exemple, les interventions visant à réaliser l'égalité réelle complète détruiraient la liberté. D'autre part, il n'y a pas de liberté sans l'accès aux biens essentiels. Il est raisonnable de penser que l'égalité réelle, face aux biens essentiels seulement, puisse prendre préséance sur la propriété. Pour le reste, la liberté n'est pas en conflit avec la propriété.

Les penseurs libéraux naturalisent une inégalité d'origine sociale. Il existe aussi une inégalité naturelle entre les individus et tout l'effort de Locke consiste justement à naturaliser la société, à en faire un instrument du renforcement des droits naturels. On ne prend pas acte du fait que l'inégalité, dite naturelle, puisse être une conséquence de l'inégalité de la propriété. L'égalité réelle devient un choix non disponible dans l'état de nature par naturalisation préalable de l'inégalité d'origine sociale, préservée par des lois sociales et nécessairement par la force publique. Il s'agit d'une égalité devant la protection de la loi qui doit permettre la liberté de l'accès aux biens par la propriété. L'égalité formelle cautionne donc l'inégalité réelle. La liberté est la liberté de disposer d'une chose ou de soi-même en vertu de la propriété.

Le caractère englobant de la propriété est appuyé chez Locke par une définition du droit de propriété comme incluant le droit à la vie, à la liberté et aux biens[22]. L'homme est propriétaire de lui-même et de ses facultés, et consécutivement de ce que son travail produit. Les liens de l'individu avec lui-même et des individus entre eux sont assimilables aux liens de l'homme avec les choses. La libre disposition de ses biens ou la libre disposition de soi-même, c'est la propriété. Comme le travail humain est engagé dans une production, une transformation, la propriété doit avoir un caractère dynamique. Le travail extensionne la propriété de soi-même aux choses transformées par son travail. Une chose acquise par le travail peut produire d'autres choses et, avec l'appui de la société civile au droit de propriété, celle-ci devient illimitée. Comme il n'existe aucun bien commun dans le néolibéralisme, la façon d'entrer en relation avec les choses nécessaires à la liberté est la propriété privée. La liberté est donc subordonnée à la propriété privée.

Pour Rosanvallon, l'opposition entre la liberté réelle et le droit de propriété absolu montre que la greffe du capitalisme sur le libéralisme ne prend pas parfaitement. L'utopie du libéralisme n'a pu se poser que dans un contexte qui ne soupçonnait pas le capitalisme et la révolution industrielle[23].

La détention d'une panoplie de libertés chez les plus privilégiés s'étiole jusqu'à une liberté minimale chez les moins nantis. La situation de bien nanti ne semble pas créer de devoirs. Les libéraux admettent la thèse de l'inégalité des talents. La société est naturellement hiérarchisée et la liberté des meilleurs et des entreprenants fait la prospérité générale. Les néolibéraux soutiendront que les meilleurs doivent servir la société par leurs initiatives et non par l'impôt progressif. Pour Nozick, l'égalité détruit l'initiative et inhibe l'amour-propre. L'hypothèse de l'inégalité de la répartition des richesses comme une nécessité pour la croissance économique se trouvait chez Smith et Ricardo et elle est des plus répandue. L'égalité ne serait pas le résultat d'un comportement naturel et devrait être imposée par l'intervention de l'État. Pour Friedman, l'inégalité des richesses résulte de l'inégalité des efforts. La richesse par voie d'héritage n'est pas le résultat d'un effort, mais pourquoi s'en faire puisque les talents aussi sont hérités[24]. On semble oublier que la perpétuation d'inégalités sociales d'une génération à l'autre limite l'accomplissement du talent. La société est nécessaire au développement des talents, mais accorder un certain caractère social aux talents leur semble aberrant.

Pour Hayek, ce serait une tragique farce de l'histoire si l'homme, qui doit son progrès rapide à l'exceptionnelle diversité des dons individuels, devait mettre fin à son évolution en imposant à tous un système égalitaire obligatoire. Il faut se demander en quoi l'égalité empêcherait l'expression de la diversité des talents. Elle n'implique pas que tous se livrent à la même activité... Le néolibéralisme, au contraire, ne permettrait qu'aux bien nantis de développer leurs talents.

Pour un minimaliste comme Nozick et un anarcho-capitaliste comme Rothbard, l'égalité est formelle et se limite au droit pour tout être humain de participer au marché sans discrimination. Les néolibéraux placent comme objectif premier la liberté de chacun de mener sa vie comme il l'entend. Comme il est nécessaire de rendre la liberté de chacun compatible avec celle des autres, il devient nécessaire de définir une borne à la liberté de chacun. Ce territoire de la liberté est défini par le droit de propriété : la propriété sur son propre corps et sur les objets extérieurs acquis légitimement d'une personne qui en était déjà propriétaire (Nozick). Par exemple, celui qui n'aurait aucun revenu et qui ne pourrait compter sur la charité volontaire serait condamné simplement à disparaître, car il ne pourrait compter sur aucune propriété commune.

Même déambuler sur la rue exigerait de payer un dû au propriétaire de cette rue. Il faut rappeler que le système néolibéral ne maintient pas de droits sociaux, donc pas de revenu minimum garanti, car toute redistribution équivaut à un viol de la propriété donc de la liberté. Cela signifie que la liberté formelle de mener sa vie à sa façon est la liberté réelle de disparaître pour celui qui n'a pas accès à la propriété. L'absence de revenu minimum garanti signifie l'absence de liberté minimale garantie. Plus un homme est fortuné, plus il est libre. Celui qui vient au monde n'a droit qu'à la liberté conférée par la propriété que lui consent ses parents en attendant de devenir lui-même propriétaire. Ces coordonnées laissent paraître le caractère utopique du néolibéralisme. Néanmoins, il a déjà fait preuve d'efficacité dans l'enracinement de l'individualisme dans la société civile par l'élargissement de la sphère privée et dans le recul de la justice sociale et la déréglementation du travail. Il contribue à faire accepter comme un état objectif des choses l'écart croissant dans le partage des richesses.

Les néolibéraux définissent la liberté comme l'absence de coercition particulièrement d'origine étatique et l'absence d'empiétement sur la propriété privée. Malgré qu'une classe possédante minoritaire puisse accaparer un grand pourcentage de la richesse, comme le cas se produit notamment aux États-Unis, la liberté formelle y est respectée, car les appropriations ont été faites en suivant les lois. C'est notamment la position de Nozick et de sa théorie de l'habilitation. (*voir le troisième chapitre*)

Mais la liberté n'est pas seulement une question de droit mais aussi une question de moyens. La liberté des néolibéraux se borne pratiquement à la liberté de faire ce que l'on désire d'une propriété légitimement acquise. La garantie sociale porte sur la liberté formelle. Une conception rivale voudrait que la société organise le droit de propriété sur les choses de façon à ce que la liberté réelle soit respectée. On peut appeler *réal-libertarienne* cette position[25]. Il ne s'agit pas d'une position égalitariste mais d'une thèse qui vise à ce que tous aient à leur disposition les moyens de la liberté réelle. Elle implique donc une certaine redistribution, une sorte d'État-providence minimal. En réponse au néolibéralisme de source économique, cette position doit rechercher l'efficacité la plus grande possible qui reste compatible avec la justice sociale. Si les néolibéraux affirment que le salaire minimum ou les assurances sociales réduisent l'efficacité économique, il faut répondre que l'efficacité économique n'est pas une fin en soi ou proposer une définition de l'efficacité qui inclut la poursuite de l'objectif de la liberté réelle.

Cette position propose donc un universel : la liberté réelle pour tous. Elle ne compte pas, comme le font les néolibéraux, sur la charité privée ou sur les libéralités pour atteindre l'objectif de la liberté réelle garantie par l'accès à des biens premiers.

On a reproché à l'État-providence d'instaurer une solidarité froide qui contraste avec la solidarité chaude des communautés traditionnelles. Cet argument est sans valeur. La charité traditionnelle implique une perte de dignité pour ceux qui doivent solliciter les libéralités des mieux nantis. La dignité est indissociable de la liberté. On ne voit pas pourquoi l'impôt destiné à soutenir un programme universel est moins un vecteur de la vertu que la charité directe.

Au fond l'efficacité économique vise la capacité de produire des biens pour assurer la liberté réelle à tous. Il ne s'agit pas comme le prétendent les néolibéraux de brimer la liberté des individus en leur dictant la façon d'être heureux, mais de fournir à tous les moyens objectifs de base pour réaliser une définition personnelle du bonheur.

L'autoréfutation du néolibéralisme : la concentration des richesses

Là où la doctrine néolibérale donne lieu à des applications, le secteur privé comble le vide économique et politique laissé par le retrait de l'État. Il en résulte une modification de la stratification sociale. Nous avons vu aux deuxième et troisième chapitres comment l'ancienne société précapitaliste était divisée en trois ordres : la noblesse, le clergé et le tiers état regroupant la paysannerie et la bourgeoisie. La révolution industrielle a recomposé la stratification sociale en deux classes : capitaliste et ouvrière (prolétaires). La société moderne a dissout cette stratification à deux classes en créant de multiples statuts. Par exemple, la dispersion de la propriété des entreprises (capital-actions) et la délégation de la gestion a engendré une classe de managers. La place dans la hiérarchie de l'entreprise devient source de différenciation des statuts. Nous verrons par exemple au septième chapitre comment les cadres des banques forment un appareil de gestion qui accapare des privilèges exorbitants. Pour l'instant, notons que, de 1973 à 1995, le salaire réel des travailleurs a baissé de 18% pendant que les salaires réels des dirigeants augmentaient de 66% après impôts et 19% avant impôts. Au Canada, entre 1993 et 1996, les salaires des chefs de direction augmentaient de 32% , les primes de direction de 61% pendant que les salaires des travailleurs ne bougeaient pas[26]. L'intervention de l'État a aussi permis d'obtenir un statut social à partir d'une base autre que le jeu économique, à partir de droits sociaux notamment. Dans le néolibéralisme, les acteurs qui bénéficient du contrôle de l'appareil économique veulent éliminer la possibilité d'obtenir un statut social en dehors de la participation à cet appareil.

Un événement, survenu le vendredi 8 mars 1996, montre la fracture entre les intérêts des entreprises et ceux des salariés. L'indice Dow Jones, qui avait battu des records le mardi, tomba de 3%, une baisse jamais vue depuis le 15 novembre 1991. C'est que la publication des chiffres sur l'emploi venait d'indiquer une hausse de 705 000 emplois en février. Le marché anticipe une surchauffe de l'économie, accompagnée du mal de l'inflation, lui-même suivi du remède, la hausse des taux d'intérêt qui compétitionne les sommes d'argent investies en actions. Quelques années auparavant, l'indice boursier s'était envolé suite au congédiement de milliers de travailleurs par Xérox. L'histoire s'est répétée avec les mises à pied chez ATT et ailleurs. Les affairistes appellent ça « dégraisser » comme si les employés qui ont fait leur prospérité étaient devenus de la mauvaise graisse. Les gouvernements sont conviés par la Banque mondiale, le Fonds monétaire international, l'OCDE à assouplir leur marché de l'emploi par une refonte de l'assurance-chômage, du salaire minimum légal et des dispositions qui protègent l'emploi[27].

La porte ouverte aux intérêts égoïstes conduit à la prospérité économique, nous dit-on. Mais il faut se poser une question fondamentale sur ce que l'on appelle prospérité économique. L'objectif de croissance ininterrompue est-il vraiment dans l'intérêt public si cette prospérité est mesurée par des agrégats sans égard aux différences individuelles? Pour Hayek, la société de marché est celle qui a le mieux éliminé la pauvreté absolue, même si la pauvreté relative y est plus apparente. Le libéralisme utilitariste contenait la promesse du plus grand bonheur pour le plus grand nombre. Le libéralisme, en valorisant l'individualisme et l'égalité formelle, voulait créer une société sans privilèges hiérarchiques.

La société produit de plus en plus de richesse et de pauvreté. On persiste à nous servir le discours voulant qu'il faille créer de la richesse avant de la distribuer. Il existe énormément de richesse; le problème en est un de répartition. Les indices boursiers canadiens ont progressé de 25% et les indices américains de 26% en 1996.

Cela signifie que les boursicoteurs ont vu la valeur de leur portefeuille augmenter de 25% en une seule année. Le journal *Le Devoir* du 23 novembre 1996 annonçait que l'indice Dow Jones avançait vers les 7 000 points, du jamais vu! Un quarante-deuxième record depuis le début de l'année 1996 : l'indice venait de faire un bond de 2% en une journée. Il faut dire que l'establishment financier américain se réjouissait de l'échec des démocrates à obtenir la majorité au Congrès. Ce plafond de 7 000 points a été défoncé à la mi-février 1997. Au Québec, les titres bancaires étaient en hausse pendant que les mises à pied se poursuivaient. En novembre 1996, on apprend que les six grandes banques ont réalisé 6,3 milliards de dollars de profits, soit un milliard de plus que l'an dernier. Toutefois, depuis 1991, on y a congédié 11 000 employés. À la Banque Laurentienne, on voulait transformer des postes de caissières syndiquées en autant de conseillères non syndiquées.

Au Canada, les profits des compagnies ont augmenté de 95% au cours des trois dernières années, alors que le total des salaires n'a crû que de 8%. Les profits des 500 plus grandes multinationales ont augmenté de 62% en 1994 et d'un autre 15% en 1995, tandis que 1996 les a vus s'envoler vers des sommets inégalés.

La hiérarchie des inégalités sociales est de plus en plus visible. Galbraith explique qu'en 1988, 1% des familles américaines les plus riches pouvaient compter sur des revenus annuels moyens de 617 000 $ et contrôlaient 13,5% des revenus avant impôts. Les 20% des familles les mieux loties disposaient de 51,8% des revenus avant impôts. Mais ce même premier 1% disposait de 12,8% des revenus après déduction des impôts alors que les 20% mieux nantis bénéficiaient de 49,8% des revenus après impôts[28]. Cela prouve que l'impôt effectue peu de répartition. Une étude de la Réserve fédérale, publiée dans le *New York Times* du 17 avril 1995, dévoile que 1% des foyers américains possède 40% des richesses du pays[29]. Les 10% des ménages les mieux nantis détenaient directement 86% des actifs financiers nets.

La richesse du monde a quintuplé de 1960 à 1990, mais on dénombre 600 millions de pauvres en plus. Trois milliards d'individus n'ont jamais utilisé le téléphone, mais on a investi 370 milliards de dollars dans l'ouverture de l'autoroute de l'information. Le nombre de milliardaires est passé de 145 à 358 de 1987 à 1994 et ils détenaient 762 milliards de dollars; le revenu de ce club select est égal à 45% de celui de la population mondiale moins nantie. Les 20% les mieux nantis du monde détenaient 70% de la richesse mondiale en 1960; ils en détenaient 85% en 1991.

Aux États-Unis, l'obésité est en train de supplanter la sécurité comme problème principal et, alors qu'il se dépense 30 milliards par année en pilules pour maigrir, des milliers d'enfants africains continuent de mourir tous les jours de malnutrition et de manque de soins primaires.

Depuis les mesures de l'époque reaganienne qui a réduit l'impôt des riches, affaiblit les syndicats, etc., l'inégalité s'accroît plus rapidement que dans les autres pays industrialisés. Cela démontre que la progressivité de l'impôt destinée à effectuer une certaine redistribution aux classes les moins nanties ne joue presque pas. Le montant disponible pour les moins nantis est peut être plus élevé en chiffre absolu, mais le principe souvent invoqué voulant que les inégalités soient tolérables si elles bénéficient aux moins nantis ou aux victimes du système devrait provoquer une plus grande différence entre le revenu avant impôts et après impôts des classes favorisées.

Pourtant, les États-Unis viennent de passer, en automne 1996, une commande de 105 milliards de dollars en avions de combat seulement. La hiérarchie est visible aussi chez les 23% de « working poors » américains qui demeurent sous le seuil de la pauvreté en dépit de leur emploi, chez les quarante et un millions d'Américains qui n'ont aucune assurance médicale et qui risquent d'être jetés à la rue en cas de maladie sérieuse. Sans parler de l'apartheid résidentiel, phénomène inclinant de plus en plus d'Américains à résider dans des villes privées entourées de murailles où la police, les écoles, les égouts sont privés livrant les anciens quartiers sous-financés à la dégradation sociale[30]. Une guerre sociale larvée est réprimée si l'on pense que les États-Unis comptent 1,5 million de prisonniers. Cette société qui combat la violence par encore plus de violence a exécuté 5 655 personnes depuis 1973 par « death penalty ». Le budget des pénitenciers en dispute au budget de l'éducation dans certains États. Il y a bien aussi ces 90 millions d'illettrés américains, réservoir d'esclaves potentiels.

S'il faut en croire l'économiste John Kenneth Galbraith, il existerait aux États-Unis une classe inférieure structurelle. Tous les pays industriels en ont une à divers degrés et sous diverses formes. Cette classe sert le niveau de vie et le confort de la catégorie la plus favorisée. Ces sociétés ont besoin d'une classe inférieure pour exécuter les travaux physiquement épuisants, socialement rebutants et mal payés. Cette classe est souvent alimentée par les immigrants. Elle est devenue structurelle car le mouvement normal d'ascension sociale est bloqué. Elle ne trouve plus les emplois industriels relativement stables nécessaires à cette ascension. Le caractère structural de cette classe indique donc l'inexistence généralisée d'une juste égalité des chances[31].

Le système libéral du marché prétendait conduire à un maximum d'enrichissement général, car le marché est ouvert aux initiatives, donc aux essais, et permet, par la souveraineté du consommateur, la sanction des erreurs et la définition des réussites. Malheureusement, la concentration des richesses conduit au contrôle des instruments de persuasion et des biens de production. L'entrée dans le marché est contrôlée dans bien des domaines par de puissantes entreprises et le consommateur est soumis à un phénomène de création de désirs subjectifs. Le marché peut être ce lieu où le projet particulier est soumis au jugement universel seulement s'il est composé d'une multitude d'entreprises dont aucune n'a un effet prépondérant quant au contrôle sur l'entrée.

En réalité, les inégalités réelles constitueraient un grief moins sérieux contre le libéralisme s'il réalisait l'égalité formelle des chances. Dans la vision néolibérale, la liberté réelle s'exerce par l'intermédiaire de la propriété puisque, virtuellement, aucune propriété publique n'est maintenue. Les néolibéraux préconisent justement le retrait de l'État des programmes favorisant l'égalité des chances, car ils opèrent nécessairement une redistribution. Par exemple, l'éducation devrait relever du secteur privé.

Le néolibéralisme de Hayek prétend que les corrections apportées au capitalisme pur sont contre l'évolution naturelle des institutions et constituent une erreur constructiviste. Pourtant, une évolution implique nécessairement des changements... Pour les 40 millions de pauvres des États-Unis ou les 808 000 bénéficiaires de l'aide sociale et les 400 000 bénéficiaires de l'assurance-chômage du Québec, les néolibéraux préconisent l'abolition du droit social et des programmes d'assistance.

Quelle différence en effet entre un tremblement de terre et une crise économique? L'ordre global fait disparaître les projets de vie déficients comme les gènes fautifs. Voilà « le résultat des hommes sans être l'expression d'un dessein humain » de Hayek. Jamais la charité privée des néolibéraux ne pourrait prendre en charge un tel contingent de démunis. Il faudra donc répondre à cet argument en montrant que l'aspect « spontané » de l'ordre social exige justement la création de droits sociaux pour pallier une machine hypercomplexe qui ne se comprend plus, qui dissimule les responsabilités et où plus personne n'a de recours. Les néolibéraux poursuivent la naturalisation de l'arbitraire culturel que nous avions notée dans le libéralisme classique au premier chapitre. L'évolution culturelle qui a amené le capitalisme est présentée comme objectivement inévitable.

Le phénomène sociologique de l'heure est celui de la désinsertion sociale. Ce n'est plus une lutte de classes, mais la lutte de personnes solitaires contre la société pour retrouver une place, c'est-à-dire un statut, une identité, une reconnaissance, une existence sociale[32]. Hors du travail, on se retrouve hors des normes que l'on a intériorisées depuis l'enfance et qui sont fondées sur le mythe du courageux travailleur. Le néolibéralisme, la logique du marché désignent l'individu comme seul responsable de ce qu'il lui arrive. Il n'a qu'à recomposer son projet personnel et vérifier si le marché peut l'intégrer. L'utilisation de mes savoirs par autrui est un critère de leur valeur pour les autres et un moyen, pour moi, de fonder sur eux la croyance en ma capacité d'accéder à un réel partage[33].

Notes

1. HAYEK, F.A., *Droit législation et liberté*, tome 2, « Le mirage de la justice sociale », Paris, PUF, collection Libre-échange, 1982.

2. QUESNAY, F., *Physiocratie, le droit naturel, tableau économique et autres textes*, Paris, Flammarion, 1991, p. 73, chap. III, « De l'inégalité du droit naturel des hommes », p. 75.

3. VACHET, A., *L'idéologie libérale, l'individu et sa propriété*, Les Presses de l'Université d'Ottawa, p. 343.

4. Idem, pp. 362-363.

5. Idem, p. 359, citant Mercier de La Rivière, *Ordre naturel*, p. VIII.

6. Le TROSNE, *Discours sur l'état actuel de la magistrature et sur les causes de sa décadence*, C. Panckoucke, 1964, p. 60, cité par Vachet, *op. cit.*, p. 351.

7. Vachet, *op. cit., p. 357*, citant Mirabeau, *Leçons économiques*, original 1770.

8. Idem, p. 365.

9. HAYEK, F.A., *Droit, législation et liberté*, tome 2 « Le mirage de la justice sociale », Paris, PUF, coll. Libre-échange, p. 82.

10. On traite la société comme un être alors que seuls les individus existent. La référence au social est une « absurdité ontologique ». Ce n'est pas la société qui secourra le démuni, mais bien des individus à qui on aura plus ou moins usurpé une propriété gagnée en suivant les règles.

11. ARISTOTE, *Éthique à Nicomaque*, V, 1130b 30. Thomas D'AQUIN, *Somme théologique*, IIa, IIae, qu. 61.

12. NEMO, Ph., *La société de droit selon F. A. Hayek*, Paris, PUF, 1988, p. 186.

13. Le jeu des prix et du marché par lequel la collectivité informe l'individu de l'acceptation de son projet privé. Ce jeu conduit au meilleur usage possible des ressources pour satisfaire les besoins. (Les besoins solvables.)

14. Le droit qui accorde une créance à l'individu contre la société pour satisfaire des besoins reconnus fondamentaux. Cela se fait par exemple via les droits sociaux : droit à un salaire minimum, à un revenu minimum, à l'instruction, aux services de santé, à un logement salubre, à une retraite honorable, etc. Les droits-libertés des libéraux sont : la liberté de parole, de religion, de presse, d'association, droit de propriété, liberté de contracter, de voter, l'habeas corpus, l'égalité devant la loi, le droit de procès devant jury, etc.

15. HAYEK, F.A., *op. cit.*, p. 105.

16. Idem, p. 104.

17. ARONDEL, Ph., *L'impasse libérale, Deuxième partie,* Justice sociale : un « mirage totalitaire? »*, Paris, Desclée de Brower, coll. Éthique sociale, 1995.

18. Idem, p. 165.

19. Idem, p. 174.

20. LALONDE, M., *Société et sociétés*, Télé-Université, UQ, 1995, p. 224.
21. LOCKE, J., *Essai sur le pouvoir civil*, p. 63.
22. Idem, p. 143.
23. ROSANVALLON, P., *Le capitalisme utopique, critique de l'idéologie économique*, Paris, Seuil, 1979, pp. 222-223.
24. FRIEDMAN, M., *Capitalism and Freedom*, The University of Chicago Press, 1962, pp. 161-166.
25. VAN PARIJS, Ph., « Une réponse cohérente au néo-libéralisme? » dans *Qu'est-ce qu'une société juste?*, chapitre 9, Paris, Seuil, 1991.
26. Cité par Rodrigue Tremblay, *Les Affaires*, 1er mars 1997, p. 6.
27. HALAMI, S., « Les chantiers de la démolition sociale », *Le Monde diplomatique*, juil. 1994.
28. ARON, R., *Essai sur les libertés*, Paris, Calmann-Lévy, 1976, p. 105.
29. BARNET, R., « Lords of the global economy », *The Nation*, déc. 1994, p. 754.
30. LOPEZ, R., « Un nouvel apartheid social : Hautes murailles pour villes de riches », *Le Monde diplomatique*, n° 504, mars 1996.
31. GALBRAITH, J.K., *La république des satisfaits, La culture du contentement aux États-Unis*, chap. 3, « La classe inférieure structurelle », Paris, Seuil, 1993, orig. 1992, pp. 39 et suivantes.
32. GAULEJAC, V. de et I. TABOADA LÉONETTI, *La lutte des places*, Épi, Hommes et perspectives, 1994.
33. BOULTE, P., *Individus en friche, essai sur l'exclusion*, Paris, Desclée de Brower, 1995, p. 74.

CINQUIÈME CHAPITRE

Vers l'homme unidimensionnel

L orsque la technique règne sur une société comme elle règne sur la nôtre, le moyen devient imperceptiblement la fin. À quoi sert d'augmenter nos moyens sans fin s'ils nous asservissent? Le capitalisme technologique s'est emparé de la science et nous catapulte dans une course effrénée à l'accélération de l'innovation sans autolimite. La société de marché en s'emparant de la science nous plonge dans une barbarie à visage technique; elle liquide les métiers, métamorphose les compétences, provoque la péremption accélérée des produits, recompose constamment les coordonnées de la vie sociale et induit un chômage permanent. Au même moment, des néolibéraux puisent dans le passé une doctrine en vertu de laquelle le travail est le seul moyen d'accès aux biens.

À qui profite le développement technologique accéléré? D'un point de vue épistémologique, le capitalisme technologique n'entraîne-t-il pas un contrôle et une orientation de la science vers un pragmatisme, un savoir dirigé uniquement vers le rentable. Comment sont partagés les fruits de cette évolution scientifique, de cette hausse générale de productivité qui devrait faire partie du patrimoine humain collectif? Qui a intérêt à ce que la question de la finalité de la technique ne soit jamais posée?

La référence au marché comme un ordre spontané issu des votes des consommateurs dépersonnalise la domination en la laissant apparaître comme un ordre objectif des choses. Les références aux pseudo-lois du marché dissimulent la soumission au pragmatisme et à l'esthétisme des grandes corporations. Le néolibéralisme veut enfermer l'imaginaire social dans le rentable, l'efficace, la rareté et le prix du temps. L'*homo œconomicus* vit ses dernières incartades non comptabilisables, l'économisme se répand, la rationalité devient économicité. Avec l'affaiblissement de l'institution familiale, l'identité sociale est définie plus exclusivement par le travail, mais cela n'empêche pas les économistes de coloniser les rapports familiaux.

Les économistes néolibéraux modernes, dans leur quête réductionniste, tenteront même de résumer l'homme à un échangiste économique dans tous ses rapports sociaux, de la décision de s'instruire à la décision d'avoir un enfant en passant par celle de se marier ou de divorcer. Dans cette sociabilité intéressée, le ciment de l'être-ensemble est l'harmonie naturelle des intérêts personnels résultant de l'intériorisation de l'interdépendance économique. Dans la société de l'ordre spontané, l'individu est atomisé, le rapport de son activité à l'ensemble devient illisible, il n'existe plus de projet volontaire ni d'idéal social.

L'exigence de soumission dans le capitalisme moderne techno-scientifique

Les théories économiques nous ont habitués à penser que les entreprises sont soumises aux lois du marché. C'était peut-être le cas à l'époque où la Ford Motor Company fabriquait les premières voitures, mais ce n'est certainement pas le cas aujourd'hui. La vie économique moderne est marquée par le changement rapide; l'application de la technologie a causé un changement considérable à cette institution qu'est l'entreprise et à sa façon d'interagir avec son milieu. La relation de l'entreprise avec l'État a aussi subi la conséquence du progrès technologique, l'État s'impliquant de plus en plus dans l'appui à la recherche.

Un délai important sépare le moment de l'idée de lancement d'un produit et sa production effective. Le capital investi dans la production est maintenant considérable. Les immobilisations et les machines de production sont de plus en plus spécifiques et liées à une production. Le temps est révolu où la main-d'oeuvre non qualifiée était interchangeable. L'extrême division des tâches requiert une organisation de plus en plus raffinée. Il en résulte que les grandes entreprises ne peuvent se soumettre aux lois du marché. Elles doivent remplacer les risques du marché par un système de planification.

Le contrôle doit porter sur le besoin du consommateur. On doit pouvoir planifier raisonnablement le degré d'acceptation de ces nouveaux produits si coûteux à créer et à produire. Une immense machine publicitaire de persuasion doit pourvoir à assurer la demande et un prix suffisamment rémunérateur. De plus, des stratégies doivent prévoir le processus de production ainsi que les sources de matières premières et de main-d'œuvre qui ne doivent pas être laissées à la bonne fortune du marché.

Il était facile de s'assurer une main-d'oeuvre à l'époque où une armée de réserve industrielle pouvait être mobilisée ou détournée de l'effectif des concurrents. C'est autre chose de s'assurer les services d'ingénieurs, de chercheurs et de techniciens spécialisés. De même, il est plus difficile de commander un acier spécial ou des pièces de précision. La réunion de multiples métiers et de matériaux très spécialisés dans un produit a exigé le progrès du savoir organisationnel.

C'est pourquoi les entreprises vont utiliser des stratégies pour échapper aux contingences du marché et intégrer la planification à leurs opérations. La meilleure stratégie consiste à devenir une grande entité diversifiée. Les profits d'un domaine peuvent alors supporter les pertes ou le développement d'un autre domaine. C'est une façon de réduire l'incertitude et le coût des capitaux. La grande entreprise met alors sous contrat de multiples fournisseurs qui sont consentants, car ils diminuent eux-mêmes leur risque ce faisant. Les fournisseurs sont forcés d'être raisonnables sous peine d'être remplacés.

Une deuxième stratégie vise l'intégration verticale qui consiste à se soustraire des aléas du marché en faisant l'acquisition de ses fournisseurs ou de son canal de distribution. Les négociations avec l'extérieur sont alors simplement remplacées par une planification interne. L'immensité des entreprises font qu'elles contrôlent aussi leur marché. General Motors a une influence considérable sur l'aspect des voitures et sur leur prix, car les géants observent un certain parallélisme des prix plutôt que d'entrer dans une guerre de prix coûteuse. Le volume des ventes est aussi contrôlé par le biais d'une grande force de publicité. On a donc assisté à un progrès considérable du marketing, c'est-à-dire de l'appareil de persuasion destiné à réduire le risque de l'entreprise. La grande organisation en vient à contrôler les marchés et, par conséquent, les consommateurs qu'elles devraient normalement servir.

Quant à la fabrication de produits hautement technologiques comme l'armement, l'exploration de l'espace, le transport aérien, là ou le cycle recherche-développement-production est extrêmement long et l'investissement fort exigeant, c'est l'État qui intervient pour en assurer les commandes ou les subventions à la recherche. On estimait qu'en 1960, aux États-Unis, 384 grandes entreprises effectuaient 85% de la recherche et du développement[1].

Ce ne sont pas les conceptions idéologiques qui déterminent la nature de la société économique. C'est le développement technologique, ses exigences de recherche, de capitaux, de main-d'oeuvre qualifiée et la nécessité de la planification qui en découle qui sont les destructeurs du marché et de ses contingences. Les grandes entreprises fixent les prix et cherchent à assurer la demande pour leurs produits. Voilà pourquoi le marché est une institution mal adaptée à la société industrielle moderne qui doit pouvoir compter sur une planification.

Aujourd'hui, le néolibéralisme sert à masquer le pouvoir des grandes firmes et leur rôle prépondérant dans l'orientation de la civilisation. Les entreprises obéiraient au marché qui déterminerait la direction du progrès technologique via le vote des consommateurs. Nous entrons dans l'ère du capitalisme technologique. Le capitalisme technologique vit de sa capacité de transformer les inventions en biens économiques, de son habileté à rendre désirables les produits les plus récents créés à l'aide de la science et de son habileté à éliminer la valeur des biens antérieurs. Le capitalisme technologique est à la fois mode de production de biens économiques et organisation de la création scientifique. Ces entreprises agissent au niveau international et construisent un capitalisme oligopolistique échappant aux forces d'intervention sociale. La mondialisation du marché fait que les grandes compagnies n'ont de compte à rendre à personne. La science est mobilisée par le capital[2].

Aux États-Unis, un millier de grosses firmes industrielles produisent les deux tiers des biens privés. Ce modèle de concentration s'observe aussi dans les autres pays industrialisés. L'unité d'analyse de l'économie néoclassique était le consommateur-roi et le propriétaire d'entreprise. Or, le consommateur n'est plus souverain, ce sont les firmes qui choisissent les produits à consommer. Elles imposent ces produits en ayant recours à un immense pouvoir persuasif et elles influencent l'État par la symbiose bureaucratique et le lobbying. D'autre part, ce ne sont plus les propriétaires qui dirigent les entreprises, mais les gestionnaires (technostructure) qui adoptent une stratégie défensive face à l'actionnariat en déterminant un niveau acceptable de profits et une stratégie affirmative en ce qui concerne la croissance de l'entreprise, qui est la source de leur satisfaction et de leur pouvoir personnel[3]. La technostructure des entreprises a donc une influence marquée dans la direction de la civilisation. La classe dominante de l'économie n'est plus directement propriétaire. Le marché mondial de certains produits est alimenté à partir de quelques usines. Les grandes entreprises adoptent une position défensive en intégrant leurs fournisseurs et leurs distributeurs, et une position offensive en intégrant leurs concurrents pour mieux utiliser leurs capacités productives[4]. Le but avoué est l'économie d'échelle, mais le but véritable est d'être assez gros pour décourager l'entrée des compétiteurs. L'acquisition des fournisseurs vise aussi à interdire l'accès des concurrents aux matières premières. La stratégie défensive des grandes entreprises est improductive pour la société et empêche une saine concurrence. Songeons aux grandes raffineries pétrolières qui veulent écarter les indépendants de la distribution. Les banques intègrent aussi les maisons de courtage, les compagnies d'assurances, les trusts. Aujourd'hui, on nous sert l'excuse voulant qu'il faut former de très grandes compagnies nationales pour affronter la concurrence internationale. Le marché devait être l'antidote au pouvoir des entreprises. Le meilleur service que l'idéologie libérale peut rendre aux entreprises est de laisser croire à l'inexistence de leur pouvoir. Il faut se rappeler ce phénomène lorsqu'il s'agit d'apprécier la théorie de l'ordre spontané du marché remise au goût du jour par les néolibéraux. Étant donné le grand anonymat du capital, des personnes détentrices de parts de fonds mutuels ou d'un régime de retraite peuvent, sans même s'en rendre compte, être indirectement actionnaires de fabricants d'armes, d'entreprises polluantes, de fabricants de cigarettes, de compagnies qui dénoncent leurs efforts pour obtenir un pays indépendant ou qui méprisent leur langue.

Dans une course effrénée, le marché accélère la perte de pertinence des savoirs. Tous ceux qui ne sont pas porteurs des nouveaux savoirs sont dévalorisés. La péremption accélérée des produits réduit à rien la valeur marchande des productions dont ils sont capables et les savoirs qu'ils détiennent[5]. L'affrontement transnational du capital redistribue les emplois sur la planète. L'homme est un ustensile de cette puissance de transformation. Un cas très contemporain nous démontre à la fois la puissance du marché dans la détermination de la civilisation et son aveuglement. Selon des observateurs américains, 50 milliards de dollars par année sont investis par le secteur privé aux États-Unis pour les infrastructures des inforoutes. Les compagnies de téléphone se battent à coup de milliards en prise de contrôle de vidéocâbleurs pour passer des conversations téléphoniques dans les câbles de télévision. Des milliards de dollars sont engagés dans des systèmes futuristes sans que l'on con-

naisse l'ampleur du marché. Le pouvoir marchand dirige la technologie vers le télé-achat, l'opération télébancaire, le télé-rendez-
vous, la vidéothèque à domicile, etc. Du point de vue de la culture,
on assiste à ce que l'on pourrait appeler un universalisme marchand, une uniformisation des cultures.

On met en place un immense pouvoir de persuasion. La montée
des conglomérats dans le domaine de l'information s'accompagne
de prises de contrôle de la production intellectuelle. Par exemple,
le câblo-opérateur Viacom s'est associé à Blockbuster Entertain-
ment pour réunir les dix milliards de dollars nécessaires à la prise
de contrôle de Paramount. Le but était de récupérer les droits au-
diovisuels sur les films détenus par Paramount. On vise le marché
de la vidéothèque à domicile[6]. Lorsqu'on constate que Microsoft a
dépensé plusieurs centaines de millions de dollars en marketing
pour imposer son logiciel *Windows 95* au marché, on a de plus en
plus de mal à croire à l'obéissance passive des entreprises à un ordre du marché qui les dépasse.

La réduction économiste

La dépendance personnelle, celle qui engageait l'esclave au
maître, le serf au châtelain, le seigneur au suzerain, etc., est remplacée peu à peu par une autre sorte de dépendance, celle qui engage à un « ordre de choses objectif », les lois économiques, le
marché, le progrès technologique, etc. L'autorité des docteurs de
l'Église a été remplacée par celle des docteurs de l'économie.
L'intégrisme est toujours là mais il a changé d'objet. Dans la philosophie néolibérale, la subordination de l'être à l'avoir devient un
véritable engloutissement, car les rênes de la civilisation sont remi-
ses à ceux qui dominent le marché. Par exemple, comment pour-
rait-on agir sur l'éducation, sur la culture dans un monde néolibéral? L'État ne peut agir à partir d'un bien commun qui n'existe pas,
ni par des réglementations qui doivent être minimales. Le marché
ne peut traiter que de l'avoir. Les néolibéraux admirent un Nozick
qui justifie son État minimal à partir du marché de la protection,
celui-ci étant l'aboutissement de l'agence de protection privée la
plus efficace. Cela démontre que les néolibéraux entendent éliminer la notion de bien commun, l'État étant lui-même la conséquence d'une agence privée monopolistique. Dans cette perspective, rien ne doit originer de la recherche d'un idéal ou d'un absolu,
d'un acte volontaire, d'un contrat social.

Derrière toute idéologie ou utopie se tapit une ontologie implicite, c'est-à-dire un ensemble de postulats concernant justement la

nature des choses et des êtres. Le productivisme, l'idéologie de la croissance, du rendement définissent un rapport technique de l'homme au monde, provoquent une mobilisation totale où l'homme devient matériel humain, enfermé dans une tâche de domination de l'être. L'homme est jeté dans un monde, il naît dans une société où toutes les choses sont déjà tournées vers l'efficacité. Il devient lui-même instrument par la force des choses. Le rationalisme situait l'homme muni des puissances de sa raison comme maître de la nature. La société de marché fait que le monde devient un stock de marchandises à épuiser et elle cautionne une métaphysique anthropocentrée qui finit par se retourner contre l'homme. Vivre davantage selon l'être impliquerait le retour à un mode plus contemplatif, de ne plus juger l'agir humain à la seule aune de l'efficacité.

Dans la sociologie de ce monde productiviste unidimensionnel, l'entrepreneur fait donc figure de héros. Le retrait de l'État devant l'ordre spontané du marché remet la marche de la civilisation à cette « engeance de satisfaits » selon la qualification de Galbraith[7]. Nous l'avons esquissé plus haut, il faudrait être naïf pour penser que ce sont les votes des consommateurs – nouvelle expression de la démocratie – qui dirigent le marché. Galbraith affirme que le consommateur n'est plus souverain, ce sont les compagnies et leurs technostructures qui choisissent les produits à consommer. Le modèle économique libéral en considérant le consommateur comme souverain masque la réalité économique et sert les fins de ceux qui disposent du pouvoir. Plus précisément, l'économie américaine est divisée en deux : le système du marché et le système planificateur. Le système du marché est celui des services et du travail artistique. Le système planificateur présent, lui, dans la grande firme tente de conditionner le consommateur et même l'État. La référence au marché comme un ordre spontané dépersonnalise la domination en la laissant apparaître comme un ordre objectif des choses.

Le néolibéralisme situe l'origine des problèmes sociaux dans la sphère publique et réclame un amenuisement du politique. L'économique doit prendre les commandes, réservant à l'État le rôle de garant de l'ordre que lui réservait le libéralisme classique. L'amenuisement de l'action volontaire de l'État empêche l'expression de valeurs collectives et réduit le désir d'influencer volontairement le sens de la civilisation. Il y a une marge entre laisser la définition de la civilisation à quelques penseurs constructivistes et le retour à la jungle des intérêts individuels. Les hommes peuvent s'unir pour faire changer les choses.

Cependant, le processus de production du capitalisme avancé a modifié la forme de la domination : on a recouvert du voile technologique le pur intérêt de classe qui opère dans la marchandise. Est-il encore nécessaire d'expliquer que ce ne sont pas la technologie, la technique, la machine, qui exercent la domination, mais seulement la présence, dans les machines, de l'autorité des maîtres, qui en déterminent le nombre, la durée d'existence, le pouvoir et la signification dans la vie des hommes, et qui décident du besoin que l'on a d'elles? Est-il encore nécessaire de répéter que la science et la technologie sont les principaux agents de la libération, et que seule leur utilisation restrictive dans la société répressive en fait des agents de domination[8]?

L'apologie de l'État minimal est un déguisement de l'idéologie de la classe possédante qui veut donner à ses intérêts privés la forme de l'universalité et présenter sa pensée comme la seule rationnelle. Aucun bien commun ne doit exister afin de laisser le produit du travail et du progrès à la disposition des détenteurs de capitaux. On dira que le bien commun favorise l'inertie individuelle. Toute redistribution implique l'existence d'un bien commun à constituer et l'existence d'un recours en droit sur ce patrimoine commun. Le droit de propriété privée des moyens de production est une construction toute humaine, culturelle et historique. Il n'y a pas par essence un type absolu d'État et un partage prédéterminé des activités publiques et privées. Toute idéologie, en servant une classe, induit une stratification sociale et l'idéologie néolibérale met en scène une classe sociale d'entrepreneurs présentés comme des citoyens supérieurs et une classe sociale stérile regroupant les fonctionnaires, les syndicalistes, etc. que les néolibéraux appellent à éliminer. La crise budgétaire aidant, on réclame la disparition des fonctionnaires, boucs émissaires naturels de la colère des contribuables, comme si aucun service n'était rattaché à leur fonction.

La classe possédante tire son avoir du contrôle de la machine de persuasion qui s'applique au jour le jour à inventer de nouveaux désirs subjectifs et à enfermer ensuite dans sa machine de production ceux qui désirent se payer les satisfactions de ces désirs préfabriqués[9]. Il en résulte un enfermement du politique dans l'économique[10].

La référence continuelle des néolibéraux à la tradition devient plus difficile à comprendre, car il faudrait admettre que le subjectivisme de la classe des affaires qui s'exprime par ce processus de persuasion des consommateurs est le processus d'évolution même. Ceux qui détiennent le pouvoir économique ne peuvent faire autrement que d'imposer leur vision du monde. Dans la France et l'Italie du dix-septième siècle, ceux qui disposaient d'un pouvoir d'achat devaient consommer le produit d'une économie subordonnée à l'esthétisme des grands. Aujourd'hui, nous sommes soumis à l'esthétisme des grandes corporations celui du productivisme, du rendement, de la péremption des produits et de l'accélération de la désuétude des moyens de production, sources de leur enrichissement.

Ce qui peut apparaître comme une charge envers le néolibéralisme appartient au bon registre si l'on examine les thèses d'une autre aile intellectuelle du mouvement, les « nouveaux économistes ». Portés par ce mouvement d'idées, ils suggéreront que le raisonnement économique s'applique à l'ensemble des décisions sociales d'un individu.

> Il n'y a qu'une seule science sociale. Ce qui donne à la science économique son pouvoir d'invasion impérialiste est le fait que nos catégories analytiques – rareté, coût, préférence, opportunité – sont véritablement d'applicabilité universelle. Ainsi la science économique constitue la grammaire universelle de la science sociale[11].

L'utopie néolibérale n'a pas l'excuse de l'utopie libérale qui s'était développée antérieurement à toute possibilité d'infirmation historique. La modestie qu'affichait l'économie politique au dix-neuvième siècle n'est plus de mise. L'économie comme discipline devient hégémonique chez les économistes néolibéraux qui prétendent expliquer économiquement l'ensemble des rapports sociaux de l'humain.

> Ces « nouveaux économistes » de la pensée néolibérale sont les héritiers du libéralisme classique d'Adam Smith qui inaugure l'émancipation de l'économie par rapport au politique et à la morale, comme étape ultime du large mouvement de différenciation qui verra au préalable émerger les catégories de conscience et d'individu, ainsi que la sphère du politique sortir du champ religieux. L'autonomisation de l'activité économique, qui culmine dans la théorie du laisser-faire, introduit une hiérarchisation des domaines d'activité, l'économie déterminant la société et l'action de l'État, en d'autres termes, l'économie se soumettant le politique[12].

Cette généralisation est fondée sur l'idée que si, comme l'affirme la théorie économique, les agents économiques ont un comportement relativement rationnel et poursuivent en règle générale leur plus grande préférence lorsqu'il s'agit pour eux de produire, d'investir et de consommer, il n'y a pas de raison de penser qu'il en aille différemment dans leurs autres activités sociales : par exemple, lorsqu'il s'agit d'élire un député, de choisir une formation professionnelle puis un métier, de prendre un conjoint ou d'en divorcer, de faire des enfants, de prévoir leur éducation... Le paradigme de l'*homo œconomicus* est ainsi utilisé non seulement pour expliquer des comportements de production et de consommation, mais également pour explorer l'ensemble du champ des relations sociales fondées sur l'interaction de décisions et d'actions individuelles.

> Il n'y a, du point de vue méthodologique, plus de séparation nette entre les deux univers : celui des choix marchands et monétaires, et celui des choix non marchands et non monétaires. (...) Ce n'est pas l'extension de l'économique aux phénomènes non marchands qui constitue un acte d'hégémonie. C'est plutôt l'inverse qui s'est historiquement passé[13].

> (...) les nouveaux économistes couronnent le tout par un putsch théorique sans précédent. Non contents de justifier l'autonomisation de l'économie par rapport aux autres aspects du social-historique, les néo-économistes font main basse sur l'ensemble[14].

Les économistes néolibéraux amplifieront la théorie de l'arithmétique des passions des classiques en ayant recours à une approche plus moderne, en appelant en renfort la biologie ou une sorte d'épistémologie évolutionnaire qui cautionnera le capitalisme. L'économicité est une caractéristique universelle des systèmes physiques et vivants quels qu'ils soient. L'économicité règle les comportements de tous les êtres vivants oeuvrant dans un contexte de rareté des ressources[15]. La rationalité économique est apparue pour organiser la survie comme l'oeil est apparu pour économiser des déplacements, pour favoriser la détection des prédateurs. La constitution actuelle du patrimoine génétique est le résultat de la concurrence, sa préservation exige de ne pas réduire cette concurrence.

Par impérialisme envers les sciences humaines, la rationalité devient l'économicité.

> Nous la considérons (la rationalité) comme un principe d'une généralité inégalée, justifiant l'application de l'approche économique à tous les comportements humains. La force de cette approche vis-à-vis des autres sciences humaines réside dans le fait que l'économicité est une caractéristique universelle des systèmes physiques ou vivants quels qu'ils soient, indépendante de la nature de leurs environnements et de leurs buts[16].

Dans une sorte de quête réductionniste, les économistes néolibéraux finissent par appliquer la théorie de la firme au ménage, ils en viennent à résumer l'homme à un échangiste cupide et calculateur. Ainsi, dans la théorie économique du mariage, les deux échangistes créent une cellule productive qui combine optimalement travail rémunéré et travail domestique, partage le logement et les objets domestiques, financent la production d'enfants éduqués, etc. Le salaire plus faible des femmes sur le marché du travail fait que le ménage sélectionne rationnellement la femme pour la tâche domestique. Les femmes ont donc doublement raison de réclamer l'équité salariale afin d'échapper à ce raisonnement circulaire. Les deux échangistes se lient par contrat afin de s'assurer à long terme les inputs du conjoint et le partage des bénéfices de l'output. Les partenaires se choisissent pour maximiser la qualité des enfants. La décision d'avoir un enfant est un calcul mettant en rapport la satisfaction avec les coûts de cette décision... La recherche de l'éducation résulte d'un processus d'actualisation des hausses futures de rémunération... un calcul de finance en somme.

Jusqu'à la demande en soins de santé qui résulterait d'un arbitrage entre d'une part, les plaisirs comme la bonne chère, l'usage du tabac et de l'alcool, et d'autre part, les visites au médecin, l'achat de médicaments, etc. La mort interviendrait lorsque le « capital santé » tombe en dessous d'un certain seuil physiologique. À partir du calcul des investissements entrepris pour freiner la dépréciation résultant de décisions individuelles, on aboutit à l'idée que chacun d'entre nous choisirait en fait la date de sa mort en fonction de la préférence qu'il a pour certaines jouissances immédiates. Celles-ci le priveraient des ressources nécessaires à l'achat des soins pour entretenir son capital qui lui permettrait de vivre vieux[17]. Seule la mort interrompt le calcul de notre échangiste néolibéral, bien qu'il ait planifié économiquement sa mort et ses funérailles.

Le paradigme de la croissance sans limite

La croissance ne crée plus d'emplois, elle ne fait qu'enrichir outrageusement une minorité. Les bons emplois se transforment en boulots précaires. Les compagnies préfèrent engager des pigistes contractuels pour éviter les charges sociales. Le premier ministre Bouchard, appuyé du ministre des Finances, Bernard Landry, nous décrivait notre retard dans la marche vers la mondialisation des marchés. Il faut redoubler d'effort si nous voulons demeurer dans les ligues majeures, disait-il dans son fameux discours d'ouverture du sommet économique de l'automne 1996, où il comparait la coopération sociale à une joute de hockey où la concurrence est forte. Il n'a pas dit un mot qui pourrait justifier notre volonté d'être dans une pareille société. Les exclus, les chômeurs ont dû se sentir stigmatisés par ce discours qui veut qu'il soit impossible pour un « perdant » de faire l'expérience de sa propre humanité.

Pourquoi vouloir être dans les « ligues majeures », en quoi la croissance constitue-t-elle une fin en soi? On nous donne comme modèle les tigres asiatiques comme Singapour et Taïwan qui connaissent des croissances annuelles de 10%, 15% et même 25% sans parler du Japon gagnant récurent de la *World Competitiveness Index*[18]. Or, il y a déjà beaucoup de richesse et l'exploitation de la planète se fait déjà à un rythme insupportable. Le seul problème, c'est la répartition. Le rapport Brundtland avait déjà attiré notre attention sur les fausses prospérités qui s'appuient sur des pratiques qui ne sont possibles qu'à court terme, car fondées sur l'épuisement d'un capital environnement. Il s'attachait à définir un développement soutenable. Il décrivait la croissance actuelle comme équivalente à dix années de celles d'avant-guerre. La croissance économique rapide est fondée sur un cycle production-achat-consommation rapide qui gaspille les ressources et nous fait crouler sous les déchets.

Les anciens Stoïciens disaient que les désirs subjectifs de l'homme sont comme un tonneau percé. Ils prêchaient le bonheur par la limitation des désirs afin de se rendre le moins vulnérable possible aux événements extérieurs. « Celui qui ne sait pas se contenter de ce qu'il a sera malheureux même s'il devient maître du monde », disait Sénèque[19]. Les Épicuriens aussi avaient établi une hiérarchie des désirs allant des désirs naturels et nécessaires à ceux qui sont non naturels et non nécessaires en passant par ceux qui sont naturels et non nécessaires. Les désirs naturels et nécessaires sont faciles à satisfaire, les désirs non naturels et non nécessaires sont de faux biens, des pièges tendus à notre repos[20].

Le développement soutenable se fonde sur l'identification des besoins essentiels, le calfatage du tonneau percé. Il faut proportionner la ponction des ressources au pouvoir régénérateur naturel. La propriété privée en elle-même n'est pas une institution qui tient compte du caractère public des conséquences de la destruction des ressources. Pourtant, les néolibéraux s'acharnent contre les réglementations au nom de la compétitivité. Les démunis sont toujours les perdants du conflit environnement/développement, les bien nantis, le capital, les compagnies ont le loisir d'aller s'installer ailleurs[21].

Selon Thomas Kuhn, la progression du savoir procède par révolution et les chercheurs inscrivent leurs travaux sous un paradigme[22]. Les chercheurs suspendent leur attitude critique envers leur paradigme et tentent de faire rentrer leurs explications dans le cadre des théories admises par celui-ci. La formation des jeunes scientifiques, les manuels scolaires, les subventions, l'attribution des postes, tout contribue à maintenir le paradigme.

La croissance à tout prix est un de ces paradigmes. Les paradigmes rivaux sont incommensurables. Des économistes de réputation mondiale ont recommandé que l'État intervienne pour stimuler la demande, redistribuer les richesses afin de relancer l'économie; d'autres ont acquis la même renommée en préconisant l'État minimal, la réduction de l'impôt des riches afin de stimuler l'offre nécessaire à l'entraînement de la demande. Les tenants de paradigmes rivaux n'accepteront pas les prémisses de l'autre camp et ne seront pas nécessairement convaincus par leurs arguments. Kuhn montre que les tenants de paradigmes rivaux « vivent dans des mondes différents ».

Les changements de paradigmes se font donc pour des raisons sociologiques ou même psychologiques à cause de l'impossibilité de les comparer. C'est pourquoi Kuhn emploie l'analogie avec les révolutions politiques. Ce n'est que l'accumulation d'anomalies touchant les théories essentielles du paradigme, qui provoque un état de crise et amène la production d'un nouveau paradigme. Des individus peuvent partager plus ou moins le même environnement cognitif. L'environnement cognitif total d'un individu est l'ensemble de tous les faits qu'il peut percevoir ou inférer, c'est-à-dire tous les faits qui lui sont manifestes[23].

Dans l'Angleterre du début du dix-neuvième siècle, Ricardo constatait deux choses : la rapide augmentation de la population avec des taux de 1,5% par année entre 1820 et 1850 et les rendements décroissants par la mise en culture de terres de moins en moins fertiles, de mines de plus en plus difficiles à exploiter. Il en avait conclu à la nécessité de l'amélioration constante de la productivité « pour que la nature livre ses fruits avec de moins en moins de travail ». La productivité a augmenté, mais le paradigme de la recherche sans fin de l'augmentation de la production est resté. Nous sommes encore influencés par le modèle de la *Fable des Abeilles* de Mandeville (1714) qui dénonçait la tempérance comme une nuisance à l'économie.

Le paradigme dominant demeure encore celui de la croissance à tout prix. La compétitivité est un des thèmes sur lequel on écrit le plus[24]. Il faut créer de la richesse avant de la distribuer, nous serine-t-on. Mais les anomalies s'accumulent. Par exemple, la richesse du monde a quintuplé de 1960 à 1990, mais on dénombre 600 millions de pauvres en plus. Trois milliards d'individus n'ont jamais utilisé le téléphone, mais on a investi 370 milliards de dollars dans l'ouverture de l'autoroute de l'information[25]. Si tous les humains consommaient autant de pétrole que l'Américain moyen, les réserves prouvées de cette source d'énergie ne dureraient pas sept ans. La machine économique s'est emballée en faveur des riches et verse dans les activités somptuaires. On nous donne comme modèle le défi américain, mais le train de vie de ce peuple ne peut être généralisé à l'échelle de la planète; les ressources manqueraient et nous étoufferions sous la pollution. Aussi longtemps que la machine de production continue de tourner et apporte d'année en année plus de biens, elle sera acceptée passivement.

Si le gaspillage des combustibles fossiles continue, en 2030 le taux de gaz carbonique dans l'atmosphère aura doublé par rapport à 1830. L'effet de serre relèvera le niveau des mers de 20 cm à 1,40 m. À l'échelle mondiale, il en coûtera des millions de milliards pour protéger les villes, les ports, les plaines de la montée des eaux. Ailleurs, il en coûterait aussi cher pour la désertification. Donc la croissance à tout prix est un mauvais calcul sur le terrain même de l'économie. Il serait beaucoup plus économique de réduire le gaspillage d'énergie[26]. Plus les modèles économiques sont gros, plus ils sont sots. Plus on leur ajoute des kilos d'équations, de variables exogènes, endogènes, stochastiques ou non, plus ils commettent de sottises[27]. Je récuse le terme de civilisation pour la façon dont les pays occidentaux vivent actuellement; leur façon de vivre n'est absolument pas généralisable sans compromettre l'avenir de l'humanité.

Au Brésil, le laisser-faire a conduit vingt propriétaires à posséder ensemble plus de terres que la surface labourée en France. Le but est le pacage orienté vers la production de viandes à exporter notamment aux États-Unis. Les paysans déclassés vont défricher la forêt amazonienne de façon inefficace et incontrôlée et leur aventure finit le plus souvent dans les méga-bidonvilles, l'élevage employant très peu de personnes[28]. Les Américains qui dévorent leur viande à hamburger trouvent bien dangereuse la destruction des forêts amazoniennes, les causalités diffuses du marché international leur cachant le fait qu'ils en sont prioritairement responsables.

> Les pays riches dégradent leurs milieux pour produire trop – et manger trop : l'obésité croissante atteint aux États-Unis des niveaux alarmants pour l'avenir même de ce pays. Si l'Amérique du Nord consomme en moyenne une tonne de céréales par tête et par an, dont 60 kg directement, le reste transformé par le bétail, cela veut dire que 1,8 milliard de tonnes de céréales produites actuellement dans le monde ne pourrait nourrir que le même nombre (1,8 milliard) d'humains; or nous sommes déjà un peu plus de 5 milliards sur la terre[29]!

Le système du laisser-faire leur en cache l'origine, le monde est trop complexe pour être planifié ou pour être saisi par l'intelligence, disent les néolibéraux; l'ordre social est spontané, à quoi bon penser à planifier?

Pour calmer les disciples modernes de Malthus et Ricardo, il faut dire qu'il est possible de nourrir 10 milliards d'hommes avec les ressources actuelles moyennant une réforme dans la façon de s'alimenter, un partage des ressources et un contrôle des effets pervers comme le réchauffement de la planète. Les problèmes de croissance urbaine démontrent aussi que la civilisation ne peut s'appuyer sur l'ordre spontané social des néolibéraux. Plus les villes grossissent, plus elles alimentent leur croissance et plus elles ont un poids politique et économique important face aux campagnes et à la valeur de leur activité. D'après l'ONU, l'an 2000 dénombrera vingt-cinq mégalopoles de plus de 11 millions d'habitants, dont vingt dans les pays sous-développés. Citons Mexico avec 31 millions d'habitants prévus, Sao Paulo avec 25 millions, Shanghai avec 23 millions, Beijing avec 20 millions, Rio de Janeiro avec 19 millions, etc. Plusieurs villes côtoient des méga-bidonvilles de plusieurs centaines de milliers d'habitants. Le phénomène est en accélération, il avait fallu un siècle pour voir Londres faire passer sa population de 1,1 à 7,3 millions de 1800 à 1910[30].

Il ne faut surtout pas avoir la naïveté de croire que le modèle américain s'est imposé par sa compétence et sans un pillage organisé. « La politique étrangère américaine s'est appliquée à écraser toute velléité populaire à constituer des mouvements de travailleurs fondés sur la solidarité. Seuls sont encouragés et entretenus, les gouvernements qui répondent adéquatement aux intérêts économiques nord-américains[31]. »

L'enlisement dans l'individualisme

Les néolibéraux déduisent le collectif de l'individuel comme un reliquat; tout idéal social conduit au totalitarisme et personne ne semble pouvoir trouver un bonheur sincère en construisant des institutions publiques. Ils écartent l'idée du contrat social qui fut si féconde. Le ciment de l'être-ensemble est l'harmonie naturelle des intérêts personnels comme intériorisation de l'interdépendance économique et de la division du savoir. Autrui n'est plus une fin mais le moyen; il est l'instrument de ma satisfaction personnelle. La société est le mal nécessaire à l'accomplissement de l'intérêt personnel. Les gourous du prêt-à-penser définissent a priori le bien public comme tout ce qui n'intéresse pas l'entreprise privée. C'est-à-dire que l'homme est essentiellement un client et la relation sociale typique est celle de vendeur-client. Il s'ensuit que l'homme n'est un citoyen que là où il ne peut être un simple client, c'est-à-dire pour la portion congrue laissée aux institutions publiques. Évidemment, dans ce type de « citoyenneté » néolibérale, les insolvables sont ostracisés et reconduits aux portes de la Cité via la désinsertion sociale. L'inégalité est vénérée comme source de l'émulation à produire des richesses économiques vues comme une fin en soi. Ceux qui n'ont rien à échanger pour quelques raisons que ce soit sont exclus du contrat social et réduit à la marginalité de la charité privée.

Pour les libéraux, l'économique est le principe de l'instauration et de la régulation du social, nous l'avons vu au premier chapitre. Le principe de la socialisation est l'échange. L'activité économique de l'individu devient une dimension importante de l'affirmation de la liberté individuelle. L'individu s'enrichit en suivant la route de la liberté naturelle que lui montre son intérêt. Par reliquat de l'activité individuelle, par harmonie naturelle du particulier et de l'universel, il enrichit la nation.

La société de marché devient un lieu de rencontre d'individus isolés, liés seulement par des rapports d'utilité, qui réduit l'homme à un échangiste calculateur tirant sa « citoyenneté » d'une société envisagée comme un marché. Les néolibéraux, par le bannissement de l'action volontaire de l'État, nous disent que le grand tout est le résultat de l'action de chacun enfermé dans son espace individualiste et englouti dans son micro-milieu. Paradoxalement, c'est ainsi que les institutions doivent se créer sous un mode évolutionniste. L'intérêt commun devient proprement l'intérêt de personne et la poursuite de l'intérêt particulier réalise magiquement l'intérêt public. La division du travail est forcée par le désir d'échanger. L'échange est un élément de stabilité sociale, car il force le compromis des intérêts égoïstes. Je suis contraint de satisfaire l'autre, mais seulement dans ma démarche vers ma propre satisfaction. L'individu considère l'autre comme moyen de sa fin. Voilà le fondement de la société-marché.

L'utopie libérale par sa doctrine de l'harmonie des intérêts et par sa gestion économique du social évacue l'universel de la conscience. Il y a un côté sombre à l'individualisme. La tendance de l'homme à s'engager dans quelque chose qui le transcende est brimée par ce mécanisme automatique de l'ordre spontané créé à partir des intérêts égoïstes. L'universel économique est créé inconsciemment. Pour Rousseau et Hegel, l'universel a une origine politique, l'individu prend conscience qu'un moi supérieur réside dans l'État et voit dans le commandement de l'État l'expression de sa propre volonté et liberté.

L'extinction du politique en faveur d'un automatisme économique réduit la culture politique et le désir de participer à la vie publique. Les citoyens devenus individus atomisés préféreront s'en tenir à la satisfaction des désirs privés. Hegel a pressenti les effets de la révolution industrielle. Le rapport d'un travail singulier avec l'ensemble des besoins devient littéralement illisible..., il se transforme alors en une dépendance aveugle[32]. Émile Durkheim voyait dans la division du travail, la source d'une solidarité organique. « Mais si la division du travail produit la solidarité, ce n'est pas seulement parce qu'elle fait de chaque individu un échangiste comme disent les économistes; c'est parce qu'elle crée entre les hommes tout un système de droits et de devoirs qui les lient les uns aux autres d'une manière durable[33]. » La société civile, le système socio-économique des besoins, engendre une inégalité croissante entre les classes. La guerre économique entre les classes est une conséquence de la société de marché qui accroît l'inégalité naturelle. Le libéralisme utopique voit dans la société de marché une clôture de l'histoire. Hegel voulait construire politiquement ce que le marché promet et ne peut tenir : la réalisation de l'universel.

L'utopie libérale, fondée sur la division du travail et sur l'échange, tend à réduire la rationalité à une raison instrumentale. Le marché comme transcendance conduit les individus à accorder à la raison instrumentale une place beaucoup plus grande que celle qui résulterait d'un débat moral sérieux. L'individu est un tout parfait et la société lui est instrumentale. Dans le paradigme de l'*homo œconomicus*, les individus sont associés dans un but personnel. Il s'agit d'une forme faible de lien social.

Nous avons vu, au premier chapitre, que l'individualisme est une coordonnée philosophique majeure du libéralisme. Chez les Grecs, l'individualisme s'énonçait en termes de souci de soi et d'une volonté de ne dépendre que de soi. C'est ce que l'on retrouve dans le discours épicurien et stoïcien. Dès la fin du Moyen-Âge et au début de la Renaissance, l'individualisme métaphysique a placé l'homme seul face à son Créateur. Dieu ne parlait plus seulement aux papes et aux rois mais à chacun. La religion gagne progressivement la sphère privée. Une rupture entre l'ordre moral construit par la raison et l'ordre naturel déterminé place l'individu en contrôle des éléments essentiels de sa conduite. La Réforme fut l'école de l'individualisme; la dislocation individualiste religieuse se répercutera sur la société civile et économique. Le rationalisme amène une émancipation sous un mode individuel, il désigne l'individu comme le mieux placé pour savoir ce qui lui convient. L'ordre social résulte du jugement pratique de chaque individu en situation qui tend vers la sécurité et le bonheur plutôt que d'une convenance universelle imposée. L'épargne, l'accumulation du capital, est le fruit de la prudence, une remise du plaisir afin d'en obtenir davantage. Le réalisme politique de Machiavel a souligné le relativisme des institutions collectives si bien que l'État deviendra un projet de l'individu dans les scénarios de l'état de nature qui évacuent l'idéalisme universalisant.

Il n'y a pas de modèle externe absolu à poursuivre et imposant des devoirs. C'est l'individu qui impose des devoirs à l'État. Dans le scénario de Locke, le seul pouvoir qui est cédé à la société est celui de faire exécuter la loi naturelle. La création de la société est antérieure à la création du gouvernement qui doit se soumettre à ses lois. De plus, et c'est ce qui est crucial, les individus ne transfèrent pas leurs droits à l'État. L'individu menace l'État d'un rappel de ses pouvoirs. Locke et les théoriciens libéraux ont proposé une vision atomiste de la société afin de prôner la réduction du pouvoir de l'État absolutiste et de contester sa légitimité. L'individualisation du politique a donné un caractère subordonné et prélimité à l'État[34].

Il n'y a plus de points de repères stables en dehors de l'individu. L'homme ne sort pas de l'état de nature en s'oubliant lui-même et en poursuivant la vertu; la sociabilité est intéressée et vise la protection plus efficace des droits naturels. Dans l'effort d'institution du social à partir de la condition humaine, l'intérêt économique personnel apparaîtra à Adam Smith comme le liant social. L'ordre social est un agencement des passions individuelles. Le commerçant qui recherche le profit obéit à une morale naturelle; il faut penser l'ordre social en capitalisant sur les passions individuelles. La théorie de l'harmonie naturelle des intérêts est la dernière étape d'une société individualiste.

Nozick part de Locke, donc d'une idéologie qui voulait casser l'absolutisme en fondant la légitimité du pouvoir dans l'individu, qui voulait fonder la socialisation sur la délégation de pouvoirs individuels plutôt que sur l'obéissance à une monarchie, et sur la généralisation de la propriété. La défense de l'individualisme se comprenait au temps de Locke, mais est-il défendable dans la société contemporaine de Nozick? Le néolibéralisme consacre le pouvoir d'une minorité d'individus sur l'ensemble des autres. La thèse du caractère prélimité de l'État situe le pouvoir et la propriété dans l'individu, mais seulement dans un pourcentage limité d'individus. La naturalisation de la société, la définition du pouvoir social à partir du pouvoir naturel de l'individu a continué de justifier une autre forme de concentration des richesses, non plus entre les mains d'une monarchie et d'une aristocratie, mais d'une minorité oeuvrant dans les affaires à partir d'une définition absolue du droit de propriété.

> En mettant sur le même pied le droit à la vie et le droit de propriété privée, par exemple, et en ne voyant dans ce dernier que l'exercice d'initiatives individuelles, c'est du coup, l'approche à une analyse en termes de classes sociales qui se trouve invalidée et la position objective d'une fraction importante de la société qui est escamotée[35].

L'essence de l'individualisme est la liberté conçue comme faculté d'autodétermination. Tout ce qui fait obstacle à cette autodétermination est perçu comme moralement intolérable. Le marché apparaît aux néolibéraux comme étant le lieu idéal de la réalisation de l'autodétermination. L'individualité est le fondement et la fin ultime de tout ordre social[36]. L'individu atomisé est le point de départ pour toute appréhension du social et du politique. La société regroupe uniquement des finalités de nature privée.

Une référence empirique aidera à mieux cerner ce retour de l'individu. Dès les années 1970, la société américaine voit se développer une révolte contre l'État qui vient des profondeurs de la société civile. Un mouvement libertarien qui a des racines profondes exige la déréglementation de l'activité économique et la réduction des impôts[37]. Cette révolution conservatrice américaine aboutit à l'élection de Ronald Reagan à la présidence[38]. Si le libéralisme et l'individualisme sont consubstantiels, un retour de l'individu, un néo-individualisme, devrait accompagner la montée du néolibéralisme. Ce retour de l'individu est-il le mouvement de fond qui supporte une montée du néolibéralisme?

> Pour une part importante, cet intérêt pour l'individualisme est corrélatif de l'offensive néo-libérale qui a cours actuellement un peu partout et qui, à la crise aujourd'hui largement reconnue de l'État-providence, ne trouve rien d'autre à opposer qu'un retour au marché, paré soudain de toutes les vertus, à la faveur d'une amnésie générale et d'un manque d'imagination politique flagrant[39].

Le néolibéralisme n'est-il pas au fond un épiphénomène, une forme d'expression d'un trait profond de la nature humaine? L'individualisme est constamment questionné et Alain Laurent distingue trois périodes contemporaines particulièrement actives dans la condamnation de l'individualisme. La première se situe entre 1820 et 1850, la deuxième entre 1920 et 1945 et la troisième de 1968 au début des années 1980. Les années 1980 auraient été celles du retour de l'individu[40]. La montée de l'État-providence n'avait-elle pas été accompagnée d'un groupisme culturel à la fin des années 60?

Le retour périodique de l'individualisme semble indiquer que le néolibéralisme s'appuie sur des assises plus profondes que la déconfiture des programmes de la gauche et la crise budgétaire de l'État-providence.

> Malgré la permanence et la vigueur de l'opposition qu'il a rencontrée, il (l'individualisme) a réussi à s'imposer concrètement comme la référence privilégiée de l'organisation et du quotidien des sociétés démocratiques d'Occident. Autrement dit, le procès intellectuel qui lui a été massivement intenté n'a guère eu d'effet négatif notable sur le procès d'individualisation sociologique et culturelle, c'est-à-dire sur le processus continu d'émancipation individuelle qui a révolutionné progressivement notre civilisation[41].

Sommes-nous témoins du remplacement de l'embrigadement obligatoire par une solidarité naturelle? Jean-François Revel note la fin de la censure implicite sur le thème de l'individualisme[42]. « En réalité, le recul de l'État prôné par les libéraux tend à reconstruire la société civile, à développer les communautés naturelles, les associations volontaires, la libre organisation des hommes, à reconstituer les solidarités libérales étouffées par l'étatisme au moyen de l'assurance, de la prévoyance, de la mutualité[43]. » Gilles Lipovetsky prend acte de l'irrésistible montée de l'attention et du plaisir pris à l'épanouissement de soi dans les nouvelles générations et y voit une seconde révolution individualiste[44]. En témoignage de ce brutal revirement, le procès de réhabilitation de l'individualisme s'effectuera même chez la gauche, quitte à parler d'un nouvel individualisme[45].

Notes

1. GALBRAITH, J.K., *Le nouvel état industriel*, p. 43.
2. BEAUD, M., *Sur l'émergence d'un capitalisme post-industriel*, Texte inédit, Département des sciences économiques de l'UQAM, 1996.
3. GALBRAITH, J.K., *La science économique et l'intérêt général*, Paris, Gallimard, Bibliothèque des sciences humaines, 1973.
4. CHANDLER, A., *La main visible des managers*, Paris, Economica,1988.
5. BOULTE, P., *Individus en friche, essai sur l'exclusion,* Paris, Desclée de Brower, 1995, p. 87.
6. TORRÈS, Asdrad, «Qui tirera profit des autoroutes de l'information?», *Le Monde diplomatique*, nov. 1994.
7. GALBRAITH, J.K., *La république des satisfaits, la culture du contentement aux États-Unis*, Paris, Seuil, 1993, orig. 1992.
8. MARCUSE, H., *Vers la libération,* Paris, Les Éditions de Minuit, 1969, p. 23.
9. Évidemment les néolibéraux défendent de toutes leurs forces le principe de la rationalité de *l'homo œconomicus*, modèle devenu être réel, et de la souveraineté du consommateur avec l'argument voulant qu'il n'y ait pas de ligne départageant les vrais des faux besoins. ROSA, Jean-Jacques, «Vrais et faux besoins» dans *L'économique retrouvée,* sous la direction de Rosa J.J. et F. Aftalon, Economica, 1977.
10. MARCUSE, H., *L'homme unidimensionnel, essai sur l'idéologie de la société industrielle avancée*, chap. 2, « L'enfermement de l'univers politique », Paris, Les Éditions de Minuit, 1968.
11. HIRSHLEIFER, J., « The expanding domain of economics » dans *American Economic Review*, vol. 75, n° 6, p. 53. Cité par Beaud, Michel et Gilles Dostaler, *La pensée économique depuis Keynes*, p. 186.
12. JALBERT, L. et L. BEAUDRY, *Les métamorphoses de la pensée libérale sur le néo-libéralisme actuel*, PUQ, 1987, p. 17.
13. LEPAGE, H., *Demain le libéralisme,* Paris, Hachette, coll. Pluriel, 1980, p. 78.
14. RIOUX, M., « La perversion économiste », *Le besoin et le désir,* chap. 4, Montréal, l'Hexagone, 1984, p. 89.
15. Idem, p. 58.
16. LEPAGE, H., *op. cit.*, p. 32.
17. LEPAGE, H., *Demain le capitalisme*, Paris, Hachette, coll. Pluriel, 1978, pp. 319-372.
18. GROUPE DE LISBONNE, *Limites à la compétitivité*, p. 16.
19. SÉNÈQUE, *Apprendre à vivre, Lettre à Lucilius*, Arléa, 1990.
20. BRUN, J., *L'épicurisme*, Paris, PUF, coll. « Que sais-je? », p. 105.
21. COMMISSION MONDIALE SUR L'ENVIRONNEMENT ET LE DÉVELOPPEMENT, *Notre avenir à tous*, Éditions du Fleuve, Les Publications du Québec, 1989, 432 pages.
22. KUHN, Th., *La structure des révolutions scientifiques*, Paris, Flammarion, 1983.

23. SPERBER, D. et D. WILSON, *La pertinence, communication et cognition*, Paris, Les Éditions de Minuit, 1989, p. 69.

24. THUREAU-DANGIN, Philippe, *La concurrence et la mort*, Syros, 1995.

25. LANGLOIS, R., *Pour en finir avec l'économisme*, Montréal, Boréal, 1985, pp. 72-73.

26. DUMONT, R., *Un monde intolérable, le libéralisme en question*, Paris, Seuil, 1988, pp. 56-57.

27. LANGLOIS, R., *op. cit.*, p. 56.

28. DUMONT, R., *Misère et chômage, libéralisme ou démocratie*, Paris, Seuil, 1994.

29. Idem, *Un monde intolérable, op. cit.*, p. 32.

30. COMMISSION MONDIALE SUR L'ENVIRONNEMENT ET LE DÉVELOPPEMENT, *Notre avenir à tous*, « Le défi urbain », Éditions du Fleuve, Les Publications du Québec, 1988. p. 281.

31. CHOMSKY, N., *Les dessous de la politique de l'Oncle Sam*, Montréal, Écosociété, 1996.

32. ROSANVALLON, P., *Le libéralisme économique, Histoire de l'idée de marché*, Paris, Seuil, Points Politique, 1989, p. 169.

33. DURKHEIM, É., *De la division du travail social*, Paris, PUF, pp. 177 et suivantes.

34. HOULE, Fr., « Du libéralisme classique au néo-libéralisme » dans Jalbert L. et L. Beaudry, *Les métamorphoses de la pensée libérale*, PUQ, 1987, p. 34.

35. BRUNELLE, D., dans Jalbert L. et L. Beaudry, *Les métamorphoses de la pensée libérale*, PUQ, 1987, p. 80.

36. FERRY, L. et A. RENAUT, *Philosophie politique*, tome III, Paris, PUF, Recherches politiques, p. 74.

37. ARVON, H., *Les libertariens américains, de l'anarchisme individualiste à l'anarcho-capitalisme*, Paris, PUF, 1983.

38. SORMAN, G., *La révolution conservatrice américaine*, Paris, Fayard, 1983.

39. BONNY, Y., « Réflexions sur l'individualisme, critique de Dumont, Gauchet, Lipovetsky », *Société*, n° 3, été 1988, pp. 125-157.

40. LAURENT, A., *L'individu et ses ennemis*, Paris, Hachette, coll. Pluriel, 1987, p. 10.

41. Idem, p. 11.

42. REVEL, J. Fr., « Le retour de l'individu », *Le Point*, 5 déc. 1983. Cité par Laurent Alain, *op.cit.*, p. 512.

43. MADELIN, A., « Le retour des valeurs individuelles », *Le Figaro magazine*, 2 mars 1985. Cité par Alain Laurent, *op. cit.*, p. 532.

44. LIPOVETSKY, G., *L'ère du vide, essais sur l'individualisme contemporain*, Gallimard, coll. Folio Essais, 1983.

45. GALLO, Max, *La troisième alliance. Pour un nouvel individualisme*, Paris, Fayard, 1984.

SIXIÈME CHAPITRE

L'anarchie néolibérale : la dissolution de la démocratie

Dans la société de marché, le pouvoir est à proprement parler le pouvoir d'achat. Ceux qui n'ont pas le pouvoir d'acheter n'ont tout simplement pas de pouvoir. La citoyenneté de l'État minimal se résume pratiquement à la qualité de client. Ce dernier vote sur l'avenir de sa société par ses choix de consommation. Pas d'argent, pas de droit de vote, pas de participation. Par la mondialisation des marchés, les grandes multinationales mettent tous les travailleurs de la terre en concurrence et font plier les États-nations. Ne soustrait-on pas alors aux non-possédants leur seul moyen d'action qui est proprement politique? Les néolibéraux ont-ils raison de soutenir que l'égalité est inefficace et que le libre jeu de l'inégalité est en fin de compte profitable à tous en donnant les coudées franches aux talentueux et aux audacieux? Peut-on subsumer l'activité humaine sous le seul principe de l'efficacité? Cette réduction du contrat social aux contrats individuels ne laisse-t-elle pas aucune provision aux démunis qui doivent subir leur malheur comme un effet de système ou une conséquence du hasard naturel? Ce contrat social n'est-il pas essentiellement instable? Les hommes ne devraient-ils pas être égaux face à certains biens premiers nécessaires à une vie digne? Le respect de soi doit-il être réservé aux gagnants d'un système de rapports de force gouverné par le droit de propriété?

Peut-on déjà tirer des leçons de la montée du néolibéralisme aux États-Unis? Plusieurs observateurs soulignent que le retrait de l'État des programmes sociaux a été accompagné d'une hausse

vertigineuse du taux de criminalité; un million et demi de prisonniers en 1996, le budget des prisons en dispute aux budgets de
l'éducation; quarante millions de bien nantis se cloîtrent dans des
villes privées et clôturées. Le marché des véhicules spéciaux cons-
truits sur mesure pour ces adeptes de l'apartheid social intéresse
déjà des firmes comme Bombardier. Le bonheur des riches de la
terre côtoyant des millions d'exclus a-t-il un sens s'il doit être
troublé par une telle obsession de la sécurité? Pourtant, au nom de
la compétitivité, par référence à des critères économiques réduc-
teurs, on nous propose, et finalement on nous impose, le modèle
américain comme référence.

Le citoyen de la société sans État : le client

Un événement est survenu le 27 février 1997 : Eaton, un maga-
sin de détail centenaire de propriété canadienne, se plaçait sous la
protection de la loi de la faillite. Greenberg venait aussi d'annoncer
à la mi-février la fermeture de 169 magasins; elle avait été précé-
dée de la faillite de Distribution aux consommateurs. Nous devrons
aller chez Wal-Mart dont les ventes ont déjà progressé de 23% et
les profits partiront vers les États-Unis : une façon certaine de
s'appauvrir. Au Québec, les filiales des multinationales installent
leurs grandes surfaces; même les salons funéraires sont vendus à
des multinationales américaines de la mort. Les cercueils sont im-
portés des États-Unis. Notre manque d'intelligence collective pro-
longe ses effets jusqu'après notre mort. Nous ferons 50 kilomètres
en automobile pour quitter nos rues vidées de commerces et aller
chez *Wall-Mart Town* ou *Réno-Dépôt Town* où nous serons servis
par des commis payés au salaire minimum qui ne connaissent
même pas leur inventaire. Les quelques dollars que l'on économise
comme consommateur, nous les repayons chèrement en tant que
citoyen. On les repaie par exemple en impôts à cause des pertes
d'emplois, car ces multinationales font fabriquer leurs marchandises ailleurs où elles peuvent offrir des salaires de subsistance. En
fait, nous ne faisons plus rien comme citoyen, nous sommes devenus des clients, point final. Le pouvoir d'orienter notre destin quitte
le domaine du politique pour se réfugier dans les conseils
d'administration de ces grandes sociétés : un haut degré de civilisation.

De façon générale, le projet volontaire de l'État s'efface devant
l'ordre spontané du marché. On nous le présente comme un sympathique ordre de liberté alors que la planification sociale créerait
un ordre artificiel caractérisé par la bureaucratie et un totalitarisme

en germe. Le primat de l'ordre économique finit par détourner la raison de sa fonction libératrice.

Quel est le sens de la démocratie dans un système néolibéral où l'État serait limité constitutionnellement à la protection publique, au respect des contrats privés et aux infrastructures négligées par le marché? Marcuse a décrit comment la détention conjointe de la machine de persuasion et de production permet aux possédants contemporains d'infléchir la civilisation. Que reste-t-il à ceux qui ne détiennent pas la puissance économique, sinon la voie politique? Que signifie l'isonomie, l'État de droit, si l'égalité devant la loi laisse une partie de la population sans recours? Le néolibéralisme avec son accent sur l'État minimal prétend réduire le pouvoir de l'État en faveur de celui des individus. Mais lorsqu'on examine les faits de plus près, ce ne sont pas tous les individus qui sont intéressés par ce pouvoir libertaire, mais seulement les entrepreneurs, les détenteurs de capitaux, les individus les plus « compétitifs ». Le néolibéralisme provoquerait une extension du pouvoir de quelques individus sur une masse considérable d'autres individus par un retour à une législation qui n'était adaptée qu'à une époque où l'économie était composée d'une multitude de petites propriétés.

Mais en s'intéressant surtout au développement du marché, à ceux qui le dirigent ou l'alimentent en capitaux, la philosophie de l'État minimal, non seulement ne voit pas les limites du marché, mais encore dans certains cas, ne s'inquiète pas ou guère, des libertés réelles dont jouissent les individus au sein de ce système. La liberté des échanges n'est pas la source de toutes les autres libertés et ne les garantit pas. Pour les libéraux, la démocratie mérite d'être conservée comme convention permettant la concurrence des points de vue et le changement pacifique de gouvernement. Mais l'essence du libéralisme est que le gouvernement doit recevoir constitutionnellement des pouvoirs limités afin de permettre l'ordre spontané et la société de marché. La démocratie doit sauvegarder l'idéal libéral. Les malheurs d'un État commencent lorsque les droits sociaux sont inclus dans la constitution, car alors le judiciaire, la Cour suprême sont en position de forcer le gouvernement à budgéter la couverture de ces droits.

Le penseur néolibéral Hayek reproche à la démocratie d'avoir concentré trop de pouvoir, de servir des intérêts ponctuels électoralement rentables et de considérer le désir de la majorité comme nécessairement juste. L'opinion éclairée est souvent le fait d'une minorité. Ce reproche du pouvoir accordé à la majorité n'est pas étranger au fait que le libéralisme est l'idéologie d'une classe minoritaire possédante. La démocratie tolère cette minorité sans lui donner le pouvoir politique qu'elle souhaiterait. L'option alternative est alors de réduire le pouvoir politique en faveur du pouvoir économique présenté comme un contrôle supra-politique d'une majorité qui considère sa volonté comme essentiellement juste.

Comment peut-on imaginer le scénario d'une élection dans l'État minimal « post-étatique » des néolibéraux? Le peuple irait aux urnes pour élire un gouvernement dont le programme politique serait la protection de l'exécution des contrats, le maintien de la police et de l'armée, ainsi que quelques infrastructures délaissées par la propriété privée. Nous ne parlons pas de l'éducation, des hôpitaux, des routes ou même des prisons que l'on rêve de privatiser et de rentabiliser, mais des infrastructures que le privé négligerait, parce que l'on ne peut y identifier les utilisateurs pour les faire payer. Tout le reste du pouvoir social, l'orientation de la civilisation serait entre les mains du marché. Considérons les résultats de la civilisation du marché au niveau international. Le règne du marché provoque un épuisement des ressources planétaires, alors qu'une bonne partie de l'humanité ne peut faire un projet de vie basé sur la suffisance des moyens essentiels. Les pays riches ont asservi les pays en voie de développement qui ont été incapables d'obtenir le juste prix de leurs produits. La crainte du totalitarisme entraîne le refus néolibéral de la planification sociale, mais, ce faisant, nous subissons le totalitarisme d'un ordre spontané que nul n'a choisi : celui du marché.

Hayek affirme que la démocratie n'est plus viable sous sa forme actuelle. Pour les néolibéraux, le gouvernement doit éviter l'écueil de la démocratie, soit entreprendre des mesures particularistes suite aux phénomènes de lobbying et de clientélisme électoral. Mais en admettant qu'un régime constitutionnel limitant le pouvoir du gouvernement puisse résoudre ce problème, il demeure que les possédants auraient les coudées franches dans le domaine civil. En réalité, les changements sociaux attribués à un ordre spontané sont bel et bien l'effet de groupes actifs dans le financement de leur vision du monde. En voici un exemple.

Aux États-Unis, la réforme Clinton du système de santé a échoué pour des raisons idéologiques. Les compagnies d'assurances ont craint une baisse de profits via le contrôle des prix ou pire, l'entrée de l'État dans l'assurance qui aurait signé leur arrêt de mort. Les associations de médecins ont eu peur pour les revenus de leurs membres, les hôpitaux privés ont tremblé pour leurs profits, etc. La machine idéologique s'est mise en branle :

les chambres de commerce ont crié au contrôle étatique; les associations de PME ont plaidé la diminution de la compétitivité devant l'obligation d'assurer leurs employés, les médias, propriétés de grosses sociétés, se sont rangés d'instinct du côté des milieux affairistes et ont participé à une campagne de désinformation. L'« industrie » de la santé dépensa 60 millions de dollars en publicité bien souvent mensongère. De plus, 300 millions ont été engloutis en lobbies dont 72 millions versés directement aux caisses électorales de parlementaires américains. Le plan fut abandonné et laissa 41 millions d'Américains sans couverture médicale[1].

L'État minimal disciplinaire : le cocktail idéologique néolibéral-néoconservateur

Aux États-Unis, les intérêts de la classe possédante peuvent s'institutionnaliser dans le Parti républicain, mais celle-ci mise avant tout sur la réduction du pouvoir de l'État. L'idéologie néolibérale est encore une fois utilisée pragmatiquement par la classe possédante. L'alliance avec le mouvement néoconservateur conduit à une position antidémocratique où une définition du bien, un fondamentalisme religieux s'institutionnalise dans le politique. Il faut mentionner que des ressources énormes sont mises à la disposition de l'idéologie de la classe possédante, en particulier par le mouvement néoconservateur qui est absolument en accord avec le mouvement néolibéral sur la question de l'amenuisement de l'État dans le domaine économique.

Les néoconservateurs sont sélectifs dans leur dénonciation du *big government,* car ils maintiennent le rôle de celui-ci dans la préservation de la religion, d'une puissance militaire forte et d'un patriotisme exacerbé. C'est pourquoi on a vu le gouvernement Reagan adopter le comportement contradictoire de réduire l'intervention de l'État dans les programmes sociaux, l'écologie, la réglementation du travail, etc. et l'encourager considérablement dans les dépenses militaires. Les néoconservateurs recrutent grâce à un cocktail idéologique s'opposant au déclin de la famille, à la propagation de l'homosexualité, à la montée du féminisme, etc. Le Québec a eu un aperçu de ce cocktail lors du congrès de la Human Life International tenu en avril 95 à Montréal.

Une entreprise de désolidarisation est menée par les républicains américains qui prolongent le néolibéralisme d'un néoconservatisme éthico-religieux et qui s'inventent une surnature bénissant les riches, fustigeant les chômeurs, les mères célibataires, les bénéficiaires de l'aide sociale à coup de morale puritaine. Cette campagne de dénigrement des évangélistes-affairistes s'ajoute à celle dirigée contre les employés du secteur public. La stratégie consiste à laisser croire que ces « classes stériles » sont responsables de la détérioration de la situation de la classe moyenne[2].

Le cocktail idéologique qui mêle la libre-entreprise à la religion dénonce la redistribution des richesses comme immorale. On mêle économie, religion et biologie pour démontrer que les inégalités sont naturelles et défendre le capitalisme sur une base morale. Peut-on parler véritablement d'ordre spontané, de liberté individuelle dans les circonstances? Où est la place de l'évolution dans cet évolutionnisme? Comment faire évoluer les traditions? Faisons-nous face à la libre concurrence des intérêts ou à la domination des intérêts d'une classe? Hayek agit comme si le simple fait d'introduire des mesures assurancielles ou une provision pour redistribuer un revenu aux démunis constituait un passage du capitalisme au socialisme par une révolution qui radie un ensemble de traditions.

La tradition devient le maintien d'une aliénation à base de surnature ou face à un système absolu de propriété privée qui concentre les richesses entre les mains d'une minorité. Pourquoi les moins nantis devraient-ils être attachés à cette tradition? Nous avons constaté l'effet de mesures conservatrices et néolibérales sous la présidence de Ronald Reagan. Ce phénomène va poser à la société américaine de graves problèmes d'ordre politique pendant les années à venir. Le président Clinton a fait référence à l'action des radicaux de la droite dans la responsabilité ultime de l'explosion meurtrière de Oklahoma City. Le discours néolibéral voit dans les droits individuels le fondement de la limitation de l'État. Par écho amplifié, des milices d'extrême-droite ciblent l'État comme une structure à abattre, comme le mal absolu.

La démocratie selon le modèle néolibéral, c'est l'instauration d'un État minimal permettant le retour utopique au laisser-faire et à ses valeurs productivistes. L'État disciplinaire de la révolution conservatrice américaine a eu de l'emprise sur la réalité en capitalisant sur l'intégration politique de la recherche d'un absolu d'origine religieuse. À la télévision américaine en novembre 1996, on montrait le procureur d'un État qui poursuivait les adolescentes enceintes en vertu d'un obscur article de loi bigot sorti des boules à mites interdisant la « fornication ». Nixon s'était fait connaître en poursuivant les méchants « communisses »; Reagan parlait d'Empire du Mal; maintenant qu'il n'y a plus de communistes, on se fait connaître en poursuivant les méchants fornicateurs à l'âme toute noire de péchés. Ce procureur pratique l'humiliation publique à outrance, mais quand l'interviewer lui a posé des questions sur sa propre vie sexuelle, il a grimpé dans les rideaux en affirmant que cela ne regardait personne d'autre que lui. Veut-il aller s'asseoir à la Chambre des représentants ou veut-il gagner son ciel et aller s'asseoir sur un nuage pour l'éternité? Dans un autre État, on revient au système qui consiste à mettre des fers aux pieds des prisonniers et à les obliger à travailler dans le désert à effectuer des travaux punitifs inutiles.

La mondialisation ou le monde comme marché sans État

Le néolibéralisme nous dit que la Grande Société n'est pas planifiable, car un État ne peut réunir les données utiles à cette planification; on en déduit qu'il vaut mieux laisser les individus agir dans leur micro-milieu via le marché et les prix. Pourtant, on accepte la mondialisation des marchés qui crée nombre de compagnies dont les revenus dépassent la dépense nationale brute de bien des pays. Si leur taille dépasse celle des États n'ont-elles pas dépassé le stade de la planification efficace? Non, l'illusion synoptique est un mal qui ne frappe que les États... Le marché fait un usage optimal des ressources mais sans le contrôle de l'État, il saccage toutes les ressources et liquide les espèces.

Le néolibéralisme vise une mondialisation non régulée. L'anarchie néolibérale est paradoxalement de plus en plus au pouvoir sur l'ensemble du globe via les grandes corporations multinationales. La mondialisation des marchés a fourni l'équivalent de l'État minimal. Les grandes corporations sont en mesure d'exercer un chantage sur les élus et les politiques des pays développés afin que la fiscalité, les charges sociales, les réglementations s'alignent sur la référence des pays les plus dépourvus. Ces pays demeurent dans une condition scandaleuse. Les multinationales font renaître ailleurs des conditions d'exploitation devenues inacceptables dans les pays avancés. Il faut ajouter qu'à ces paradis du salaire de subsistance s'ajoute l'accès aux paradis fiscaux qui veulent se gagner les grâces des compagnies en les libérant de leurs obligations sociales.

Le néolibéralisme réédite, sous le vocable de la mondialisation des marchés, l'utopie de la déterritorialisation de l'économie que nous avait servie le libéralisme classique. Le lien économique formant un rapport suffisant entre les hommes, on ferait de la terre un seul grand marché et il en serait fini du même coup de la division entre les peuples. L'espace économique supplanterait l'espace politique faisant du monde un vaste marché. Évidemment, sous cet appel à l'humanisme universaliste, il faut décoder la recherche d'un amenuisement du pouvoir politique et la croissance de celui des entreprises et des détenteurs de capitaux face aux États.

La société de marché s'annonçait comme un dépassement de la politique, comme un universel qui transcenderait les frontières politiques nationales et finirait par les abolir. La géographie définie par l'économique finirait par entraîner un cosmopolitisme. Dans la réalité, la nation est demeurée un espace décisif d'identité politique et sociale. D'ailleurs, au dix-neuvième siècle, c'est le protectionnisme qui règne en particulier en réaction à la force économique de l'Angleterre qui désire inonder les pays voisins d'Europe de ses productions, grâce à l'avance qu'elle a prise dans la révolution industrielle. En Allemagne, la littérature mercantiliste, associant richesse économique et puissance politique, revient au goût du jour. L'utopie libérale n'a pas pu se débarrasser des identités politiques nationales en faveur du lien économique comme rapport suffisant entre les hommes. L'économie politique redevient politique économique.

Le libéralisme économique classique dénonçait l'illusion coloniale. Dorénavant, l'extension des marchés n'exigerait pas le contrôle politique ou militaire... La France, l'Angleterre et l'Allemagne se sont quand même lancées dans une compétition pour le contrôle de l'Afrique.

Dans les années 70, le nombre de sociétés multinationales n'excédait pas quelques centaines; il dépasse aujourd'hui les 40 000. Le chiffre d'affaires des 200 principales compagnies multinationales dépasse le quart de l'activité économique mondiale. En 1982, leurs ventes équivalaient à 24,2% de la dépense nationale brute mondiale; en 1996, le pourcentage était passé à 28,3%. Le chiffre de leurs ventes combinées, qui s'élève à 7 100 milliards de dollars, dépasse les revenus combinés de 182 pays qui se montent à 6 900 milliards de dollars; rappelons qu'il y avait 191 pays au moment de cette comparaison. Les 200 plus grandes corporations obtiennent donc un revenu combiné qui excède presque du double les revenus de la portion des 80% moins nantis de l'humanité, 4,5 milliards de personnes dont les revenus combinés sont de 3 900 milliards. Si Wal-Mart était un pays, elle arriverait au 162 ième rang sur 191 pays avec des revenus dépassant ceux de la Grèce ou de la Pologne. Le chiffre d'affaires de General Motors excède le produit national brut (PNB) du Danemark, celui de Toyota excède le PNB de la Norvège, celui de Ford excède le PNB de l'Afrique du Sud. « L'entreprise Philipp Morris, par exemple, est économiquement plus importante que le nouveau " chouchou " du libéralisme, la Nouvelle-Zélande, et opère dans 170 pays[3]. »

Ensemble, ces 200 corporations n'emploient que 18,8 millions de personnes, une petite portion des 2,6 milliards des travailleurs salariés de la terre. En fait, les neuf plus grandes firmes américaines ont congédié chacune au moins 3 000 employés en 1995. Les multinationales ont augmenté leurs investissements étrangers de 40% en 1995 et les profits des 500 plus grandes multinationales ont augmenté de 62% en 1994 seulement[4]. Les ventes de produits de télécommunications explosent pendant que 90% des habitants de la terre n'ont pas le téléphone. Parmi les 200 plus grosses firmes multinationales se trouvent 31 banques qui contrôlent des actifs de 10 400 milliards de dollars alors que 4,8 milliards des 5,6 milliards d'habitants de la terre n'ont pas 1 000 $ de revenu annuel.

Les économistes néolibéraux continuent de faire tourner leur appareil idéologique qui nous vante les vertus d'un régime de concurrence ne créant aucun besoin, se pliant aux votes des consommateurs-rois rationnels alors que les cinq plus grands fabricants d'automobiles contrôlent 60% de la production, les cinq plus grandes firmes de produits électroniques engrangent plus de 50% des ventes, les cinq plus grandes firmes mondiales ont plus de 30% des ventes dans l'aviation, l'acier, le pétrole, les ordinateurs personnels, les médias.

Quand l'économie se déterritorialise, l'espace économique supplante l'espace politique. Quand le monde deviendra un vaste marché, il en sera fini des États-nations, de la division entre les hommes, nous serine le néolibéralisme. Sous cet appel à un humanisme planétaire, il faut décoder la recherche d'un amenuisement du pouvoir politique des États au bénéfice de celui des détenteurs de capitaux. Avec la privatisation massive des services publics, les pays deviennent carrément la propriété de multinationales. Nous entrons dans l'ère du régime globalitaire à pensée unique[5]. Les groupes financiers s'internationalisent, la libre circulation des capitaux fait qu'ils disposent d'une force de frappe qui met les États à genoux. Les compagnies ont réussi à opposer tous les travailleurs de la terre pour ne plus offrir par endroits que le salaire de subsistance. En 1995, Ford payait les ouvriers non spécialisés de sa chaîne de montage entre 0,79 $ et 1,26 $ US pendant que les ouvriers spécialisés gagnaient entre 1,43 $ et 1,64 $ de l'heure près de Mexico[6]. Le président de Nike a accumulé une fortune personnelle de 4,5 milliards de dollars américains en payant ses employés 30 $

par mois en Indonésie. Disney paye 28 cents de l'heure en Haïti. Elle a comme politique de laisser un pourcentage des actions aux gouvernements dictatoriaux pour s'assurer que les ouvriers récalcitrants soient intimidés ou « interrogés » par l'armée. L'industrie de la chaussure de sport a à peu près disparu des pays développés. Les entreprises comme Adidas, Hi-Tec, Nike, Puma, Reebok font affaire avec des sous-traitants. La société Yougone, par exemple, est un sous-traitant qui a des installations en Jamaïque, en Corée, en Chine, au Bangladesh. Levi accumule des fortunes en faisant travailler ses ouvrières près de 90 heures par semaine pour un salaire hebdomadaire qui n'équivaut même pas au prix d'une paire de jeans en Amérique. Les compagnies américaines font affaire avec des sous-traitants taïwanais et sud-coréens qui paient 25 cents de l'heure une main-d'oeuvre composée de jeunes paysannes chinoises. Le « quart » de travail est de 12 heures, le repas de la cantine doit être avalé en 15 minutes, il ne commence qu'avec le son de la cloche et se termine de la même façon. Certaines *sweatshops* exigent un dépôt d'un mois de salaire afin que l'ouvrière ne quitte pas avant la fin de son contrat; on confisque les cartes d'immigrants, ce qui empêchent les ouvrières de faire d'autres demandes d'emploi ailleurs. On loge les ouvrières à dix par chambre et elles ne sont pas autorisées à quitter les locaux de l'usine. On a relevé 100 gardes pour 2 700 ouvrières dans une de ces *sweatshops*; on n'hésite pas à battre les employées, on les punit, on les humilie en les obligeant à faire des *push-up*, à rester debout à l'attention; on a même enfermé une femme dans une cage avec un chien de garde et on l'a exposée publiquement[7]. Ceux qui vont acheter des produits Nike, Reebok et Walt Disney chez Wal-Mart ou des produits semblables dans les grandes surfaces multinationales cautionnent ces traitements. Le discours mystificateur des économistes continue de propager l'idéologie voulant que ces firmes ne font qu'obéir passivement aux lois du marché. Des philosophes continuent de faire des voyages en Europe avec l'argent du peuple pour échanger leurs introspections sur l'ordre spontané du marché.

Le développement rapide des télécommunications favorise la recherche du salaire minimal. Cela a permis à « Swissair de confier sa comptabilité à une firme en Inde; toutes les données étant transmises quotidiennement de Zurich par satellite. Avantage principal : un comptable suisse coûte environ 70 000 $ par an, un comptable indien, à peine 3 000 dollars...[8] ».

La référence au marché mondial comme un ordre spontané dépersonnalise la domination des compagnies transnationales en la laissant apparaître comme un ordre objectif des choses. L'affrontement transnational du capital déplace les emplois vers des pays où les conditions de travail sont les plus faibles, les normes environnementales les plus insignifiantes, les réglementations les plus inexistantes. Les premières cibles sont les droits sociaux et du travail appuyés par un discours de champ de bataille de la guerre économique mondiale.

Si le monde était un véritable marché, les salaires et les prix auraient tendance à se suivre et les individus auraient accès aux mêmes biens. Le concept de mondialisation des marchés est une vaste supercherie. Voici un cas exemplaire de colonisation du « matériel humain », celui de la multinationale Nike Inc. fabricant de souliers de course (*sneakers*). Au haut de la pyramide, le président, Philip Knight, détient personnellement des actions de Nike Inc. évaluées à 4,5 milliards de dollars américains. Il rejoint le groupe sélect des 359 milliardaires qui possèdent un montant égal au revenu de 45 % de la population mondiale[9]. Juchées aussi dans ces sommets, les vedettes du sport payées à coup de dizaines de millions pour convaincre les jeunes de gaspiller jusqu'à 140 dollars pour une paire de « running shoes » présentés comme des biens rares justifiant leur prix. Au bas de la pyramide, vivant au rythme de la cadence des chaînes de production des sous-traitants, de ces *sweatshops* modèle XVIIIième siècle, on retrouve des légions de jeunes ouvrières asiatiques, car ce sont des femmes en majorité.

Ces *sweatshops* sont de petites manufactures à sous-contrats, une façon pour Nike d'obtenir du travail sans investir de capital, sans risquer financièrement, sans s'engager à long terme envers une région ou envers des travailleurs qui sont fractionnés en petits groupes et placés en position de grande infériorité dans le marchandage des salaires. Elles sont caractérisées par des salaires de « subsistance », le congédiement arbitraire, l'absence d'élémentaires conditions de travail et la constante humiliation, pour ne pas dire les châtiments corporels, d'une main-d'oeuvre captive. C'est une manifestation de la dégradation du travail qu'on observera inéluctablement lorsque celui-ci se généralisera en sous-traitance non syndiquée.

Nike génère des revenus de 6,4 milliards et le tiers de sa production venait de l'Indonésie. « Lorsque les travailleurs de Corée et de Taïwan ont réussi à obtenir de meilleurs salaires, Reebok et Nike ont déménagé une grande partie de leur production vers l'Indonésie, la Chine et la Thaïlande[10]. » Mais, M. Philip Knight n'était pas satisfait de payer les exorbitants 2,20 $ par jour de salaire minimum que ces ouvriers indonésiens ont obtenus de haute lutte dans un pays où le problème des droits de la personne est interpellant[11]. Dans sa pérégrination à travers le marché mondial du matériel humain et dans sa recherche du salaire absolu de subsistance, il a fini par dénicher un pays où ce facteur de production est disponible pour 30 $ américains par mois : le Vietnam. Bien sûr, il y a la question des prix relatifs. On nous dira qu'un Vietnamien ne vit pas si mal avec 30 $ américains par mois. Interrogé à propos du déménagement de la production au Vietnam, Keith Peters, un représentant de Nike Inc., a déclaré : « Avec une gamme de salaire à 30 $ par mois qui pourrait résister[12]? »

Knight vit son beau rêve américain. D'un côté, une extraordinaire machine de persuasion appuyée sur des vedettes médiatiques qui ne demandent pas mieux que de se prêter au jeu; de l'autre, les quasi-esclaves pour fabriquer à un coût dérisoire. Nike Inc. verse annuellement 20 millions de dollars à Michael Jordan, un joueur vedette de basket-ball, pour faire la promotion de ses produits et faire naître le désir d'être à la mode en chaussant des *sneakers* Nike. M. Agassi, un joueur vedette de tennis, récolterait quant à lui 100 millions de dollars sur dix ans pour faire de même. Une autre vedette, Spike Lee, fait aussi partie des *pitch people* bien payés par Nike Inc. Interrogés sur leur implication dans la promotion d'un produit fabriqué par des quasi-esclaves, ces vedettes répondent que cela ne les concerne pas. C'est ainsi dans toute la structure de Nike Inc., les uns ignorent ce que les autres font. Il y a bien aussi Katie Lee Gifford ou Jaclyn Smith qui promeuvent pour dix millions les gammes de vêtements de Wal-Mart ou de Kmart fabriquées au Honduras à 31 cents de l'heure et jusqu'à 75 heures par semaine[13]. Tous participent à une grosse machine d'exploitation qui ne se comprend plus elle-même et personne n'a une idée exacte de l'effet de l'ensemble. Donc, tous en profitent sans que personne ne s'estime responsable. À l'échelle de la société, on appelle ça un ordre spontané. On espère un ordre social de la poursuite des intérêts strictement individuels.

L'utopie néolibérale présente le marché comme un modèle optimal d'allocation des ressources. Toute intervention gouvernementale, tout projet volontaire créeraient un désordre dans la merveilleuse cybernétique des prix. Avec un apriorisme radical, on nous dit que le prix du marché est toujours le juste prix. Trente dollars par mois pour les ouvriers vietnamiens, 4 milliards pour M. Knight et 100 millions pour M. Agassi, tout le monde a ce qu'il mérite selon l'ordre du marché. Il n'y a pas de gagnant ni de perdant. C'est la « loi » du marché. Le résultat d'un imaginaire social est présenté comme un déterminisme strict. Récemment, le Conseil du patronat nous disait que l'équité salariale pour les femmes irait contre les « lois » du marché. Le prix du travail féminin est inférieur, mais c'est le bon prix car il s'agirait d'une loi. Dans le cas qui nous concerne et qui est exemplaire, le quasi-esclavage de milliers de jeunes gens des pays pauvres a beau enrichir outrageusement une minorité américaine, l'idéologie libérale persiste à nous seriner que le laisser-faire produit l'allocation optimale des ressources.

Si l'argent récolté par la satisfaction du désir subjectif des bien nantis des pays privilégiés pouvait en effet être substantiellement redistribué par le jeu du marché à la main-d'oeuvre des pays défavorisés (égalité du coût des facteurs de production), nous pourrions commencer à avoir confiance en la mondialisation du marché. Ce n'est pas ce que démontre empiriquement des cas comme celui de Nike Inc. Combien faudra-t-il de ces contradictions pour changer de modèle? L'idéologie néolibérale et son discours sur la mondialisation des marchés jouent le même rôle qu'a joué le libéralisme classique : il introduit un discours justificateur au service d'un capitalisme plus ou moins sauvage.

La recherche du salaire de subsistance a des effets directs et indirects sur la main-d'œuvre des pays riches. « On a découvert à Los Angeles, une usine de vêtements dans laquelle 72 personnes, surtout des femmes originaires de Thaïlande, étaient enfermées depuis des années. L'usine était entourée de barbelés; les femmes ne gagnaient presque rien et leurs appels téléphoniques avec l'extérieur étaient sur écoute. [14] »

La Thaïlande est un lieu de prédilection. En 1995, on découvrit que Bangkok Rubber Company, le plus important sous-traitant de Reebok en Thaïlande, employait des réfugiés birmans qu'il payait à la moitié seulement du salaire minimum thaïlandais. En général, on embauche des femmes célibataires pour éviter les congés de maternité. Au Honduras, le sous-traitant de Levi-Strauss décrivait sa compagnie comme une petite entreprise en difficultés financières afin de payer des salaires moins élevés. Les employés des *sweatshops* ont été surpris d'apprendre que son chiffre de vente était de 6,7 milliards de dollars par année et qu'elle appartenait à la famille Haas de San Francisco.

La compagnie Levi-Strauss, un fabricant de jeans, vestes, chemises, etc., a aussi mondialisé sa production par l'intermédiaire de centaines de sous-traitants afin de participer aux profits de l'esclavagisme du marché mondial. Développement et Paix rapporte qu'au Honduras, le travail nécessaire à la production d'un pantalon vendu 50 $ américains n'exige que 31 cents de salaire. À Manille, un sous-traitant de Levi, Noveca Industries emploie 600 travailleurs, le salaire minimum y est de 8,06 $ par jour (pas par heure, vous avez bien lu!). Les travailleurs peuvent faire jusqu'à 87 heures par semaine à tarif ordinaire, ce qui exige une présence de 96 heures par semaine sur les lieux du travail. Des témoignages relatent une obligation de travailler de six heures du matin à six heures le lendemain pour laver les jeans au sable; un accidenté du travail a reçu une compensation de 364 $ pour avoir perdu une jambe, toute poursuite entraînerait le congédiement du reste de sa famille. Levi prétend avoir un code de conduite limitant la semaine de travail à 60 heures et à six jours par semaine. Cette compagnie sait fort pertinemment bien que les esclavagistes à sa solde ne feront pas respecter ce code dans le tiers-monde. Il n'y a d'ailleurs pas encore de vérification indépendante. Le code de Levi dit : « Nous privilégions les relations avec les partenaires qui font faire des semaines de moins de soixante heures à leurs employés. Nous n'emploierons pas d'entrepreneurs dont les horaires de travail <u>fixes</u> dépassent les soixante heures par semaine. » Plus loin on peut lire : « Les travailleurs doivent être âgés d'au moins 14 ans... Nous appuyons la création de programmes valables d'apprentissage en milieu de travail, destinés à former les jeunes. » Ces codes n'empêchent pas le harcèlement sexuel de devenir la règle dans certaines *sweatshops*. En Indonésie, un superviseur a fait mettre en rang des travailleuses et les a frappées à la tête avec une semelle de chaussure. Au Pakistan, selon le numéro de juin 1996 du magazine américain *Life*, des enfants cousent des ballons de football Nike[15].

Un autre cas où le capitalisme sauvage se présente sous le couvert libre-échangiste est celui de l'assaut des compagnies de tabac contre les pays asiatiques. L'industrie américaine du tabac a connu un déclin de son marché intérieur à la suite de l'interdiction de la publicité télévisée sur ses produits à partir des années 1970. L'industrie du tabac s'est tournée vers l'Asie (Taïwan, Malaisie, Hong-Kong, etc.) et, par un lobbying adéquat, elle a réussi à ouvrir ces marchés en ciblant particulièrement les jeunes (ex. de la Camel). Les États-Unis ont même menacé de sanctions commerciales les pays qui n'ouvraient pas leurs frontières aux produits du tabac américains. Les protestations visaient à empêcher ces pays de faire leurs propres campagnes anti-tabac.

L'industrie américaine du tabac passe devant les tribunaux des États-Unis pour avoir menti à la population. Pour la première fois de l'histoire, une compagnie a accepté de payer des dizaines de millions de dollars par année pour compenser les frais médicaux de l'État occasionnés par son produit. La Food and Drug Administration américaine a recueilli des *affidavit* d'anciens hauts employés de Philip Morris déclarant que cette compagnie manipule régulièrement le niveau de nicotine, une drogue qui crée une habitude. Cela donne un aperçu de ce que serait le comportement des grandes entreprises sans la surveillance de l'État. Des journalistes de l'American Broadcasting Corporation (ABC) avaient recueilli le témoignage d'un administrateur d'un fabricant de cigarettes qui racontait aussi comment les fabricants manipulent le niveau de nicotine. ABC n'a pas permis la diffusion de leur reportage suite à une menace de poursuite de 14 milliards par le fabricant de tabac. Les journalistes furent estomaqués, car ABC avait l'habitude de ne pas reculer devant les menaces. Plus tard, ils découvrirent que ABC était l'objet d'une prise de contrôle de la part de Walt Disney Corp. Les administrateurs avaient trahi les journalistes pour préserver la valeur de l'action d'ABC dans ce *takeover*. Les journalistes découvrirent par après que les avocats d'ABC, qui leur avaient conseillé de retirer leur reportage, étaient détenteurs de milliers d'options d'achat d'actions d'ABC qu'ils exercèrent lors du *takeover*.

Dans ce troisième cas, le libéralisme nous dira que le produit répond à un besoin réel, car tout ce qui est vendu est présumé avoir fait l'objet d'un choix rationnel. Le libéralisme a toujours affirmé que la publicité ne crée pas de désir, mais répond simplement au droit d'informer le consommateur. Les consommateurs forment une démocratie votant par leurs achats. Le fait même de l'existence d'une gigantesque machine de publicité montre qu'une bonne partie des « besoins » satisfaits par le marché ne sont guère urgents. L'utopie de la mondialisation du marché a couvert le fait que les compagnies de tabac visent à reconstituer à l'étranger un marché intérieur qui se décompose face au réveil des consommateurs à l'égard du danger du produit.

Comment les marchés financiers conduisent les États

Un grand nombre d'observateurs, non liés idéologiquement aux possédants, ont dénoncé l'absurde politique monétaire canadienne de hauts taux d'intérêt qui a créé du chômage en enrichissant la minorité pourvue en actifs financiers. En somme, cette politique a permis à l'intérêt de manger le salaire de ceux qui n'ont pas appris à gagner leur vie autrement qu'en travaillant. Cette politique avait été essayée dans les années 1980 aux États-Unis. Elle avait eu à peu près les mêmes effets. Là, elle a été appliquée par le tandem Reagan-Volcker. Volcker est ce président de la Federal Reserve favorable à l'establishment financier qui a été imposé par Wall Street à Washington[16]. Nous allons voir comment une minorité de riches a rançonné les travailleurs par l'intermédiaire de la politique monétaire.

Aux États-Unis, 10% des ménages les mieux nantis détiennent directement 86% des actifs financiers nets ou 1 600 milliard avec une concentration chez les 2% qui détiennent 55% des actifs financiers (actions, obligations, certificats de dépôts)[17]. À côté d'eux, les investisseurs institutionnels (cies, banques, cies d'assurance, fonds de pension) détenaient 5 000 milliards de dollars en actifs financiers. Mais la même minorité de particuliers détenait la plus grande portion des actions de ces institutions. Par exemple, les deux millions de lecteurs du *Wall Street Journal* possédaient chacun un avoir net moyen de 600 000 $. Quand les centaines de milliers de ménages formés de gens ordinaires sollicitent un emprunt hypothécaire pour financer une maison ou négocient un emprunt personnel pour acquérir une auto, des meubles, des appareils ménagers, des vêtements, quand un cultivateur veut financer sa machinerie ou ses semailles, c'est à cette minorité qu'ils font affaire via leurs intermédiaires que sont les banques, les trusts, etc. C'est vrai au point que le bilan de 55% de la population montre une position d'endettement net ou un avoir net nul dans le meilleur des cas.

Ces 10% de gras durs s'inquiétaient de l'inflation qui grugeait leur rendement au bénéfice de la « populace » emprunteuse. Il faut comprendre que lorsque l'inflation ou la hausse générale des prix est, par exemple, de 10% par année, celui qui possède 100 000 $ au début de l'année doit posséder 110 000 $ à la fin de l'année pour simplement conserver le même pouvoir d'achat. S'il prête son argent à 10% , il se balade avec 110 000 $ en fin d'année mais il n'est pas plus riche car, malgré la détention d'un plus grand nombre de dollars, son pouvoir d'achat total est le même qu'au début de l'année. Si les prêteurs ne s'enrichissent pas, il n'y a donc pas de transfert de richesses des emprunteurs aux prêteurs. S'il y a une chose qu'un millionnaire déteste, c'est d'aller se coucher en sachant que sa richesse ne progressera pas pendant son sommeil. L'inflation interrompait le processus de concentration de la richesse propre au capitalisme. Wall Street a donc ramené

Washington à son rôle de structure qui permet la domination économique d'une minorité. En même temps, le Parti républicain, bras politique et appareil idéologique de la classe possédante, prenait le pouvoir.

Ce qui les écoeurait aussi, c'est que les travailleurs organisés réussissaient à conserver leur pouvoir d'achat en faisant augmenter leurs salaires (indexation) pour compenser la perte de pouvoir d'achat du dollar alors qu'eux, détenteurs de capitaux, avaient de la difficulté à faire augmenter les taux d'intérêt. Cela a permis à la classe moyenne américaine d'accéder à la propriété comme jamais auparavant, car elle ne se faisait plus pomper ses salaires par l'intérêt. Les prestations sociales étaient aussi indexées.

Le tandem Reagan-Volcker allait mettre en oeuvre la théorie du prix Nobel néolibéral Milton Friedman, un intellectuel voué à assurer l'hégémonie idéologique de la classe dominante. La théorie consiste à restreindre la masse monétaire et à hausser les taux d'intérêt afin de réduire l'inflation; la croissance de l'économie s'y appuie sur la poussée de l'offre provoquée par l'augmentation de l'épargne des bien nantis (*supply side theory*). Pour ce faire on réduisit d'abord considérablement l'impôt des riches. De 1980 à 1984, la classe des 10% de bien nantis retrouva son rêve américain avec une augmentation importante de son revenu pendant que celui des classes moins nanties baissait. Dès 1983, les États-unis avaient perdu 1,5 million d'emplois. Des milliers de cultivateurs firent faillite. La croissance économique résiduelle était soutenue par les bien nantis qui s'achetaient une deuxième maison, une troisième auto ou par l'investissement colossal de Reagan dans la Défense. Nous avons déjà mentionné que la crise financière de l'État découle plutôt ici de la politique monétaire canadienne de hauts taux d'intérêt qui a enrichi banques et détenteurs de capitaux[18].

Un beau cas canadien de contrôle de l'idéologie est celui du rôle de l'Institut C.D. Howe dans l'appui à l'aberrante politique monétaire canadienne. Cet organisme, qui se donne les apparences de l'objectivité sous le vocable d'institut et dont la parole fait foi de vérité pour les médias, est en réalité une entreprise privée vouée aux intérêts de l'establishment financier qui compte parmi ses membres les cinq grandes banques, les grandes compagnies d'assurance, des courtiers, des firmes de comptables et des grandes corporations[19]. Cet institut s'est distingué par son hystérie à l'égard du déficit et son appui inconditionnel à la politique de hauts taux d'intérêt. Selon de nombreux observateurs, la source principale de la hausse des dettes publiques fut cette politique monétariste que

M. Crow expérimentait à la Banque du Canada et non les dépenses en programmes sociaux qui représentaient 17,8% de la dépense nationale brute en 1992-1993 comparé à 19,7% en 1975-1976. Par contre, le Canada a longtemps eu le taux d'intérêt le plus élevé des pays du G-7. À la fin de 1990, le taux d'intérêt réel (taux nominal moins inflation) atteignait le sommet astronomique de 7%, du jamais vu, alors qu'il était de 2,5% aux États-Unis, 4,5% au Japon. En juillet 1994, il était de 6% au Canada, 4% en France, 2% au Japon et 3% aux États-unis. Pendant tout ce temps, notre inflation était dans la moyenne des pays industrialisés. Il est donc difficile de soutenir que cette politique était commandée par le marché. Selon un statisticien expert de Statistique Canada, M. Mimoto, les programmes sociaux ne seraient responsables que de 4,5% de la dette, les pensions de vieillesse de 6% [20].

Les Canadiens gagnant plus de 250 000 $ enregistraient une moyenne annuelle de 51 000 $ de revenus d'intérêt. C.D. Howe publia à tour de bras des bulletins montrant le danger de l'inflation pour les pensions de vieillesse qui sont pourtant indexables, mais il n'a jamais traité de l'immense trésor accumulé par les bien nantis en liquidités pendant la guerre à l'inflation grâce à la politique de hauts taux d'intérêt. On alterne terrorisme et flagorneries; Ralph Klein, premier ministre de l'Alberta, a reçu les félicitations du Fraser Institute, du *Wall Street Journal* et des chambres de commerce de tout acabit pour sa démolition en règle des programmes sociaux. En 1992-1993, le chômage a coûté 109 milliards de dollars à l'économie canadienne et 39 milliards de dollars en perte de recettes fiscales. Le combat à l'inflation est resté l'idée-clé des budgets fédéraux[21].

Cette autonomie de la Banque du Canada remet à une petite poignée de technocrates, voués au conservatisme financier, les rênes de notre destin économique. Le remède fut pire que la maladie. Les intérêts ont mangé les salaires. La première source de chômage fut cette politique monétaire qui a gelé l'économie. Maintenant que les taux d'intérêt ont baissé, nous verrons sans doute une autre petite poignée de « sages » réunis en sommets économiques et en commissions s'attribuer la paternité de la reprise.

Miville Tremblay a raconté les dessous du financement de la dette publique. Il distingue sa provenance, qui la finance et comment les décisions de financement sont prises. La dette canadienne est financée à 60% par des Canadiens. Ils ont une vue plus dramatique que les étrangers sur leur propre dette. Parfois, comme au printemps 1994, le pessimisme canadien devient tellement conta-

gieux qu'il conditionne la réalité. Les discours extrémistes et catastrophistes de certains financiers canadiens effraient les étrangers[22].

Qu'en est-il aujourd'hui? Nous nous enfonçons de plus en plus
dans l'ère du capitalisme technologique. Le capitalisme technologique vit de sa capacité de transformer la science, la connaissance
en biens économiques et de sa capacité de persuasion pour provoquer la désuétude des produits et des savoirs antérieurs. Par exemple, quand une banque remplace des employés par de la technologie informatique sans partager le fruit de cette innovation, c'est le
capital qui mange le salaire. En effet, la technologie est financée
par du capital et le rendement retourne à ce capital pendant que les
salariés sont sortis du système. Tout le monde s'est rendu compte
que l'investissement crée de moins en moins d'emplois. Aux États-
Unis, des dizaines de millions d'emplois sont menacés par l'avan-
cement technologique. Cela crée aussi une énorme pression sur la
réduction des salaires des emplois actuels.

L'idéologie néolibérale nous répète de façon lancinante que le
marché est un ordre spontané, un jeu qui fait des gagnants et des
perdants sans que personne ne soit responsable du résultat. Les
bien nantis concentrent les richesses via les politiques monétaires
et l'accaparement sans partage des fruits de la technologie. L'idéologie néolibérale ajoute évidemment à son arsenal idéologique la
négation du droit social qui pourrait provoquer une répartition via
l'impôt et les programmes sociaux.

L'idéologie néolibérale nous présente comme un fait objectif
inévitable un système qui concentre de plus en plus les richesses. Il
en est ainsi de leur politique monétaire. Pour prendre soin de soi-
même, la première chose à faire est de refuser de se laisser coloniser le cerveau par l'idéologie néolibérale. Un mode de collaboration humain qui enrichit une minorité est-il le seul possible?

Quotidiennement, une masse monétaire équivalant à 1 300 milliard de dollars américains change de mains sur le marché mondial.
La très grande majorité de cette somme est d'origine spéculative,
c'est-à-dire que c'est de l'argent qui circule non pas pour payer les
vrais produits, les producteurs, les travailleurs, mais les spéculateurs qui achètent des marchandises et les revendent sans jamais en
prendre réellement possession. Ils sont là pour faire monter les prix
et empocher sans produire. Leur marchandise favorite est la monnaie elle-même, on achète et on vend des contrats de monnaies
étrangères dans le but d'encaisser un profit sur les variations des
taux de change. Les transactions financières sont 72 fois plus éle-

vées que le volume des marchandises réelles. Si on ajoute le volume de spéculation sur les achats et ventes d'actions, d'obligations, il s'échange 4 000 milliards de dollars US chaque jour[23].

Les spéculateurs se glissent entre les producteurs et les consommateurs, entre les emprunteurs et les prêteurs et encaissent sans créer, sans produire réellement. La multiplication de ces intermédiaires parasites crée une pression à la hausse du prix de vente pour le consommateur et à la baisse pour le salaire du travailleur. Ils ponctionnent donc l'argent qui irait aux travailleurs en restant assis sur leur cul. Celui qui crée de la valeur, c'est le travailleur à son poste de travail, le professeur devant sa classe, la femme qui fait des citoyens avec ses enfants : les spéculateurs sont des parasites. Mais les vrais casinos du capitalisme sont à Wall Street et à Bay Street.

Financement spéculatif et productif (en milliards $, 1992)			
	Volume échangé actions et obligations	Nouvelles émissions	Proportion des nouvelles émissions
Actions	3 100	26,8	1 sur 114
Obligations cies	8 200	67,3	1 sur 122
Titres du gouvernement	44 400	272,2	1 sur 169

Le tableau montre que, pour chaque dollar de nouvelles actions ou d'obligations émises pour constituer des investissements productifs au cours d'une année, environ 120 $ de titres changent de mains par l'effet des spéculateurs qui les achètent et les revendent. Traditionnellement, les compagnies qui voulaient ouvrir une usine émettaient de nouvelles actions et obligations. Les épargnants achetaient de nouvelles actions et créaient des emplois. Aujourd'hui, on doit constater que pour chaque dollar de titres nouveaux émis, environ 120 $ d'anciens titres sont échangés par des boursicoteurs qui sont à la recherche d'une plus-value.

Les intermédiaires que sont les prêteurs de capitaux ont fait la passe avec la politique monétaire néolibérale de la Banque du Canada. Au cours des trois premiers trimestres de 1996, le taux nominal d'intérêt a été de 6,5% en moyenne, alors que le taux d'inflation a été de 1,4% laissant un incroyable taux réel de 5,1% aux détenteurs de capitaux. De 1935 à 1984, le taux réel d'intérêt moyen avait été de 1,5% . Lorsque l'économie va bien et que les travailleurs se mettent à respirer, les spéculateurs paniquent, vendent leurs titres à rabais et cessent d'acheter les nouveaux titres, ce qui tue la croissance de l'emploi. L'inflation déplace la richesse des détenteurs de capitaux vers les travailleurs endettés, car ceux-ci peuvent alors rembourser leurs dettes avec des dollars de pouvoir d'achat diminué. En 1993, General Motors Acceptance, la filiale financière de General Motors, a réalisé un profit supérieur à celui réalisé par la compagnie mère dans la vente d'automobiles. Il en est de même pour General Electric. Chez British Petroleum, les opérations monétaires ont rapporté autant que la vente de pétrole.

La vision néolibérale du droit et l'atteinte aux droits de la personne

Une des grandes victoires de la bourgeoisie par rapport à la société à ordres de l'Ancien régime a été de placer tous les individus sous le même régime juridique. Malheureusement, le caractère absolu du droit de propriété peut permettre une très grande inégalité des ressources sous un régime juridique identique. L'article 22 de la Déclaration universelle des droits de l'homme de 1948, affirmait : « Toute personne, en tant que membre de la société, a droit à la sécurité sociale; elle est fondée à obtenir la satisfaction des droits économiques, sociaux et culturels indispensables à sa dignité et au libre développement de sa personnalité ». L'article 25 spécifie : « Toute personne a droit à un niveau de vie suffisant pour assurer sa santé, son bien-être et ceux de sa famille (...) ».

Le droit positif est celui qui résulte des lois écrites ou des coutumes promues en force de loi. Le droit naturel est considéré comme résultant de la nature des hommes et de leurs rapports, indépendamment de toute convention ou législation[24]. Pourquoi les néolibéraux nous présentent-ils le droit de propriété comme un droit naturel, alors que le droit aux soins de santé serait une malheureuse construction qui viole les règles du marché? Le droit à la vie n'est-il pas le droit le plus fort que l'homme peut déduire d'une réflexion sur les données fournies par la nature? Or que vaut le droit à la vie sans l'accès garanti aux biens premiers, aux soins de santé? L'instauration de l'assurance-maladie universelle illustre aussi un principe d'égalité réelle en fonction des besoins, une égalité dans l'usage qui tend à rendre les hommes plus égaux face à la maladie sans égard à leur fortune.

Le droit à des services de santé selon les besoins, à la juste égalité des chances dans l'éducation, à une indemnisation pour un accident du travail ou de la route, à une indemnité en cas de chômage, à une sécurité devant l'indigence de la vieillesse, ne font-ils pas partie des droits fondamentaux à la vie et à la liberté? Le droit à l'éducation s'apparente au droit classique à l'égalité des chances, le droit aux services de santé et le droit à un revenu minimum sont une extension du droit fondamental à l'intégrité physique. Les néolibéraux les laissent à l'initiative privée, au paiement à l'usage et à ceux qui peuvent se payer les assurances privées qui y correspondent. L'État doit intervenir pour faire réaliser concrètement le droit à la vie et à la liberté et maintenir le système fiscal utile à cette fonction.

La confiance aux heureux effets de la liberté peut se traduire par l'adhésion au libéralisme économique selon lequel l'État ne doit pas exercer de fonctions industrielles ou commerciales. Malheureusement, cela conduit parfois à ériger le droit de propriété en droit absolu et lui subordonner les droits fondamentaux. Le droit positif, celui qui est voté par l'Assemblée des élus et qui est inscrit dans les codes est un pouvoir de contrainte destiné à pallier les insuffisances de l'obligation morale. Or, les néolibéraux veulent annuler le droit social positif et le laisser à la morale personnelle, à la charité, à la libéralité, à la bonté naturelle des bien nantis. Non ! Seul le droit est compatible avec la dignité humaine.

Pourtant, le droit de propriété, celui de déclarer une chose mienne, celui d'obliger les autres à respecter ma volonté à l'égard de cette chose, n'est possible que si l'État se porte garant de ce droit. Alors pourquoi l'État ne peut-il pas se porter garant du droit aux biens premiers nécessaires à la vie? La vie n'est-elle pas plus essentielle que la propriété?

Jean-Jacques Rousseau exprimait l'opinion que l'idée de justice est innée chez l'homme. « Il est au fond des âmes un principe inné de justice et de vertu, sur lequel, malgré nos propres maximes, nous jugeons nos actions et celles d'autrui comme bonnes ou mauvaises, et c'est à ce principe que je donne le nom de conscience (...) L'amour du bon et la haine du mauvais nous sont aussi naturels que l'amour de soi-même[25]. » Aujourd'hui, nous savons qu'il n'y a rien d'inné, que tout est acquis. Le sentiment qu'on doit vouloir pour autrui ce que l'on veut pour soi-même est acquis par l'habitude de vivre dans une société juste.

Montesquieu a écrit que la justice est éternelle et ne dépend point des conventions humaines; et quand bien même elle en dépendrait, ce serait une vérité terrible, qu'il faudrait se dérober à soi-même. Le droit nazi et le droit sous l'apartheid en Afrique du Sud relevaient du droit positif. Le droit positif peut être inique en regard de certaines normes métajuridiques, comme le droit à la vie, l'égalité entre les hommes. On voit ici la nécessité de se référer à un droit dit « naturel », mais l'interprétation de cette nature est le résultat du contact avec une société juste. La nature est silencieuse sur le droit. La Déclaration universelle des droits de l'homme est survenue en 1948 et a été suivie par des Chartes des droits nationales destinées à servir de critère de validité au droit de plusieurs pays. Les libéraux se sont servis de la nature comme d'une norme métajuridique, nous l'avons vu au cours des deux premiers chapitres.

Il existe un autre concept métajuridique que l'on nomme la dignité humaine. « On désigne sous ce nom le principe moral énonçant que la personne humaine ne doit jamais être traitée seulement comme un moyen, mais comme une fin en soi; autrement dit que l'homme ne doit jamais être employé comme moyen sans tenir compte de ce qu'il est en même temps une fin en soi[26]. » Là aussi, le concept de la dignité humaine naît au contact d'une société qui accorde un primat à cette dignité.

Vouloir bâtir l'ordre social sur l'harmonie naturelle des intérêts égoïstes semble contradictoire avec la morale et l'idée que l'autre ne peut être qu'un simple moyen pour soi-même. Le droit social fait maintenant partie des convictions communes. Le droit de propriété considéré comme un absolu est inique lorsqu'il s'oppose à des droits fondamentaux comme le droit à la vie et l'accès aux biens premiers .

> La chose qui est de loin la plus nécessaire pour rendre les gens clairvoyants lorsqu'ils sont en présence de l'abus de pouvoir d'une autorité, c'est qu'il gardent la conscience de ce que l'assurance de la validité juridique n'est pas décisive quant au problème de l'obéissance, et que, quelle que soit la dimension de l'aura de majesté ou d'autorité que puisse avoir le système officiel, ses exigences doivent finalement être soumises à un examen moral minutieux. Cette conscience de ce qu'il y a, en dehors du système officiel, quelque chose à quoi

l'individu doit se référer en dernier ressort pour résoudre
ses problèmes d'obéissance, a sûrement plus de chances
de se maintenir en vie parmi ceux qui sont habitués à
penser que des règles de droit peuvent être iniques, que
parmi ceux qui pensent que rien d'inique ne peut jamais
avoir le statut de droit[27].

En niant les droits sociaux, les néolibéraux nient l'essence de
multiples droits de la personne. Le droit civil sans droits sociaux
est inique. Pourquoi les droits-libertés (droit de propriété, égalité
devant la loi, liberté de contracter, d'expression, d'association, vie,
sécurité, conscience, religion, opinion, réunion pacifique, etc.) devraient-ils être considérés comme une nécessité historique et les
droits sociaux (droit aux soins médicaux, à un revenu minimum, à
l'assurance-chômage, etc.) comme une erreur de construction impossible à insérer dans l'histoire? Les droits-libertés que Hayek
défend comme le résultat d'une évolution sont eux aussi une construction, même lorsqu'ils sont une interprétation de données naturelles. Ils sont le résultat du désir d'imposer un devoir-être, un
idéal, aux institutions qui se développent selon un présumé mode
spontané.

Comment peut-on proclamer des droits de l'homme intemporels faisant figure d'universels si l'on doit enregistrer le devenir
comme une nécessité spontanée? Pourquoi utiliserions-nous les
droits-libertés pour définir un devoir-être dans un tel cas? Les
droits-libertés ne peuvent être présentés comme un devoir-être, un
idéal à opposer au réel et en même temps être considérés comme le
résultat d'un ordre spontané, d'un réel qui se détermine par lui-
même par l'action d'individus isolés à la recherche de leur utilité.
Il faut accorder le même privilège aux droits sociaux (droits-
créances) que ceux que l'on accorde aux droits-libertés. En fait, les
néolibéraux présentent les droits sociaux comme opposés aux
droits-libertés; la redistribution des richesses nécessaire en vertu
du droit social est présentée comme un viol du droit de propriété et
de contracter librement.

> On touche ici au paradoxe suprême de la séparation, qui
> n'a cessé de se creuser au fil de la tradition libérale, en-
> tre droits-libertés et droits-créances : à force de vouloir
> préserver les droits-libertés des effets pervers du volon-
> tarisme et de l'interventionnisme induits le plus sou-
> vent par le thème des créances adressées à l'État, le
> libéralisme finit par tout confier à l'histoire (ici à
> l'autodéveloppement du marché) – retrouvant ainsi de

cette histoire une représentation (historiciste) qui enlève tout sens et toute portée véritables à la proclamation des droits-libertés eux-mêmes [28].

Le marxisme avait critiqué les droits-libertés des libéraux (le droit de faire tout ce qui ne nuit pas aux droits d'autrui) comme ceux d'un individu isolé de la collectivité qui permettent aux antagonismes de jouer par l'affirmation de l'intérêt personnel. L'État, sous prétexte de viser un universel comme le droit de propriété illimité, fournissait un instrument au libre jeu des intérêts capitalistes. Par contre, les droits-créances se fondaient sur la reconnaissance d'un devoir-être, d'un projet de solidarité. Quelle est la portée de la liberté et de l'égalité pour ceux qui n'ont pas la propriété des biens essentiels? « Le néo-libéralisme qu'on prétend lui opposer réussit la prouesse à la fois de réduire les créances à un " mirage " et de priver les droits-libertés de ce qui pouvait conférer à leur proclamation une véritable portée[29]. »

Pour les néolibéraux, le sujet n'a jamais une connaissance des répercussions ultimes de ses actes. Le sujet est limité à agir dans son micro-milieu par l'intermédiaire du marché. Comme cette perspective est doublée d'un économisme, le sort de la civilisation est remis entre les mains de ceux qui dominent le marché au détriment des élus.

Comment peut-on proclamer des droits de l'homme intemporels si le social est le résultat d'un ordre spontané? Si la planification est impossible, le discours sur le devoir-être n'est plus possible. L'évolutionnisme de Hayek cautionne la société de marché comme un résultat indépassable. Ceux qui refusent l'action volontaire des hommes à travers l'État doivent puiser dans une théorie de la ruse de la raison à l'oeuvre dans l'histoire. La raison passe dans l'histoire mais de façon inconsciente pour les hommes. Les hommes font l'histoire mais ils ne savent pas quelle histoire ils font. Les hommes produisent en général par leurs actions encore autre chose que ce qu'ils projettent.

> (...) seul un tel historicisme, qui fait de l'ordre socio-économique et de ses règles le produit nécessaire d'un processus immanent à l'histoire, permet d'évacuer en principe le volontarisme et de condamner résolument toute conception constructiviste de l'organisation[30].

La tendance à subordonner les droits individuels à la marche ultime de l'histoire n'est pas l'apanage des marxistes. Le schème de la ruse de la raison était déjà présent dans la pensée libérale dès Constant et Tocqueville.

> La critique constantienne du volontarisme politique tend à s'appuyer sur la représentation de la société comme un système autoréglé, la société s'unifiant elle-même sans intervention extérieure, par le concours des volontés individuelles : « Perdu dans la multitude, l'individu n'aperçoit jamais l'influence qu'il exerce. Jamais sa volonté ne s'empreint sur l'ensemble; rien ne constate à ses propres yeux sa coopération. » Le schème de la ruse de la raison est donc ici, d'ores et déjà, présent[31].

La Déclaration d'indépendance américaine de 1776 exprimait la conviction que le fonctionnement naturel de la société tend à réaliser spontanément les droits de l'homme. L'État ne faisait que garantir les droits naturels. La nature, référence ultime des libéraux classiques, ne confère pas de droits sociaux. Thomas Paine a exprimé ce thème dans la deuxième partie de son ouvrage sur les droits de l'homme : les lois naturelles de la circulation des marchandises et du travail social, que l'État a seulement pour tâche de protéger, sont strictement équivalentes aux droits naturels de l'homme proclamés par la tradition philosophique – si bien que, comme les individus obéissent à ces lois parce qu'ils y trouvent leurs intérêts, la philosophie n'a pas à se poser le problème de la réalisation des droits de l'homme[32].

La révolution américaine crée les conditions historiques au déploiement de lois naturelles qui transparaissent dans l'intérêt personnel bien compris. La loi naturelle acquiert force de loi positive. Les physiocrates français, que nous avons étudiés comme des précurseurs de l'harmonie naturelle des intérêts, estimaient que le droit naturel devait être appuyé par l'intervention de l'État, car les individus étaient trop égarés pour le faire naître de leur seule action individuelle. Il n'y a alors de liberté que dans l'État et les droits de l'homme se réalisent selon un modèle politique plutôt qu'historique[33]. Adam Smith s'attaqua au principe de la nécessité de l'État dans l'accomplissement de cette harmonie naturelle des intérêts.

Paradoxalement, l'évolutionnisme de Hayek ne reconnaît pas l'interventionnisme destiné à pallier les défauts de la propriété privée comme une évolution, un facteur de survie culturelle. Si c'est l'autodéploiement d'un procès sans sujet qui réalise ce qui est favorable à tous, comment peut-on critiquer l'existence d'une quelconque forme institutionnelle? Si une forme institutionnelle a survécu au processus de sélection naturelle des institutions, n'est-ce pas la preuve qu'elle possède une efficacité sociale? Le néolibéralisme se constitue en juge pour discerner parmi les institutions qui ont survécu, celles qui représentent véritablement un produit de l'ordre spontané. Si Locke avait respecté la monarchie séculaire comme une institution résultant de l'évolution, il ne compterait pas parmi les penseurs du libéralisme. Il ne s'agit pas de passer du capitalisme au socialisme par une révolution qui élimine rapidement une large partie de la tradition. Il s'agit de faire respecter les droits sociaux à l'intérieur d'une société libérale. En voulant rétablir le libéralisme d'avant l'interventionnisme, le néolibéralisme nie une évolution et devient lui-même constructiviste. Il nie le droit social pour revenir au droit naturel des libéraux classiques, il nie l'évolution. Il est donc autoréfutant.

L'aile extrémiste néolibérale : l'anarcho-capitalisme

L'existence des anarcho-capitalistes (libertariens) est là pour nous rappeler que le néolibéralisme comme mouvement est incapable d'apprécier précisément les limites de l'État. Pour les néolibéraux, il existe deux États dans l'État : un État de droit garant des droits naturels et un État interventionniste qui les détruit. Les anarcho-capitalistes poussent jusqu'au bout la logique du marché et réclament la disparition de l'État. Ils ne veulent pas d'État qu'il soit au service des démunis ou au service des bien nantis. Mais ils livrent alors la société aux possédants. L'existence d'une position anarcho-capitaliste nous aide à comprendre pourquoi Nozick prend la peine de démontrer longuement que l'État minimal ne viole pas les droits fondamentaux, qu'il existe un monopole naturel de l'État dans le domaine de la protection. C'est que Nozick doit contrer ce mouvement qui prétend que toute forme d'État viole nécessairement les droits individuels. Les libertariens ne souhaitent pas le désordre mais un ordre engendré par la liberté. Le marché libre est le mécanisme qui permet à l'action individuelle de créer un ordre juste et efficace.

Le premier à faire côtoyer libéralisme économique et anarchisme aurait été Gustave de Molinari (1819-1912)[34]. Le marché fournit l'arbitrage entre les besoins et la rareté; il n'y a pas de biens qui seraient publics par essence. L'ordre engendré par le laisser-faire est une démonstration que l'anarchisme fonctionne. Le but est donc de faire en sorte que les activités hors marché réintègrent le marché, particulièrement les biens que les économistes classiques considéraient comme des cas types du bien public telle la défense nationale, la police, la justice. Si tous les pays procédaient ainsi, il n'y aurait plus de guerres, car celles-ci sont engendrées par le monopole étatique de la défense. D'ailleurs les « citoyens » libertariens ne seraient identifiés à aucun État.

Murray Rothbard et David Friedman développent les idées de Molinari[35]. La doctrine libertarienne fut aussi élaborée par l'économiste autrichien von Mises, partisan intransigeant du laisser-faire. Les libertariens sont à la fois anarchistes et capitalistes ce qui les amène à soutenir que tout service, même collectif peut être obtenu par la voie du marché. Selon Rothbard, l'État est le mal absolu, tout peut et doit être privatisé. Par exemple, l'inefficacité des tribunaux serait telle qu'il existerait des milliers d'arbitres privés aux États-Unis regroupés en association, l'American Arbitration Association, qui règlent des dizaines de milliers de conflits[36].

La justice a déjà été historiquement en partie privée et il y aurait un avantage à y revenir. « Le droit de la mer et une bonne partie du Common Law ont d'abord été l'oeuvre de juges concurrentiels privés auxquels les parties à un litige recouraient librement parce qu'elles reconnaissaient leur expertise dans les domaines juridiques en cause[37]. »

Les services de protection publique sont inefficaces à cause du divorce entre le financement et le service reçu provoqué par la médiation de la fiscalité. Le monopole d'État enlève toute incitation à l'efficacité. Les services étatiques en général induisent une fausse apparence de gratuité qui incite les contribuables soit à exagérer leurs demandes ou à cesser de demander des comptes. Rothbard mentionne que le recours aux services privés de protection s'étendra autant que l'État consentira à s'effacer. Il estime que la moitié des dépenses de protection aux États-Unis sont déjà de nature privée.

Les anarcho-capitalistes ne semblent pas attribuer de coûts à l'absence de l'État. Les libertariens bâtissent un scénario idyllique où l'on verrait les rues devenues privées être patrouillées par une police privée. Des tribunaux criminels privés développeraient une efficacité optimale, guidés par les intérêts économiques des agences de protection dont ils seraient issus. Le droit étant antérieur à l'État, la loi prendrait sa source dans la jurisprudence de ces tribunaux privés interprétant le droit naturel.

Évidemment, il faut se demander ce qu'il adviendrait des victimes décédées sans famille ou sans les proches qui auraient portés plaintes à leur place ou encore comment seraient traités ceux qui n'auraient pas les moyens de se payer la justice privée. Les libertariens offrent la réponse usuelle. La privatisation générale libérerait tellement de ressources aujourd'hui gaspillées par l'État, que tous auraient les moyens de se payer des services privés.

La clé de voûte du système libertarien est la propriété privée. Ses théoriciens partent comme Locke de la propriété de soi-même et en déduisent que chaque homme naît avec un droit naturel à la propriété privée.

> C'est ainsi que nous avons établi une théorie des Droits de propriété, qui énonce que chaque homme a un Droit absolu de contrôler et de posséder son propre corps ainsi que les ressources naturelles non utilisées qu'il a trouvées et transformées. (...) Ainsi, tout Droit de propriété légitime est déduit de la propriété de chaque homme sur sa propre personne [38] (...)

Rothbard développe une théorie éthique des droits qui implique l'absence complète de l'État. Le droit à la propriété privée est absolu et les autres droits en sont dérivés, même le droit à la vie. Il suffit d'observer comment le droit à la liberté d'expression est articulé au droit de propriété pour s'en convaincre.

> Bref, il n'existe pas de « Droit à la liberté d'expression »; ce que l'on a, c'est le Droit de louer une salle et de parler aux personnes qui en franchissent le seuil. Il n'y a pas de « Droit à la liberté de la presse »; ce que l'on a , c'est le Droit de rédiger et de publier un écrit, et de le vendre à qui est disposer à l'acheter. (...) Ainsi, dans chacun de ces cas, les Droits dont on est titulaire sont des Droits de propriété, qui incluent la liberté contractuelle et la liberté de céder sa propriété[39].

Rothbard considère toute redistribution effectuée par le biais des impôts comme un vol puisqu'elle n'est pas volontaire. Nous en sommes au début de la révolte fiscale qui ne fera que croître. L'État est la plus vaste et la plus formidable organisation criminelle de tous les temps, plus efficace que n'importe quelle mafia de l'histoire. Les intellectuels sont des idéologues enrôlés et payés par l'État pour le légitimer et susciter la soumission. L'État sous toutes ses formes, démocratie, dictature, monarchie a toujours entretenu des courtisans pour veiller à sa justification. Les services des intellectuels ne sont pas tellement demandés par le marché; l'État leur assure le minimum de débouchés.

La liberté et la propriété sont indissociables; l'atteinte à la propriété est une atteinte à la liberté. Il n'existe aucun droit réel qui puisse être distingué du droit de propriété. L'État n'a pas d'espace en droit, de plus il est inefficace. La société peut fonctionner sans État. Si toutes les voies publiques des grandes villes étaient privatisées, la sécurité régnerait et celles-ci seraient bien tenues par un propriétaire qui aurait intérêt à le faire car il devrait en faire payer l'accès. L'économie de marché pourrait se substituer à l'État en matière de police et de justice. Probablement que des compagnies d'assurances auraient intérêt à limiter le crime et incluraient le coût de ce service dans leur prime. Les prisons seraient naturellement privées et l'on assiste dans les faits à une privatisation partielle du système carcéral en France et aux États-Unis. Le problème de la défense nationale pose un problème sérieux. Il s'agit là de l'exemple classique d'un bien qui ne sera pas produit en assez grande quantité s'il est laissé à l'initiative privée. Chacun est tenté de la laisser financer par les autres parce qu'il n'en retire pas directement un usage propre à la mesure de sa contribution et que ce bien public existe même s'il n'y contribue pas (problème des *free riders*). Même l'anarchiste, Gustave Molinari, en était venu à reconnaître qu'il existe des services collectifs dont la responsabilité incomberait naturellement au gouvernement[40]. Pour les libertariens, advenant un conflit armé, une nation de propriétaires livrerait à l'envahisseur une guérilla sans merci. Évidemment, les libertariens sont contre toute limitation dans l'accès des citoyens ordinaires aux armes. Dans une société libertarienne, la croissance économique serait telle que la pauvreté s'estomperait. La charité privée serait réhabilitée car personne n'aurait le réflexe de s'en remettre à l'État[41].

En résumé, le refus de la notion d'intérêt public est à la base de la théorie libertarienne. L'égalité est présentée comme contradictoire avec la liberté naturelle en plus d'être économiquement inefficace. C'est ce que les néolibéraux nous serinent perpétuellement sous une forme plus ou moins radicale.

Notes

1. BURGESS, Fr., « Les lobbies contre la santé », *Manière de voir*, août 1996, pp. 64-66.
2. Les jeunes libéraux québécois et les jeunes conservateurs de Jean Charest ont tenté la même manoeuvre à leur congrès respectif afin de se constituer du capital politique. À la ville de New York, on a remplacé 20000 employés municipaux décemment payés par autant d'assistés sociaux obligés de nettoyer les rues pour encaisser leur maigre allocation. On appelle ça le *workfare*.
3. VERNA, G. et J. BERTRAND, « Éthique de la production en sous-traitance : le cas de l'industrie du vêtement », *Document de travail n° 96-63*, Faculté des sciences de l'administration, Québec, Université Laval, p. 2.
4. BARLOW, Maude, « The real ruler », *CCPA Monitor*, Déc. 1996 - Janv. 1997, vol. 3, n° 6.
5. RAMONET, Ignacio, « Régimes globalitaires », *Le Monde diplomatique*, n° 514, Janvier 1997, p. 1.
6. DILLON, John, *Turning the tide, confronting the money traders*, Canadian Center for Policy Alternatives, 1997, p. 27.
7. Les données sur les *sweatshops* sont tirées de CHAN, Anita, «Boot camp at the shoe factory : Chinese women make our sneakers under military rule.», *CCPA Monitor*, fév. 97, vol. 3, n° 8. Mme Chan est sociologue à la Australian National University.
8. VERNA et BERTRAND, *op. cit.*, p. 2.
9. « Vaincre le chômage et la pauvreté, un choix politique. » *Développement et paix*, 1995, p. 7, se référant à BARNETT, Richard J., « Lords of the global economy », *The Nation*, 19 décembre 1994, p. 754.
10. VERNA et BERTRAND, *op. cit.*, p. 4.
11. Le premier ministre Chrétien nous répète : « Un million de dollars, ça ne parle pas français ni anglais. (...) Le Québec est trop politiquement instable pour attirer des investissements». C'est notamment en Indonésie qu'il a traîné sa cohorte d'hommes d'affaires. Là, les ouvriers qui protestent sont interrogés par l'armée. Est-ce le genre de stabilité politique que l'on recherche pour faire des affaires?
12. Keith Peters répondait aux questions de Bob Herbert qui préparait un article pour le *New York Times*.
13. HARPAZ, B., « L'industrie américaine du prêt-à-porter : entre salaires de star et salaires de misère », New York, *Associated Press*.
14. VERNA et BERTRAND, *op. cit.*, p. 3.
15. Idem, p. 19.
16. GREIDER, William, *Secrets of the temple; how the federal reserve runs the country*, Touchstone Book, 1989, 798 pages.
17. Les données viennent principalement de ANDERSON, Sarah et John, CAVANAGH, « The top 200 : The rise of Global Corporate Power »,

Washington, DC, Institute for Policy Studies, cité par *CCPA Monitor*, fév. 1997, vol. 3, n° 8, p. 12.

18. FORTIN, P., « Dette, néolibéralisme et fiscalité », dans *L'État aux orties?*, Montréal, Écosociété, 1996, pp. 79-83.

19. MC QUAIG, L., *Shooting the hippo, death by deficit*, Penguin books, 1996, p. 18.

20. Idem, pp. 64, 84, 94, 96.

21. LAVOIE, M., « L'idéologie des discours budgétaires fédéraux : plus ça change, plus c'est pareil. » dans Paquette, Pierre et Mario Seccareccia, *Les pièges de l'austérité*, Montréal, PUM, 1993, p. 105 et suivantes.

22. TREMBLAY, M., *Le pays en otage*, Montréal, Québec/Amérique, Presses HEC, 1996, p. 198.

23. DILLON, John, *op. cit.*, p. 2.

24. LALANDE, A., *Vocabulaire technique et critique de la philosophie*, Paris, PUF, p. 236.

25. ROUSSEAU, J.J., *Profession de foi du vicaire savoyard, Émile ou de l'éducation*, livre quatrième, pp. 375-378.

26. LALANDE, A., *op. cit.*, p. 236.

27. HART, H., *Le concept de droit*, p. 251.

28. FERRY, L. et A. RENAUT, Des droits de l'homme à l'idée républicaine, dans *Philosophie politique*, tome III, Paris, PUF, Recherches politiques, p.151.

29. Idem, p. 153.

30. Idem, p. 149.

31. Idem, p. 154, les auteurs citent Benjamin Constant, *De la liberté chez les Modernes,* Paris, Gallimard, Livre de poche, Pluriel, p. 501.

32. Idem, p. 33. Ces auteurs réfèrent à Paine, T., *The rights of Man*, Londres, Seldon, 1958.

33. HABERMAS, J., *Théorie et pratique*, Paris, Payot, 1975, pp. 118 et suivantes.

34. LEMIEUX, P., *Du libéralisme à l'anarcho-capitalisme*, Paris, PUF, coll. Libre-échange, 1985, p. 133.

35. FRIEDMAN D., *The Machinery of Freedom*, N.Y., Harper & Row, 1973. ROTHBARD, Murray, *For a new liberty*, N.Y., Macmillan, 1973. *L'éthique de la liberté*, Paris, Les Belles lettres, 1991.

36. LEMIEUX, P., *op. cit.*, p. 136.

37. ROTHBARD, Murray, *Power and Market. Government and the economy,* Calif. Menlo Park, Institute for Humane Studies, 1970, p. 3.

38. ROTHBARD, Murray, *L'éthique de la liberté*, Les Belles lettres, coll. Laissez-faire, 1991, p. 83.

39. Idem, chap. 15, « Les Droits de l'homme comme Droits de propriété », p. 149-150.

40. LEMIEUX, P., *op. cit.*, p. 154.

41. SORMAN, G., *Les vrais penseurs de notre temps*, Paris, Fayard, Livre de poche, pp. 269-278.

SEPTIÈME CHAPITRE

Le néolibéralisme en marche au Québec

*La servitude la plus indigne,
c'est la servitude volontaire.*
Sénèque

L e premier ministre du Québec parle de nouvelle Révolution tranquille, d'élan collectif, mais les gouvernements démissionnent de plus en plus face au marché. On pensait que le Québec poursuivait un idéal de patrimoine collectif; le bien public est maintenant défini exclusivement comme la portion congrue qui n'intéresse pas le secteur privé. On peut mesurer la consommation de l'eau dans les foyers, l'eau devient un bien privé; on peut identifier l'usager des routes avec une nouvelle puce électronique, les routes deviennent un bien privé. Les gouvernements intoxiqués par l'idéologie néolibérale ont perdu le sens du patrimoine collectif. Sans bien commun, qu'est-ce qui transforme une foule bigarrée en un peuple? Au moment de l'écriture de ce livre, les citoyens manifestent de l'inquiétude face aux velléités de privatisation de l'eau. On doit descendre dans la rue pour obtenir un minimum de démocratie directe, un simple débat public sur la liquidation du bien commun. Les lobbies des compagnies siègent à l'Assemblée nationale et à l'Hôtel de ville. Faudrait-il éprouver un sentiment d'appartenance aux futurs barrages de SNC-Lavalin, à l'eau de la Lyonnaise des eaux et aux rues de Bombardier, aux hôpitaux et aux écoles transformés en occasions d'affaires? M. Bouchard nous dit que l'indépendance est impossible sans le déficit zéro subordonnant ainsi notre qualité de peuple à la hauteur des cotes de crédit. Notre avenir comme peuple était subordonné à l'acquiescement du premier ministre de Terre-Neuve, Clyde Wells, lors des accords du Lac Meech; il dépend maintenant de la cote de Moody's. Quel intérêt y aura-t-il à s'agréger à un peuple qui ne possède comme patrimoine collectif et institutions que l'État minimal des néolibéraux?

Le Parti québécois nous dit avoir perdu le référendum aux mains des forces de l'argent, comme aux mains des Matthew Barrett de la Banque de Montréal et Laurent Beaudoin de Bombardier; il réagit en convoquant des affairistes et des banquiers tels que Jean Coutu et André Bérard, le Conseil du patronat, les chambres de commerce, les courtiers, les distributeurs de cotes de crédit dans des sommets économiques afin de définir l'avenir du peuple québécois. Une petite élite bourgeoise d'origine affairiste a perpétuellement l'oreille du gouvernement. Ces affairistes demandent l'élimination de l'État, mais ils demandent en même temps à Mme Harel, la ministre de la Sécurité du revenu, de déposer les prestations d'assurance sociale directement dans le compte de banque des propriétaires d'immeubles. Elle ne dit pas non à la faction des propriétaires qui traîne toujours dans les couloirs de la république; l'idée l'intéresse. Le seul pouvoir de ceux qui ne contrôlent pas l'appareil économique, c'est le pouvoir politique. Les petits travailleurs exploités par les patrons, les chômeurs, les bénéficiaires de l'aide sociale ne peuvent pas se payer le luxe d'avoir un député qui ne les défend pas une fois rendu au Parlement. On démissionne devant l'aberrante fiscalité des entreprises et des bien nantis. Le ministre du Travail, Mathias Rioux, déclenche la guerre aux abris fiscaux des petits, le travail au noir dans l'industrie de la construction. Tout le monde doit respecter la loi, mais son gouvernement n'a pas le courage de supprimer les abris fiscaux des entreprises; on n'a même pas la décence de s'attaquer aux paradis fiscaux, à la fraude ouverte des gros joueurs.

Les libéraux fédéraux réitèrent, dans le budget de la mi-février 1997, leur refus d'investir pour créer des emplois. Québec fait de même. On nous présente l'emploi comme une aumône des possédants. Nos élus ne cessent de nous répéter que seul le secteur privé crée de l'emploi. Le secteur privé construit une route, cela crée de l'emploi; le secteur public construit une route, cela ne crée pas d'emploi! La métaphysique néolibérale a fait son œuvre. En vertu de quelle essence des choses le gouvernement ne devrait-il s'intéresser qu'à ce qui est négligé par le privé ou qu'à réparer les effets pervers du marché? Une entreprise privée emprunte à 8% pour réaliser un projet qui rapporte du 12%, c'est de la bonne gestion; le gouvernement emprunte à 8% pour investir dans l'éducation et la santé, ce qui rapporte bien plus que du 12% si l'on considère tout, c'est du gaspillage! Les employés de l'éducation et des services de santé, y compris les cadres avertissent qu'ils sont surmenés; pas grave, on ne remplace pas les personnes mises à la retraite. On les laisse servir la population avec des moyens réduits. Jean Coutu, des Pharmacies Jean Coutu vend des cigarettes dans ses établissements, voilà qui crée de la richesse. Mais, oui voyons, c'est dans le secteur privé. Une compagnie achète une machine qui rapportera des revenus futurs, c'est un achat d'actif apparaissant au bilan de l'entreprise; le gouvernement investit dans l'éducation de citoyens qui rapporteront des recettes fiscales futures, c'est une pure dépense qui grossit le déficit! Seule la dette apparaît alors au bilan du gouvernement. Ici, c'est la misère intellectuelle de la comptabilité nationale qui déforme la réalité, qui écrase le peuple et qui guide les élus. Il nous restera les machines à poker et les casinos qui sont sans doute les seuls « biens publics » par essence.

Cicéron a invité les sénateurs de Rome à faire passer le bien de la république avant leur bien personnel; deux mille ans plus tard, nos sénateurs siègent sur les conseils d'administration de grandes entreprises comme ces trois compères, membres du conseil de compagnies de tabac, qui grenouillent contre le projet de loi fédéral anti-tabac. Certains soupçonnent nos politiciens, à tort sans doute, de préparer une deuxième carrière au sein du conseil d'administration de compagnies après leur « carrière politique »; ils n'auraient pas intérêt à s'opposer au lobbying des compagnies pendant leur première carrière afin de se réserver une belle sortie, avant d'aller s'agglutiner à la classe des managers de grandes corporations qui écument l'argent du peuple par l'intermédiaire des conseils d'administration comme le font les cadres des banques.

L'influence du néolibéralisme sur la stratification sociale au Québec; la main très visible des nouveaux sages

Dans une société complexe, on peut distinguer des strates ou des classes composées de sous-groupes d'individus semblables au regard de certains critères. L'identification de la strate se fonde donc sur le repérage d'une inégalité de statuts, la présence d'ordres bénéficiant de privilèges ou de classes différenciées notamment par la maîtrise de l'appareil économique. Le pouvoir économique est un puissant facteur de stratification sociale. Il l'est davantage dans une société qui verse dans l'économisme et qui réduit le champ du politique. Dans la société de marché, le statut social se détermine notamment par la place occupée dans la hiérarchie des entreprises privées. Les fonctionnaires y forment un reliquat, une sorte de classe stérile. Il fut un temps où le gouvernement du Québec croyait à la notion de bien public et construisait une société assurancielle; la fonction publique pouvait alors être source de prestige social. Le progrès de la doctrine de l'État minimal a bouleversé les choses. Le gouvernement du Parti québécois augmente le réseau d'influence des affairistes en les consultant à tout moment sur des questions d'administration publique. Il annonce aussi que le néolibéralisme ne triomphera pas au Québec. Paradoxalement, le discours se dissocie de l'action; il lance un train de mesures inspirées du néolibéralisme et fait reculer l'État. Quand le courage manque pour faire en sorte que la justice sociale soit forte, il ne reste qu'à présenter les forces de l'argent comme justes. Au nom d'un pseudo-réalisme, d'un pragmatisme, de l'obéissance aux distributeurs de cotes de crédit, le gouvernement cède devant les possédants et coupe dans la justice corrective. Le gouvernement du Québec racole la classe affairiste en invitant ses représentants à siéger à titre de « sages » dans des sommets et commissions. Les patrons en profitent pour passer leur commande; toujours la même : diminution des impôts, de la réglementation, réduction de l'État et de sa fonction publique, privatisation, etc. Le sommet économique de l'automne 1996 a été symbolique d'une nouvelle stratification à base néolibérale; c'était d'une grande tristesse de voir le gouvernement du Parti québécois, c'est-à-dire nos élus, les pseudo-représentants de la volonté générale se proposer de naviguer au rythme du ballottement des décisions prises ailleurs dans l'appareil affairiste, le Conseil du patronat, les chambres de commerce, les banques, les courtiers, les distributeurs de cote de crédit. Le gouvernement confère une autorité politique aux affairistes, ce qui leur permet de consolider leurs privilèges et leur domination. Un gouvernement qui prétend représenter le peuple ne devrait pas aller chercher son programme politique chez les représentants de l'establishment financier. Il fallait voir MM. Bérard et Coutu décider du sort des Québécois tout en plaisantant le verre à la main dans les couloirs d'un hôtel. Ghislain Dufour, annonçant sa retraite, affirme avoir eu l'oreille attentive des ministres tout le temps de sa présence au Conseil du patronat. Leur pouvoir politique est disproportionné par rapport à leur nombre. Dans la société de marché néolibérale, ils domineraient complètement l'ordre social.

L'État du Québec ne sait qu'aménager progressivement son retrait face à une société de marché. C'est ainsi que sa faible présence dans le domaine culturel transforme les artistes en des courtisans des compagnies de tabac et de bière. À quel idéal social nous convie-t-il à part l'indépendance? Que peut bien signifier l'indépendance dans un État dirigé par le marché? Paradoxalement, l'État cherche son programme chez ceux qui souhaitent l'État minimal. Il n'est pas étonnant que la grosse trouvaille du grand sommet économique fut une proposition de coupures dans le secteur public et la mise à la retraite des professeurs et des travailleurs de la santé. Couper les employés du secteur public que les affairistes pseudo-sages, conseillers du gouvernement, n'avaient pas cesser de désigner comme des « gras dur », un groupe qui ne crée aucune richesse, la classe stérile à réduire au minimum en même temps que la réglementation et l'État lui-même. C'est à cela que nous devons aujourd'hui de faire face à une réduction de 15 000 postes dans la fonction publique. Le gouvernement a convoqué des affairistes pseudo-sages pour lui dire quoi faire; ils lui ont dit de s'effacer; la même litanie depuis trois cents ans. Au dix-huitième siècle, quand le dauphin avait demandé à Quesnay quoi faire, celui-ci avait répondu : « Laissez faire votre Majesté ». Le gouvernement du Québec adopte le comportement des gouvernements des années 1930 qui refusaient d'intervenir malgré la crise en remettant la solution à l'initiative privée. Le gouvernement refuse d'utiliser son autonomie fiscale pour relancer l'économie[1]. Les investissements gouvernementaux généreraient pourtant, par rétroaction, des recettes fiscales. Non! la sublime théorie de l'offre vaut seulement pour l'offre privée.

On voit apparaître dans le décor des comptables, domestiques naturels de l'élite bourgeoise affairiste, tels M. Cyrenne et M. Serge Saucier de la firme Raymond, Chabot, Martin, Paré; des personnages complètement gagnés à la cause de l'État minimal. Ces individus font des *public relations* sous le couvert de l'implication sociale en récitant la litanie de l'État minimal entre deux balances de vérification. M. Saucier s'empresse de faire partie des comités de « sages » qui en viennent invariablement à la conclusion de tout privatiser les biens publics rentables : profits privés et pertes publiques. MM. Beaudoin, Coutu, Bérard, Barrett veulent ouvertement l'État minimal, leur discours est enregistré d'avance, leur idéologie néolibérale est cimentée, pourquoi les consulter? Serait-ce par stratégie naïve? Les membres du Parti québécois insistent généralement pour que le gouvernement se laisse guider par la social-démocratie, mais, suite au congrès de fin novembre et aux menaces du chef, le parti s'est « bouchardisé ». On a assisté au spectacle d'un personnage féodal serrant la poigne sur son fief.

Les grandes centrales syndicales ont eu aussi l'occasion d'équilibrer un peu le cortège des affairistes en s'intégrant dans le circuit politique des sommets et commissions. Elles ont oublié un moment leur réalisme, leur rôle de dépositaires d'un nécessaire rapport de force pour contrer les demandes du capital. Elles ont oublié qu'elles avaient été victimes de la « gestion par boucs émissaires » du gouvernement du Québec. Elles ont été d'accord avec les coupures de dépenses sans augmentation d'impôt à la Commission sur la fiscalité et elles ont acquiescé au déficit zéro au sommet économique. Or, la seule façon de satisfaire l'obsession du déficit sans augmenter les impôts est de couper dans la fonction publique où les salaires représentent 80% des charges. Lorsque les écailles leur sont tombées des yeux, elles ont viré à 180 degrés et ont demandé au gouvernement d'augmenter ses revenus, de faire payer ceux qui avaient été outrageusement enrichis par l'aberrante politique monétaire de la Banque du Canada, première responsable des déficits. On parle de 15 000 mises à la retraite sans remplacement. Évidemment, les services ou le contenu des tâches devront absorber le coup. Il faut se demander comment les professeurs déjà débordés pourront absorber de plus grandes classes. L'éducation publique est pourtant la clé d'un système d'égalité des chances sans laquelle la stabilité sociale est compromise.

Les cadres de la fonction publique commencent à exprimer leur ras le bol devant les « virages » qui les surchargent et les dévalorisent. La désignation de la fonction publique ou para-publique comme une classe stérile occasionne une fuite des cadres vers le secteur privé. Tout le monde sait que la politique salariale dans la haute fonction publique n'est absolument pas compétitive avec celle du privé. Par exemple, on peut ne pas être d'accord avec le management de Pierre Shedleur, redresseur de la CSST, qui a dirigé ce régime de 2,2 milliards pendant plus de quatre ans, mais il faut souligner néanmoins que son salaire était de 111 000 $ par année alors que les cadres des banques et des grandes entreprises gagnent des millions de dollars annuellement. Shedleur a quitté la fonction publique pour Bell Canada en disant : « On se fait encore une image déformée, biaisée, négative du fonctionnaire et de la fonction publique. À la CSST, j'ai vu du monde qui ont donné des 60 et 70 heures par semaine. On demande à ces gens là de réorganiser le Québec, c'est peut-être le temps de bien les payer[2] ».

Le Québec est devenu une vaste chambre de commerce siégeant perpétuellement et répétant *ad nauseam* le discours réducteur affairiste. Le néolibéralisme a réussi à imposer sa stratification sociale présentant les hommes d'affaires comme une classe sociale supérieure recueillant innocemment le fruit de sa supériorité, comme les bienfaiteurs de l'humanité, comme des pères Noël de l'emploi. Il faudra se rappeler le rôle qu'ont joué les affairistes pendant le référendum de 1995 et pendant le sommet économique de l'automne 1996.

Un peu avant, le gouvernement du Québec avait nommé Jean Coutu, un affairiste-pharmacien détenteur d'une chaîne de pharmacies, responsable d'un sommet sur l'emploi. Celui-ci affirmait la nécessité de faire reculer l'État car, disait-il, le secteur public ne crée pas d'emplois ni de richesse, incluant dans cette stérilité économique les employés du secteur de l'éducation et de la santé. En même temps, ses pharmacies privées se débattaient devant la corporation des pharmaciens pour avoir le droit de continuer de vendre des cigarettes. Voilà qui crée de la richesse! Ces affairistes, appelés par « notre » gouvernement à définir « notre » société, ont une vision de boutiquiers; ils n'en mènent même pas assez large pour apercevoir leurs propres contradictions. Ils sont de complets ignorants en matière sociale, mais à force de leur fournir des tribunes pour diffuser leur dogme, ils finissent par anesthésier le sens critique de la population et provoquer une résignation déterministe à leur vision réductionniste de la société.

Une autre vedette du sommet économique, M. André Bérard, a blâmé les groupes sociaux pour avoir quitté les lieux sans signer l'entente. Il disait que ces groupes sociaux représentant 20% de la population devaient s'estimer chanceux : holà manants! « Avec 80 millions de dollars, moi je n'aurais pas quitté la table », confiait-il à la caméra. Venant d'un « gras dur » qui encaisse 1,4 million de dollars à lui seul par année et qui se vautre dans une opulence princière, la remarque avait quelque chose d'absurde et d'offensant. Voici le fond de la pensée de M. Bérard exprimé au Canadian Club d'Ottawa le 18 avril 1995 :

> Il faut changer le régime d'assurance-chômage même si cela signifie la fermeture de régions qui sont incapables d'offrir autre chose que des emplois saisonniers. Les plus faibles et les plus pauvres vont se défendre. Placez-les dans un contexte où ils ont à se débattre, où ils doivent améliorer leur sort, et vous allez être surpris des progrès qu'ils vont faire[3].

Il n'y a vraiment pas de limite à l'arrogance de l'argent. Si les pauvres décident de se « débattre » comme il dit, ils commenceront peut-être par remettre en question un mode de « collaboration sociale » qui permet aux uns d'encaisser des millions pendant que le cortège des démunis s'allonge. C'est ce « grand intellectuel », ce « grand humaniste », ce digne représentant de la classe argentière que le premier ministre consulte sur l'avenir du Québec. Une chance qu'on l'a pour nous dire quoi faire !

On a su par après ce qu'ils faisaient à ce sommet économique : ils étaient là pour jouer le rôle idéologique de conditionner les consciences à l'assaut que préparait le gouvernement contre les fonctionnaires. On avait éliminé des dizaines de milliers de fonctionnaires fédéraux par une loi spéciale et tout le monde avait applaudi à la disparition de ces boucs émissaires naturels de la colère des contribuables comme si aucun service n'était rattaché à leur fonction. Le gouvernement peut ensuite rouvrir les conventions collectives des employés du secteur public dans l'approbation générale, le discours idéologique ayant fait son oeuvre.

Le gouvernement agit comme une machine de consolidation du discours patronal. En octobre 1996, le premier ministre du Québec demandait au patronat, comme une charité, de ne pas trop mettre de monde sur le trottoir. Il confirmait par là une totale remise de l'initiative au patronat qui peut s'afficher comme le seul créateur de richesse et exiger n'importe quoi. Pourquoi ne pas laisser les patrons s'asseoir à l'Assemblée nationale et prendre les rênes du pouvoir? On assiste à un effritement de la pensée social-démocrate au Québec. On incite à un fatalisme devant le marché et ceux qui le contrôlent.

Le gouvernement du Québec a convoqué un sommet économique fin octobre 1996, alors que l'idéologie néolibérale progresse rapidement au Québec par contiguïté avec la société américaine et les provinces comme l'Alberta et l'Ontario. Un peu avant, à une Commission sur la fiscalité et le financement des services publics, les patrons, au nom de la concurrence avec les États-Unis et l'Ontario, avaient tenté d'arracher des concessions au détriment des groupes sociaux qui absorberont déjà 2,25 milliards de dollars de coupures en 1996-1997 seulement[4]. S'appuyant sur le discours économiste dominant qui résume l'homme à un ustensile de croissance économique érigée en fin en soi, qui réduit la raison de vivre des travailleurs à la recherche des biens nécessaires pour vivre, l'activisme patronal a réitéré sa demande de diminution annuelle d'un milliard de dollars au chapitre de la taxe sur la masse salariale et sur le capital. La seule obligation que se reconnaissent les patrons est celle de faire des profits en prodiguant accessoirement et par reliquat l'« aumône de l'emploi » mais le moins possible.

Au nom de la concurrence, la mondialisation des marchés provoque une enchère à la réduction des impôts des compagnies qui enrichit la classe affairiste et vide la caisse des programmes sociaux. Les gourous du prêt-à-penser nous sortiront la vieille cassette de l'idéologie de la privatisation qui, par apriorisme, définit le bien public comme tout ce qui n'intéresse pas l'entreprise privée, l'homme ne devenant un citoyen que là où il ne peut être client, et reconduisant les insolvables aux portes de la Cité via la désinsertion sociale.

Suite aux recommandations des États généraux sur l'éducation de l'automne 1996, le premier ministre rassure les bien nantis : les écoles privées sont là pour rester ainsi que leur financement public afin de perpétuer les privilèges. Les écoles privées pourront être le vivier des chefs d'entreprises et les enfants de l'économie sociale continueront à recycler leurs guenilles. Le 29 novembre 1996, le premier ministre se rend même à un dîner bénéfice au profit du financement d'une école privée alors qu'au même moment, il coupe des centaines de millions dans l'éducation publique.

On exige une baisse des normes environnementales; ce sera fait. Des normes jugées essentielles deviennent soudainement des irritants qui nuisent à l'emploi. On éliminera 500 000 permis. Moins de permis, c'est plus de licence pour polluer; c'est un pas vers un rapport de force non contrôlé entre les grandes entreprises et les citoyens[5]. L'odeur de ces mégaporcheries, qui ont été fermées ailleurs, pourra devenir chez nous le parfum national.

Sur un plan plus philosophique, on a déjà trop laissé la classe affairiste nous imposer leur vision de l'humanité. Leur vision de l'Homme comme un être essentiellement compétitif et obéissant à un strict intérêt personnel conduisant à un État minimal dont la seule fonction est de garantir l'autonomie individuelle des possédants.

Un autre exemple de la soumission du gouvernement aux affairistes : l'affaire récente du transfert des vols de Mirabel à Dorval. Le gouvernement fédéral libéral, obéissant à la pression de la classe des affaires, qui cherchait la fortune rapide, avait exproprié les meilleures terres de la municipalité de Sainte-Scholastique il y a plus de deux décennies. On a alors exproprié 97 000 acres bien qu'on ait réalisé par la suite que 7 000 acres auraient suffi. Il s'agit, à proprement parler, d'une déportation. Les expropriés se sont vu accorder à peine plus que l'évaluation municipale. On a alors détruit les maisons avant de payer les agriculteurs expropriés. Au nom de la « business », on disait aux agriculteurs qui exerçaient un des métiers les plus honorables du monde : « Allez vous recycler, bande d'ignorants! » On ne peut pas arrêter le progrès tel que la business et les économistes à sa solde le définissent. On proposait à des hommes dont la compétence nourrissait des milliers d'autres d'aller refaire leur septième année à l'école primaire... Ayant trop exproprié, on en a replacé une partie comme locataires de leurs anciennes fermes, des serfs du gouvernement fédéral. Ces personnes habituées à l'autonomie, devenues maintenant locataires chezelles, devaient attendre des mois la permission des fonctionnaires avant d'acheter toute pièce d'équipement de plus de 500 $. À Sainte-Scholastique, on a lâché les forces de l'ordre contre les protestataires.

M. Chrétien, qui était alors ministre, leur poussait dans le dos. Aujourd'hui, il leur crache à la figure en déclarant textuellement : « Il y a un aéroport de trop, fermez-en un, je ne vais pas pleurer pour ça ». Le « petit gars de Shawinigan » obéit encore une fois à la « business » et, cette fois-ci, à un groupe qui veut s'enrichir de la fermeture partielle de l'aéroport de Mirabel. Il y a quinze ans, on disait aux habitants de Sainte-Scholastique : « Collaborez, les habitants de Dorval crèvent sous la pollution, on ne peut plus faire d'expansion par là. » On leur dit maintenant que l'augmentation du trafic aérien à Dorval ne cause absolument aucun problème environnemental... Aux habitants de Mirabel, on sort aujourd'hui la même vieille cassette : « Il faut fermer, allez vous recycler, on n'arrête pas le progrès. » Un juge vient de freiner les enthousiasmes en février 1997. La rhétorique de la business utilise n'importe quel argument à n'importe quelle sauce; l'unique but est l'enrichissement d'une petite élite qui oeuvre dans la transformation de la société à sa seule priorité égocentrique. Le profit et le pouvoir avancent main dans la main. Il faut sortir du fédéralisme autant qu'il faut se méfier du néolibéralisme. Le transfert des vols à Dorval est une improvisation appuyée par la recherche de profits privés à court terme. On parle de créer *in extremis* une zone franche à Mirabel, une enclave tiers-mondiste où les réglementations du travail et de l'impôt seraient inexistantes. Faillite budgétaire? Non, faillite morale. En 1997, on parle encore de fermer des régions éloignées et de corder le monde à Montréal.

Récemment, le gouvernement fédéral annonçait qu'on enlèvera aux employés des postes la distribution des circulaires (Média poste). Le lobby des compagnies a inculqué aux politiciens que cela créait une concurrence déloyale au privé... On perdra des milliers d'emplois à temps partiel raisonnablement payés au profit d'emplois privés précaires payés au volume. Avez-vous déjà remarqué comment les distributeurs privés de circulaires fonctionnent? Un véritable esclavage : on y voit des camelots payés au volume courir de porte en porte pour suivre le camion de circulaires et arracher un maigre salaire. Par contre, on créera quelques millionnaires de plus, probablement des amis des libéraux fédéraux, toujours en parfaite symbiose avec la bourgeoisie des affaires et qui contribueront à la caisse électorale. Quant aux fonctionnaires, c'est la classe stérile sur laquelle on peut tirer sans que personne ne s'émeuve. Pendant ce temps, des chefs de famille iront au chômage et à l'aide sociale. Quand le peuple en aura-t-il assez?

L'emploi présenté comme une aumône de la classe possédante

Le travail est source de statut social. Le chômage permanent croissant crée une hiérarchie de statuts entre ceux qui possèdent un emploi et ceux qui ne peuvent en acquérir un. On sait comment les néolibéraux tentent de dresser les travailleurs du secteur public et du secteur privé les uns contre les autres. Par exemple, on fustige la permanence de l'emploi dans le secteur public afin de laisser apparaître la précarité de l'emploi du secteur privé comme la condition normale de la classe des travailleurs. Le but est de faire des gains dans la baisse générale des conditions de travail et ultimement d'éliminer le secteur public et le droit social. On rêve aux machines à argent que constitueraient l'assurance-automobile privée, l'assurance-maladie privée, les hôpitaux et les écoles privés opérés par du personnel privé non syndiqué.

La croissance ne crée plus de travail, elle enrichit une minorité qui s'est emparée de la technologie et de la hausse de productivité qui en résulte. Le marché de l'emploi vire à l'emploi à temps partiel, à l'emploi précaire, au pigisme et au sous-contrat sans avantages sociaux. Une folie à l'échelle de la société qu'on nomme rationalisation à l'échelle des compagnies. Pourtant, le travail ne se contente pas de légitimer l'autonomie de l'individu dans la sphère économique, il permet également à celui-ci de s'intégrer socialement, culturellement et politiquement à la société. En tant qu'expérience concrète de coopération, le travail est le vecteur le plus puissant d'intériorisation des règles de la vie sociale (le respect des engagements, des horaires, la confiance en soi et aux autres, le sens de la propriété...). Le travail permet en outre de s'approprier une idée, même partielle, du bien commun. Dans une société centrée sur l'économique, le déficit de socialisation par le travail porte donc gravement atteinte au lien civil, au lien politique (le fait de se reconnaître des devoirs et des droits vis-à-vis de la collectivité) et au sentiment de solidarité[6].

Le néolibéralisme accentue ce paradoxe contemporain : le seul mode d'accès à la propriété est le travail pendant que le chômage permanent croît dans une société où la technologie augmente la productivité[7]. Par exemple, malgré des profits indécents de plus de six milliards en 1996, les banques ont aboli 11 000 emplois depuis 1991. De nombreux emplois sont aussi exportés par les multinationales dans des pays où les conditions sont minimales. L'augmentation de la consommation pourrait être une solution à ce surplus de capacité de production; mais qui achèterait ces produits si le travail, seul mode d'accès aux biens, est en perte de vitesse? Le problème est que le résultat du progrès de la technologie n'est pas partagé via une réduction du temps du travail avec un même salaire. Le partage de l'emploi accompagné d'une baisse de salaire est en réalité un partage du chômage. En effet, que vaut l'augmentation du temps libre si les revenus pour en profiter baissent substantiellement?

Aux États-Unis, 25% de la main-d'oeuvre travaille plus de 49 heures par semaine. Aux côtés d'une minorité qui travaille beaucoup, une partie de la main-d'oeuvre déclassée se retrouve dans ce qu'il est convenu d'appeler l'économie sociale. Cette portion croîtra sans doute par le projet des gouvernements de faire travailler les bénéficiaires de l'aide sociale pour encaisser leur maigre allocation. « Derrière le concept de l'économie sociale, il y a l'offensive néolibérale pour remplacer les emplois bien payés du secteur public, en particulier dans les domaines de la santé et de l'éducation, par des emplois sous-payés du secteur communautaire[8]. » Sous le couvert d'une nouvelle forme de solidarité, un rapport de force est évité en canalisant les frustrations. Les enfants de ceux qui travaillent dans l'économie sociale iront prendre la place de leurs parents, par intériorisation de ce modèle, pendant que les enfants des acteurs de l'économie formelle obtiendront un milieu favorable, des modèles de travail normaux, une éducation de qualité. C'est ainsi qu'une stratification sociale se créera sur la base de cette nouvelle structure du marché du « travail ». Certains y voient l'embryon d'un futur vaste mouvement coopératif...

Les patrons québécois examinent les résultats du néolibéralisme qui s'installent progressivement aux États-Unis depuis Reagan et se prennent à rêver devant le nouveau rapport entre le revenu moyen des dirigeants d'entreprises et celui des salariés américains qui est de 187 à 1, de 3,7 millions à 20 000 $[9]. Les patrons nous enjoignent d'imiter la fiscalité américaine malgré les 23 % de « working poors » qui demeurent, aux États-Unis, sous le seuil de la pauvreté en dépit de leur emploi. Une imitation du monde du travail américain qui néglige le fait que quelque quarante et un millions des citoyens des États-Unis n'ont aucune assurance médicale et risquent d'être jetés à la rue en cas de maladie sérieuse.

Le capital spéculatif en progression effarante s'internationalise et gagne en mobilité ce que le travail perd en sécurité. Ces millions de dollars apatrides qui « ne parlent ni anglais ni français et qui déménagent sur appel téléphonique » nous soumettront au chantage habituel. Pendant que des cortèges de démunis prennent le chemin de la désinsertion sociale, la littérature affairiste nous présente ses nouveaux héros du marché mondial comme Philip Knight, président de Nike Inc., dont nous avons parlé précédemment[10].

À l'automne 1996, tous les patrons ont dénoncé en choeur la loi sur l'équité salariale qui a fini par passer après amputation. L'habitude répétée de sous-payer le travail des femmes est présenté comme une « loi du marché » par le Conseil du patronat. Toutefois, à la Commission sur la fiscalité de l'automne 1996, il a recommandé de baisser les taux marginaux d'impôt des plus riches à cause de leur mobilité qui est sans doute plus élevée que celle des femmes[11]. La théorie de l'infériorité du travail féminin procure un bon rendement sur le capital investi en résignation et en désinformation. Selon les néolibéraux, le salaire plus faible des femmes sur le marché du travail fait que le ménage sélectionne économiquement, donc rationnellement, la femme pour la tâche domestique...

On dit que l'entreprise privée crée de l'emploi. Or, elle ne crée pas un seul emploi si elle ne peut faire des profits avec le travail de l'ouvrier. Les banques ont réalisé plus de 6 milliards de bénéfice en 1996 et elles sont les championnes des mises à pied. Pourtant, sans la possibilité de soutirer la plus-value créée par le travail de l'ouvrier, ceux que l'on désigne comme les pères Noël de l'emploi ne créeraient rien. Par exemple, la devise de Bombardier est : *Pas de contrat, pas de job*. Les entrepreneurs créent de l'emploi pour leur propre intérêt, c'est leur seule motivation. La prémisse de base du libéralisme économique est que l'individu réalise l'intérêt général en recherchant son intérêt égoïste. Dans l'échange, il doit satis-

faire l'intérêt de l'autre pour satisfaire le sien. Les entrepreneurs
« collaborent » à l'ordre social en s'enrichissant, mais ils ont aussi
l'arrogance de diriger l'ordre social comme on l'a très bien noté
lors du dernier référendum.

Cette règle de base du libéralisme ne dit pas que l'entrepreneur
doit recueillir « hors marché » des ressources collectives via les
subventions des gouvernements. De plus, si les entreprises devaient
se procurer sur le marché les services publics qu'elles utilisent,
elles le paieraient probablement plus cher que les maigres impôts
qu'elles versent collectivement actuellement. Dans la balance des
inputs et des outputs hors marché qui affectent les entreprises, il
faut se demander si l'impôt et les taxes sont vraiment des outputs
hors marché. La création d'emploi n'est pas une faveur ni une distribution de richesses. Nous n'avons pas à remercier les entrepreneurs parce qu'ils créent de l'emploi, car c'est uniquement leur
propre richesse qu'ils recherchent. La propriété privée des moyens
de production est une forme que nous adoptons pour permettre
l'accès aux biens pour tous, ce n'est pas une fin en soi. Cette rhétorique de l'aumône de l'emploi devient pour eux l'occasion de soutirer des subventions à même les fonds publics.

Économie privatisée et fortunes privées

Le gouvernement du Parti québécois n'a pas montré de réti-
cences à offrir les sociétés d'État à l'encan. On ne dément pas les
continuelles velléités de privatisation d'Hydro-Québec, la vente
des blocs d'actions de la Caisse de dépôt et de placement ou de la
Société générale de financement dans Provigo, de Domtar, etc. Le
gouvernement a déjà cédé sa participation de 24,95 % dans Alumi-
nerie de Bécancour. On se prépare à vendre la maison pour acquit-
ter le solde de l'hypothèque. N'est-ce pas le PQ qui nous disait que
les forces de l'argent lui ont fait perdre le référendum; la cohérence
logique du raisonnement indiquerait de ne pas continuer à leur remettre les rênes de notre destin?

Le premier ministre du Canada est allé en 1995 prendre une leçon d'économie en Nouvelle-Zélande où le taux de chômage a tri-
plé depuis les réformes. Il nous ramène de là un exemple de
l'efficacité du privé; la privatisation d'une société de chemin de fer
qui aurait réduit de plus de la moitié son personnel. Là, comme
dans le cas du Canadien national (CN) aux mains du privé, les lignes les moins « rentables » seront éliminées. En regardant les futurs profits tirés des privatisations de la Société des alcools du
Québec (SAQ) ou d'Hydro-Québec, tiendra-t-on compte de la pro-

priété étrangère et de la destination que prendront les dividendes en remplacement du chèque fait actuellement aux gouvernements? Le gouvernement du Québec veut décentraliser vers les régions et le fédéral privatise le CN qui fermera les voies en région; les deux politiques sont en directe opposition. La privatisation est peut être la façon la plus directe de s'appauvrir collectivement si on veut bien regarder à plus long terme. L'analyse comparative de l'efficacité entre le privé et le public n'a jamais été faite de façon objective, car cela est méthodologiquement impossible étant donné les réductions de services et l'évacuation des missions publiques qui accompagnent les privatisations; pourtant on ne cesse de nous rebattre les oreilles avec ce discours à partir de petites études strictement comptables qui évacuent les coûts sociaux.

« L'État n'a pas d'affaire dans le commerce », disait M. Parizeau et répète maintenant M. Bouchard, pensant avoir proclamé là une vérité philosophique métaphysique transcendantale. Pourtant, à les écouter, l'État devrait être omniprésent dans les machines à poker, les casinos et toutes les lotos aliénantes, exploitatrices des espoirs, qui se multiplient et qui s'insinuent dans toutes les activités d'une masse de gageurs qui s'en remettent au hasard pour s'en sortir[12]. La plaie des vidéopokers s'agrandit, on relève des suicides, des faillites. M. Parizeau rajoutait au petit *credo* néolibéral en déclarant que l'État laissé seul « agirait mal ».

Tout d'abord, d'un point de vue philosophique, l'objection à l'effet que l'État ne devrait pas faire de commerce ne tient pas. L'efficacité sociale de l'idéologie néolibérale est telle chez les péquistes que cette affirmation minimaliste est faite sans même sentir le besoin de la justifier. À quelle essence des choses, à quel en-soi se réfèrent-ils, en vertu de quelle rationalité est-il impossible à la collectivité de commercer à travers l'État? La relation de l'homme aux choses a-t-elle un caractère prédéterminé? Même le droit de propriété privée est une création toute humaine. Pourquoi l'État devrait-il se borner aux seules activités que le marché a négligé, n'y trouvant pas une rentabilité suffisante? Pourquoi les activités rentables doivent-elles passer obligatoirement par la constitution de fortunes privées? (Par exemple, on veut remettre à des fortunes privées la SAQ qui rapporte des milliards de dollars que le nouvel État du Québec pourrait utiliser pour maintenir des programmes sociaux; on accepte aussi le principe des centrales électriques privées qui est un fiasco par soustraction équivalente de recettes à l'Hydro-Québec). Tout ce pouvoir privé constitué se retournerait contre l'objectif d'indépendance du Québec. M. Parizeau dénonçait lui-même l'erreur stratégique que constitue la nomination de fédéralistes à la tête des grandes institutions publiques. Pour l'establishment financier et industriel, la création d'un pays ne vaut pas le risque d'une variation temporaire dans les taux d'intérêt.

Pourquoi l'État ne peut-il pas exercer une activité rentable et constituer un bien commun en entreprise, un fonds solidariste pour compenser les risques et les ratés bien réels du capitalisme? Cette idéologie de l'État minimal est toute culturelle, historique et relative; elle ne représente pas une vérité en soi. Elle n'est déclaratoire d'aucune ontologie, mais d'une façon toute relative d'aborder le rapport de l'homme aux choses. Il n'y a pas, par essence, un type absolu d'État, un partage prédéterminé des activités publiques et privées. Toute privatisation est vue comme bonne en soi, comme un sain combat contre l'éradication de la société bureaucratique. On oublie l'aspect rétro du phénomène, on radie des mémoires les conditions historiques qui ont entraîné l'intervention de l'État. Les péquistes, jadis sociaux-démocrates, traduisent leur dérapage causé par l'idéologie néolibérale.

Voulez-vous un exemple de la philosophie de la privatisation à tout prix? Le libéral André Bourbeau, alors qu'il était aux Affaires sociales, avait persécuté les assistés sociaux allant jusqu'à faire fouiller leur panier à linge sale pour monter des preuves de cohabitation. Son esprit d'économie dans les petites choses ne l'a pas empêché, une fois devenu ministre des Finances, de faire un cadeau de 22 millions de dollars au grand bourgeois Désourdy et à un groupe américain (60%) dans l'affaire de la « privatisation » du Mont Sainte-Anne. Les péquistes auraient dû annuler ça immédiatement en arrivant au pouvoir. Au lieu de cela, ils confient l'étude du cas à un bureau de comptables, Coopers & Leybrand, qui s'affiche dans sa publicité comme le champion mondial de la privatisation. Rappelons que c'est un autre bureau de comptables (KPMG) qui avait fourni au ministre Bourbeau une évaluation du Mont Sainte-Anne extrêmement basse, issue d'un scénario économique catastrophiste. À croire ce rapport, il n'allait plus neiger au Québec. Naturellement, étant donné la subjectivité de ces évaluations, ces comptables avaient produit ce qu'on attendait d'eux à l'intérieur d'une politique de privatisation à tout prix. M. Bourbeau avait sauté sur l'occasion pour justifier publiquement sa décision de vendre ce patrimoine québécois pour des *pinottes*. Le rapport annuel de la Sépaq a montré effectivement par la suite une perte comptable de 45 millions de dollars pour le peuple québécois dans cette vente de feu à base idéologique. Et il a continué de neiger au Québec.

Rappelons-nous, à la fin des années 80, le comité Gobeil formé de quatre hommes d'affaires qui s'étaient affublés du titre de « comité des sages ». Il s'agissait bien de la sagesse des riches puisque ce comité comportait deux banquiers, dont Michel Bélanger, et des anciens présidents de compagnies, dont Pierre Lortie qui avait présidé la Bourse de Montréal et Paul H. Gobeil, ancien président de Provigo. On a retrouvé par la suite MM. Bélanger et Gobeil au sein du comité des barons du Non lors du référendum. Rappelons-nous ce monument d'ignorance et d'arrogance que fut le rapport des « sages » présidé par M. Gobeil. Ce ne fut que l'étalement de l'idéologie de la classe possédante, la récitation du credo de la supériorité *a priori* de la propriété privée, une foire à l'individualisme possessif. Les biens de production étaient déclarés d'essence privée, une minorité possédante pouvait user librement de la machine de production et de persuasion. Évidemment cette sorte d'hommes, voués à l'individualisme possessif et réfutant la dimension sociale de la propriété, ne pouvaient aboutir à d'autres recommandations que celles de privatiser tout ce qui pouvait être rentable. Ils ont simplement recommandé d'effectuer un putsch contre le patrimoine commercial et industriel collectif constitué pendant la Révolution tranquille. On avait appelé leur projet l'État-provigo. Il y a bien eu aussi cette autre manifestation d'aliénation que fut le rapport Scowen qui recommandait de faire percevoir les impôts du Québec par le gouvernement fédéral pour épargner des frais, d'effacer la Société de développement industriel au profit de la Banque fédérale de développement. Donner notre argent aux autres pour ensuite aller le quêter : quelle sagesse! Se constituer soi-même en mendiant de son propre patrimoine. Le ministre Pettigrew vient nous dire que c'est le gouvernement fédéral qui a sauvé la culture et la langue au Québec; il oublie de mentionner que l'argent venait des impôts perçus au Québec. Quand le Québec sera indépendant et que nous garderons nos impôts, nous saurons bien nous arranger avec la protection de notre culture et de notre langue.

La privatisation des services municipaux à Montréal dissimule une hausse de taxes et une liquidation des employés syndiqués. La facturation privée pour des services publics équivaudra à une augmentation d'impôt dissimulée, surtout que l'entreprise privée désire s'enrichir au passage et aller investir ses profits ailleurs que dans les services publics et ailleurs qu'à Montréal et en dehors du Québec. En fait, la privatisation est la façon certaine de s'appauvrir collectivement quand les profits quittent le pays. En France, il ne reste que 25% des villes qui contrôlent leur eau. À Paris, depuis la privatisation de 1984, le prix de l'eau a augmenté de 154% alors que la hausse générale des prix ne fut que de 39%. En Angleterre, les conservateurs de Mme Thatcher ont vendu les compagnies publiques d'eau au cours de la décennie 1980, lors de la vague d'hystérie néolibérale. Résultat, en France le système public coûte 30% de moins et les compagnies privées s'engraissent outrageusement. Les villes sont légions à vouloir revenir au système public maintenant que les écailles leur sont tombées des yeux. Trop tard, ils ont signé des contrats à long terme, bercés par les beaux mots d'économie et d'efficacité.

Selon le ministre des Affaires municipales, Rémy Trudel, le maire de Montréal lui aurait fait la promesse de tenir un débat public avant de procéder aux privatisations. Le sentiment de beaucoup d'observateurs est qu'à Montréal les jeux sont déjà faits. Les citoyens seront placés devant un fait accompli après un simulacre de consultation et un bombardement idéologique dans tous les médias. Le maire-monarque a agi en sourdine en feignant de demander des études alors que la démarche était lancée. Les principaux conseillers du maire se sont rendus en France rencontrer les multinationales de l'eau bien avant de rendre publique l'intention de privatiser.

Une bande d'affairistes, que l'on présente comme de bons samaritains, forment ce que l'on pourrait appeler le conseil municipal parallèle. Sentant la présence d'un faiblard à l'Hôtel de ville, ils se sont chargés de combler le vide à leur avantage. Des samaritains aussi réputés qu'André Desmarais de Power Corporation, Guy Saint-Pierre de SNC-Lavalin, Serge Saucier de Raymond, Chabot, Martin, Paré (RCMP), André Caillé alors chez Gaz Métro, Léon Courville de la Banque Nationale, Jacques Bougie de la Compagnie Alcan, Brian Levitt d'Imasco, Paul Tellier du CN, Raymond Cyr de Bell, etc., en tout, vingt hommes d'affaires sans parler des représentants des chambres de commerce. Ce groupe peut-il conseiller objectivement le maire et les fonctionnaires sur les privatisations alors qu'ils y ont un intérêt direct? Ils sont venus dérouler leur cassette habituelle. Il est évident qu'ils ne pouvaient recommander autre chose que la privatisation ou la sous-traitance avec le privé aux dépens des employés municipaux permanents. Guy St-Pierre déclarait que l'État-nation devait disparaître. L'attachement à un territoire, à une patrie est une survivance du tribalisme; il n'est pas étonnant que, pour ces hommes d'affaires, la Ville de Montréal ne soit qu'un marché, une business. La fierté a une ville...

À la Ville de Montréal, ces gourous patronaux réunis en comité de « sages » discutent du partage des biens publics, notamment la privatisation de l'eau. Des multinationales françaises, des firmes d'ingénieurs québécoises, jusqu'à des filiales de banques et des courtiers se sont montrés intéressées à accueillir la poule aux œufs d'or. Ces compagnies ont financé la conférence du Canadian Council for Public Private Partnership sur la privatisation de l'eau à Toronto. Le gouvernement du Québec se montre sensible aux lobbyistes : un groupe de travail interministériel qui relève du comité des priorités. La loi permettant la création de Sociétés d'économie mixtes privées-publiques (SEM) s'en vient. À la fin du mois de février 1997, plus de mille personnes prenant de l'avance sur ce qui est en train de se décider en coulisse se sont réunies à l'Université du Québec à Montréal (UQAM) pour affirmer leur opposition à la privatisation de l'eau. Des affairistes ont aussitôt rétorqué qu'ils ne voulaient que privatiser le réseau ou la gestion et non l'eau. Évidemment, c'est la même chose, ce sont eux qui fixeront les prix et qui encaisseront les profits. Le maire a répondu qu'il attendait la réponse de Québec sur les SEM, ce qui démontre que Québec a rapatrié le dossier et que Montréal est partiellement en tutelle. Ce n'est pas nécessairement une bonne nouvelle, car les lobbyistes-affairistes ont l'oreille de M. Bouchard. Le public a appris, au début du mois de novembre 1996, que Vision Montréal, le parti du maire Bourque, a violé les dispositions de la loi sur le financement des partis politiques. Le maire a réagi en demandant l'abolition de la loi interdisant les contributions des compagnies : le retour aux belles années du duplessisme.

Le comité de sages du maire Bourque avait découvert tout à coup qu'en matière d'attribution des contrats publics, l'appel d'offre n'était plus utile. Normalement, la Ville doit retenir des services seulement après un processus général de soumission en toute équité. Les participants du comité des sages ont un avantage évident ayant eu accès aux livres de Montréal. Évidemment, les participants à ce comité ont sauté sur l'occasion de cet avantage concurrentiel indu, conformément à l'incompétence éthique proverbiale du secteur privé qui n'obéit qu'à la règle du profit. Pensons que SNC-Lavalin est prête à tout prendre; la seule objection qu'elle rencontre est le désir qu'ont les autres entreprises privées d'obtenir leur part du gâteau.

Avant de régler la convention collective des cols bleus, le maire a tenté d'obtenir des amendements aux lois du travail. Dans la sociologie néolibérale du travail, on élimine les emplois permanents en faveur du pigisme ou du recours aux sous-contractants. Un rendement plus grand sera obtenu d'un pigiste ne disposant d'aucune sécurité d'emploi, se disputant des honoraires contrat par contrat, toujours prêts à travailler au plus bas prix afin d'obéir à une rationalité économique robotisante. C'est la règle de l'usage maximum du matériel humain ou du salaire de subsistance.

Le maire, ami des chambres de commerce, n'a pas reçu de l'électorat le mandat de privatiser les services publics. Jérôme Monod, p.d.g. de la Lyonnaise des eaux, semblait en savoir plus que les Montréalais puisqu'il affirmait, à l'émission *Enjeux* du mois d'avril 1996, l'intention ferme du maire de Montréal de céder la gestion du réseau d'eau. Que signifie la consultation après cela? À ce moment, les spécialistes de l'Institut national de recherche scientifique-Urbanisation du Québec n'avaient même pas été consultés; pourtant, ce sont des experts qui auraient été plus objectifs que les employés de la Lyonnaise ou un comité de sages formé d'hommes d'affaires en flagrant conflit d'intérêts.

Les sociétés d'économie mixtes (SEM) que l'on désire former se caractérisent par un manque de transparence. En effet, elles sont soustraites à la loi de l'accès à l'information. Pensons à la société Stationnement Montréal qui refuse de divulguer ses états financiers. L'INRS-Urbanisation et la Fédération professionnelle des journalistes du Québec ont dénoncé le fait que ces sociétés mixtes bénéficieront du secret commercial à cause de la présence d'un partenaire privé; ils craignent le patronage généralisé. L'information normalement disponible sur les institutions publiques qui administrent les fonds des contribuables ne la sera plus. On pourra même procéder sans appel d'offres comme dans le bon vieux temps. La municipalité ne serait même pas tenue de procéder par appel d'offres pour choisir son partenaire SEM.

On dit qu'un peuple a besoin d'une instance qui transcende les individualités pour se solidariser. Le bien public est le noyau de cette solidarité. La mairie de Montréal participe au dogme néolibéral voulant que le recours aux services collectifs ne soit autorisé que là où le marché ne peut produire spontanément les biens nécessaires. L'utilisation de l'eau devient mesurable et vendable, elle intéresse l'entreprise privée qui peut en facturer l'usage; elle cesse alors d'être un bien public. Des moyens techniques permettent de mesurer le passage sur une route ou sur un pont et de contrôler les *free-riders*; ces infrastructures cessent d'être des biens publics. On découvre ainsi quelle importance la mairie de Montréal accorde au statut de citoyen; le citoyen existe par défaut d'être un client d'une entreprise privée. Le Montréalais pourra-t-il dire : voici ma ville? Non, en sortant de son logement, il pénétrera sur un territoire privé et empruntera les rues de SNC-Lavalin pour se rendre à l'hôpital de Bombardier; il boira l'eau de la Lyonnaise et pissera dans les égoûts de Gaz Métro. Le Montréalais ne pourra plus se définir que comme un client d'une ville privatisée et Wal-Martisée. La Cité ne devient qu'une promiscuité favorable au commerce. On parle de sentiment d'appartenance à la ville de Montréal; on dépense des millions en publicité « Montréal ma ville et patati et patata ». Qui peut bien être intéressé à l'appartenance au statut de client captif de SNC-Lavalin ou de la Lyonnaise ou de Raymond, Chabot, Martin, Paré et compagnie?

Sommes-nous assez nigauds pour croire qu'une fois en possession des services publics, les compagnies n'en demanderont pas davantage et jusqu'à l'autonomie complète? Considérez l'exemple de l'Ontario où le néolibéralisme sévit sous le gouvernement conservateur de M. Harris; on dit vouloir laisser l'entreprise privée s'autoréglementer comme le font les corporations de professionnels. Le seul recours du public sera d'aller se plaindre à une association de patrons. Imaginez la grosseur du conflit d'intérêt. On menacera simplement les plaintifs qui auront réussi à joindre le répondeur téléphonique, de poursuites pour libelles après les avoir retournés cavalièrement.

Une fois les entreprises privées en contrôle des biens publics, la prochaine étape sera d'exiger l'abandon de la réglementation publique en faveur de l'autoréglementation, ce qui se résume à l'anarcho-capitalisme. On a noté récemment que Stationnement Montréal inc., une filiale de la Chambre de commerce du Montréal métropolitain, après avoir mis la main sur les parcomètres, en a augmenté le nombre de 2 500 pour porter le total à 14 500 parcomètres. Le tarif a également augmenté de 50%. La filiale de la Chambre de commerce demandait d'augmenter à nouveau le nombre parcomètres de 1 620 en février 1997. Elle se proposait de creuser un stationnement sous le Square Philips au coût de 12 millions de dollars[13]. De plus, elle voulait former une société en commandite avec GTM-Entrepose (Grand Travaux de Marseille), une filiale française de la Lyonnaise des eaux. Selon toute vraisemblance, la conception et la réalisation devaient être confiées à

Janin Construction, une filiale de GTM depuis 1955. Donc, les profits devaient partir vers l'étranger.

On en revient toujours aux mêmes multinationales qui viennent grenouiller au Québec pour s'emparer des biens publics en traitant au passage le projet d'indépendance de tribalisme. Le projet de stationnement de la Chambre de commerce ne s'est pas réalisé. Mais cela démontre que le développement de la ville obéira de plus en plus aux « ballounes » de chambres de commerce comme cet aberrant stationnement. La pression pour exiger l'annulation des normes environnementales s'ensuivra. L'émission *Enjeux* rappelait que le maire de Grenoble, M. Carignon, a pris le chemin de la prison pour avoir accepté de l'argent illégal de la Lyonnaise des eaux. Cela en dit long sur la compétence éthique des multinationales qui agissent de la sorte partout où elles passent.

La privatisation des services municipaux fera de nous des clients captifs face à des monopoles, bien souvent étrangers, qui déplacent leur capital à travers le monde. Subsumer la satisfaction de besoins essentiels sous la logique de la maximisation des profits d'une entreprise privée relèverait d'une naïveté coupable. Nos taxes destinées à créer un bien commun partiront à l'étranger sous forme de profits et dividendes pour financer des activités sur lesquelles nous n'aurons aucun contrôle et que peut-être même nous désapprouverons, comme la vente d'armes par exemple. Par contre, l'argent recueilli par le pouvoir public demeure sous notre contrôle via celui que nous exerçons sur les élus.

Tout indique que la consultation sur la privatisation de l'eau se fera comme un exercice de persuasion. Des néolibéraux notoires, dont certains sévissent dans les journaux, ou devrait-on dire les succursales médias écrits de certains conglomérats, ont affirmé que les employés municipaux sont de véritables « pachas » et que le débat sur la privatisation découlait d'un « lobby syndical ». Un éditorial de *La Presse* affirmait le 22 mai : « On comprend mal où est le problème et quels sont les grands principes qui justifieraient que la distribution de l'eau doive être publique ». Mais pourquoi la distribution d'un bien essentiel devrait-elle être privée? Des extra-terrestres sont-ils venus leur dire que tout doit être privé à l'exception de ce qui n'intéresse pas l'entreprise privée? Imaginez la machine à argent que représente un aqueduc livrant l'eau que les clients doivent obligatoirement consommer ou la route qu'ils doivent obligatoirement emprunter. Les compagnies comme la Lyonnaise des eaux et la Générale des eaux qualifient elles-mêmes leurs affaires de « marché du siècle ». Voici les derniers chiffres annuels de profits en Angleterre tels que révélés par l'émission *Enjeux* : Thames 727 millions de dollars, North West 682 millions, Northumbrian 216 millions, South West 151 millions. De 1992 à 1996, les bénéfices de cinq entreprises anglaises sont passés de 1 milliard 654 millions de dollars à 2 milliards 238 millions, alors que le nombre d'employés est passé de 24 721 à 20 637[14]. Le président d'une de ces entreprises, M. Hoffman de la Thames, s'est payé une rémunération de 1,9 million de dollars l'an dernier, salaire et bénéfices compris. C'est beaucoup plus qu'un directeur de services à la Ville de Montréal.

Les parents en sont rendus à réprimander les enfants pour ne pas qu'ils se salissent ou qu'ils tirent la chasse d'eau. La facture d'eau est devenue un cauchemar. Voici ce que nous dit Trevor Newton, directeur de Yorkshire Water : « Je n'ai pas pris de douche depuis trois mois, on peut très bien se laver avec une bassine d'eau ». Les compagnies traînent les payeurs retardataires devant la cour ; Thames vient de débrancher 1 030 ménages en 1995. Pendant ce temps, les compagnies anglaises et françaises, enrichies par ce commerce avec des clients devenus captifs, accèdent au rang de multinationales. La North West a pris le contrôle de l'assainissement et de la distribution à York en Ontario et à Moncton au Nouveau-Brunswick. On peut faire une comparaison entre les tarifs privés et publics en France. Voici le prix au mètre cube d'eau révélé à l'émission *Enjeux*.

Public		Privé	
Aix	2, 40 $	Lille	4, 90 $
Tours	2, 60 $	Nice	4, 80 $
Nantes	3, 00 $	Toulon	4, 72 $

S'il existe des services publics par essence, ce sont bien ceux qui satisfont des besoins aussi essentiels que celui de l'eau ou des routes. Les compagnies savent que l'eau est un bien essentiel et que le consommateur sera prêt à renoncer à d'autres biens pour absorber une hausse du prix. Les services commercialisés seront donc réservés à qui peut se les payer. Que l'ex-citoyen n'ait pas le malheur de devenir insolvable, car son seul statut sera dorénavant celui de client.

Le maire-monarque de Montréal aime citer les paroles d'un banquier chinois pour se donner un vernis philosophique : « Dans

la vie, il faut s'élever au-dessus de la poussière du monde...»
Quelle profondeur! Plutôt que de citer les simplicités méprisantes
des grands bourgeois, le maire devrait se préoccuper de la question
philosophique par excellence, celle du choix des fins de l'activité
humaine. Il redécouvrirait probablement la notion de biens publics
et éviterait de gérer une ville comme une boutique.

La concentration des machines à argent

S'il existe des machines à argent par excellence ce sont bien
les banques. Quelqu'un peut-il expliquer comment les six grandes
banques font pour engranger six milliards de profits en 1996, alors
que l'économie est au ralenti et que le cortège des démunis
s'allonge. Disons d'abord que les banques oeuvrent dans un espace
protégé. Les hauts gradés des banques qui nous intiment de renoncer à l'indépendance ne sont pas des entrepreneurs qui risquent des
fonds personnels et qui génèrent des profits grâce à des idées nouvelles. L'entrée dans le marché bancaire est très limitée alors que
les banques, elles, entrent joyeusement dans plusieurs domaines en
s'appuyant sur les profits d'un secteur protégé. Les banques possèdent déjà 70% des actifs des sociétés de courtage. Pourtant, dans
l'économie libérale, plus le nombre de concurrents est grand, plus
le prix se rapproche de l'équilibre, plus on évite de permettre de
«rentes de situations» aux acteurs dominants. Les banques sont
notamment protégées par le gouvernement contre l'entrée des banques étrangères qui doivent ouvrir une filiale et non une simple
succursale; cette filiale ne peut prêter globalement une somme supérieure à 20 fois son capital. Le résultat est que personne ne fait
concurrence à l'actuel oligopole bancaire pour la baisse des taux
d'intérêt, des frais, etc.

La déréglementation, appelée «décloisonnement des institutions financières», réunira sous un même contrôle les machines à
argent que sont les banques, les trusts, les maisons de courtage, les
compagnies d'assurances, etc. Récemment, la Banque Nationale
s'associait à La Métropolitaine compagnie d'assurance. Même
Power Corporation, qui pourtant n'a pas froid aux yeux à propos
des questions de monopoles, s'inquiète de cette concentration.

Les fortunes modernes sont de plus en plus redevables aux
opérations financières de tout acabit y compris la spéculation. Une
proportion de 95% des paiements monétaires mondiaux est versée
pour des opérations improductives de spéculation, c'est un phénomène connu. Les banques agissent comme grossistes en concen-
trant les capitaux des petits épargnants et elles en livrent une partie

aux gros spéculateurs qui appauvrissent ces mêmes petits épargnants. Les banques trouvent 95% de leur capital chez 20 millions de déposants au Canada. Dans les années 70 et 80, les banques canadiennes ont livré l'argent des épargnants aux gros spéculateurs immobiliers. Il s'ensuivit des surplus d'immeubles, des faillites, d'énormes créances irrécouvrables. La Banque de Montréal a radié 548 millions de dollars de créances irrécouvrables à ce chapitre en 1994 (1 milliard de créances douteuses depuis trois ans). On dira ensuite que l'entreprise privée est un modèle qui fait nécessairement mieux que le secteur public.

Les banques japonaises avaient créé des filiales immobilières juridiquement indépendantes. Le gouvernement avait forcé les coopératives agricoles japonaises à investir leurs fonds dans ces sociétés immobilières douteuses. Les banques écrémaient pour elles les meilleurs prêts et laissaient les prêts les plus risqués à ces filiales qui s'approvisionnaient extérieurement en capital. Au début de 1990, le marché immobilier japonais s'effondre. Des immenses faillites immobilières surviennent; 88 milliards (en dollars canadiens) de pertes réalisées et 27 milliards à venir. On rapporte qu'un des dirigeants de ces filiales a encaissé 138 millions de dollars en rémunération. Le gouvernement japonais, se portant au secours des banques, veut faire payer 9 milliards de dollars de la faillite par les fonds publics. Cela représente 75 $ par personne; on proteste sans succès. John K. Galbraith raconte que suite à une déréglementation et à une hausse à 100 000 $ de la garantie de dépôts par le gouvernement américain, les caisses d'épargnes américaines (savings and loans), auparavant conservatrices, se mirent à effectuer des prêts risqués dans l'immobilier au cours des années 80. Les faillites qui s'ensuivirent coûtèrent quelques centaines de milliards au gouvernement. L'histoire se répète partout, les banques sont des assistées sociales de luxe qui font d'énormes gaffes avec l'argent du peuple[15].

Mais l'hégémonie des banques augmente; les concessionnaires de l'automobile sont inquiets. Les banques font leur lobbying auprès du gouvernement fédéral pour obtenir, lors de la révision des lois sur les institutions financières de 1997, le droit de faire de la location de véhicules à long terme. On veut ravir ces opérations de financement, véritable poule aux oeufs d'or, aux agences de crédit des manufacturiers, qui ont d'ailleurs fait leur propre malheur en abusant et trompant outrageusement les consommateurs. Évidemment, l'emprunteur-locateur d'une auto sera un consommateur captif pour l'assurance-auto de la banque (toujours le comptoir unique). Ce qui apparaît à court terme comme une augmentation de la concurrence conduira à une concentration sans précédent.

La politique néolibérale monétariste, les taux d'intérêt artificiellement gonflés par la Banque du Canada entraînent une immense ponction, une vaste rançon sur l'ensemble de l'économie, sur le peuple pris en otage. Les taux viennent tout juste de commencer à baisser, on vient de découvrir que la priorité n'est pas le combat de l'inflation mais celui de la stagnation. Il faut remonter au début des années 30 pour retrouver des taux d'intérêts de base de la banque centrale aussi élevés que ceux enregistrés depuis les années 80. Par exemple, 9,3% en 1984 et 7% en 1985.

En février 1997, Statistique Canada dévoilait que la dette totale des individus au Canada s'élève à 500 milliards dont les trois quarts sous forme de dettes hypothécaires. Il y a 58,5 millions de cartes de crédit en circulation au Canada, soit 2,6 cartes par Canadien adulte pour des transactions dépassant 61 milliards de dollars. Les banques exigeaient jusqu'à 18,9% (le 16 janvier 1996) sur les cartes de crédit et cédaient moins de 4% en moyenne sur toutes les formes de dépôts (1/5 de 1% sur les comptes d'épargne à la Banque Nationale). Les banques n'en cèdent au chapitre de l'usure qu'à Eaton, Simpson, La Baie et cie qui demandaient le taux « shylockéen » de 28,8% (cinq fois plus que le taux de la Banque du Canada) et qu'aux sociétés pétrolières qui réclamaient du 24%. On accordait à cette date 5,75% pour un dépôt de cinq ans dans un REER, on demandait 7,95% pour un prêt hypothécaire de même durée. En moyenne, en 1995, les banques ont exigé 9,4% pour les hypothèques alors que l'inflation a été de 2,4%, ce qui leur laisse un incroyable 7% de gain réel sur des masses considérables d'argent prêté et garanti par l'immobilier.

D'autre part, les banques remplacent leur personnel par des ordinateurs sans évidemment baisser leurs frais de service pour partager le gain d'efficacité. Elles exécutent un plan de disparition de 35 000 emplois en guise de contribution sociale. Elles prospèrent de notre manque de solidarité. Les six grandes banques à charte canadiennes ont réalisé ensemble, en 1996, six milliards de dollars de profits contre 5,2 milliards en 1995 et 4,28 milliards en 1994.

Voici donc le résultat de cette « vertu » du profit qu'elles pratiquent si pieusement... (Est-il nécessaire de préciser que les chiffres qui suivent sont en millions de dollars?)

		Royale	CIBC	B. Mtl	T. Dom.	N. Scotia	B. Ntl
Profits nets	1996	1430	1360	1168	914	1069	318
Profits nets	1995	1262	1020	986	794	876	245
Profits nets	1994	1169	890	825	683	482	217

Il faut étudier maintenant comment la direction des banques constitue un appareil de gestion destiné à capter à son avantage les profits. Ces rémunérations, hors de toute mesure, se font au détriment des emplois, des frais de service et des intérêts que payent les consommateurs. Cela se fait en particulier par l'intermédiaire des régimes d'options d'achat d'actions dont la haute direction bénéficie. Déjà très considérable en 1993, la rémunération des dirigeants des banques canadiennes a subi depuis des augmentations sans précédent[16]. La rémunération des chefs de direction des six grandes banques a dépassé le million de dollars en 1994 et en 1995. En fait, trois d'entre eux ont même touché un montant dépassant les deux millions; il s'agit des hauts gradés de la Banque Royale, de la Banque de Montréal et de la Banque Toronto-Dominion. Comme nous le verrons, ces salaires sont multipliés par l'attribution d'options d'achat d'actions.

À la Toronto-Dominion, la prodigalité envers les hauts gradés a permis un salaire de 2,63 millions de dollars à Richard Thomson en 1994 une augmentation de 184% par rapport à 1993, non suffisante toutefois, car son salaire a été porté à 3,15 millions en 1995. Crime de lèse-majesté, une petite hausse de seulement 19,8% en 1995, un véritable affront. C'est toutefois mieux que de recevoir son livret d'assurance-emploi, un sort qui est celui de beaucoup de travailleurs du monde bancaire.

À la Banque de Montréal, alias First Canadian Bank depuis qu'elle ne veut plus être associée au Québec à cause du spectre du référendum, la haute direction s'est aussi accordé des largesses au chapitre des « émoluments »; on a versé 3,86 millions de dollars en 1996 et 2,5 millions en 1995 au très britannique Matthew Barrett. Rappellez-vous, Matthew Barrett est celui qui jouait les bonshommes Sept-heures, les cavaliers de l'apocalypse, le 15 janvier 1996, en affirmant, le plus sérieusement du monde, que l'indépendance du Québec coûterait 200 milliards au Canada. Il annonçait un énième coup de la Brink's en menaçant de déménager le siège social si les Québécois osaient se donner un pays. Au 31 octobre 1995, M. Barrett détenait 669 000 options d'achat d'actions non exercées pour une valeur de 4 508 500 de dollars. En 1996, la valeur des actions de la Banque de Montréal s'est appréciée à un point tel que la plus-value enregistrée pour ces options en 1996 seulement est de 10,4 millions[17]. L'argent du peuple, une fois concentré dans les banques, devient fuyant et arrogant au point de se retourner contre lui. Toujours à la Banque de Montréal, d'autres cartomanciens de la finance se dépêchent d'empocher avant la fin du monde appréhendée : 1,53 million au chef de l'exploitation, F.A. Comper, 1,1 million au vice-président du conseil, J.S. Ghislom, 1,4 million en 1995 et 1,9 million en 1996 pour le chef de la direction de la Harris Bankcorp, A.G. Mc Nally, et seulement 2,5 millions au vice-président du conseil, B.F. Steck, en 1995, suivis de près de 3 millions en 1996. Rappelons que la Banque de Montréal a coupé 2 000 postes en 1995.

J. E. Cleghorn de la Banque Royale collecte 2,28 millions en 1995, 2,6 millions en 1996 et continue de congédier lui aussi. Son prédécesseur Allan Taylor avait encaissé 2,7 millions en 1994 et 1,3 million en 1993. La Banque Royale, première en importance au pays en termes d'actif, a doublé le salaire d'Allan Taylor en 1994, lui permettant ainsi de rejoindre ses collègues de la Banque de Montréal. P. Godsoe de la Nova Scotia recevait quant à lui une augmentation de 103,6% en 1994 pour atteindre une rémunération de 1,67 millions. En 1995, il est gratifié d'un montant 1,9 million. À la CIBC, Al Flood émerge des *floods* avec 1,85 million contre 1,66 million en 1994. En parent pauvre de Bay Street, il ne reçoit qu'un maigre pourcentage d'augmentation de 11,7%. Il faut dire que c'est cinq fois la moyenne canadienne. Pour rattraper le temps perdu, la CIBC lui a accordé, en 1996, une timide augmentation de 40,9%, en fixant sa rémunération à 2,6 millions.

André Bérard de la Banque Nationale encaisse 1,3 million de dollars; ses compagnons de fortune, Jean Turmel et Léon Courville empochent respectivement 957 532 $ et 797 533 $. Le ministre Chevrette reprochait à Hydro-Québec d'entretenir une structure trop lourde avec 34 vice-présidents; la Banque Nationale en a 76. Le dégraissage a plutôt tendance à s'appliquer à des employés plus modestes et préférablement du secteur public ou parapublic. Quant à la haute direction, c'est de la bonne graisse en habit rayé, signe d'opulence et de prospérité sans doute.

Depuis que le phénomène social de la séparation de la direction et de l'actionnariat est survenu, on s'est souvent demandé si le profit demeurait le guide exclusif des entreprises. L'intérêt de l'appareil administratif des cadres coïncide-t-il avec celui des actionnaires qui est la maximisation des profits? On a dit que les cadres pouvaient poursuivre des objectifs de maximisation de leur rémunération et de leur prestige en contrôlant le marché, en faisant croître l'entreprise au détriment des dividendes et du profit à court terme. Une chose est certaine, l'intérêt des cadres diverge de ceux des travailleurs comme l'illustrent les mises à pied dans le secteur bancaire. Selon une étude américaine auprès de 105 grandes sociétés faite par Watson Wyatt Worldwide, plus les gestionnaires détiennent d'actions dans la compagnie, plus le rendement des actionnaires est élevé[18]. Comment lier l'intérêt des cadres à ceux des actionnaires? En en faisant des actionnaires, en leur accordant des options d'achat d'actions qui les inciteront à maximiser la valeur des actions. C'est ce que les banques ont fait. Les salaires dont nous avons parlé précédemment ne tiennent pas compte du fait que les chefs de direction des banques se voient octroyer des milliers d'options d'achat d'actions. Une option d'achat d'actions est un droit qu'une société par actions accorde, par exemple à un cadre, d'acheter un nombre donné de ses actions rachetées à cette fin ou de souscrire un nombre donné d'actions non encore émises de cette société, à un prix stipulé d'avance, et au cours d'une période déterminée[19]. Ces options sont généralement émises pour l'acquisition ultérieure d'actions à la valeur marchande qui prévaut à la date d'attribution des options. Le bénéficiaire peut se porter acquéreur du nombre d'actions spécifié dans l'option, disons un an plus tard, au prix de l'année précédante. Comme la valeur au marché des actions des banques augmente rapidement, les cadres de celles-ci peuvent acheter, à la date où ils décident d'exercer leurs options, un nombre appréciable d'actions à un prix d'escompte qui correspond à un prix passé beaucoup plus bas que la valeur boursière courante prévalant le jour de l'exercice de l'option. Si j'ai la permission d'acheter une action au prix de 5 $ alors que la valeur boursière courante est rendue à 15 $, je réalise automatiquement 10 $ de profit. Il faut dire que les options acquièrent de la sorte elles-mêmes une valeur marchande.

Matthew Barrett a réalisé en 1995 une plus-value de 2,7 millions de dollars grâce à la détention de ces options d'achat d'actions. Ainsi, il s'est vu octroyer 212 000 options au cours de l'année 1995 lui permettant d'acheter des actions au prix de 25,50 $ chacune. Au 31 octobre 1995, il détenait 669 000 options non exercées accumulées au cours des années qui représentent une valeur marchande de 4 508 500 $. Il réalise donc à date une plus-value d'environ 6,74 $ pour chaque option d'achat d'une action[20]. Ces options excluent celles qui furent exercées pendant l'année 1995 et qui rapportèrent à M. Barrett la rondelette somme de 390 000 $.

Nous avons dit plus haut que lorsque la valeur marchande des actions des banques augmente, la valeur des options d'achat d'actions détenues par les haut gradés des banques augmentent. Il s'agit de montants importants. Vous noterez ainsi que la fortune personnelle de ces banquiers augmente avec le profit des banques. C'est pourquoi, ils n'hésitent pas à poser des gestes qui augmentent la valeur marchande des actions telles celles de « rationaliser » en jetant des employés sur le pavé plutôt que de partager avec eux la hausse de productivité de leurs institutions. Maintenant, pour poursuivre le cas exemplaire des options d'achat d'actions de M. Barrett, il faut noter que, le 5 novembre 1996 seulement, les actions ordinaires de la Banque de Montréal enregistrait une hausse 1,75 $ par action. Les actions ordinaires ont fini la journée à la bourse à une valeur de 44,45 $ chacune[21]. Il y a sûrement eu du caviar et du champagne chez les Barrett ce soir-là pendant que les employés se « repaissaient » sûrement de mets plus modestes. Ces actions étaient cotées à 29,75 $ un an plus tôt le 31 octobre 1995. Au 17 janvier 1997, la valeur marchande de ces actions ordinaires se soldait à 45,35 $. La plus-value des actions ordinaires de la Banque de Montréal fut donc en cette seule dernière année de 15,60 $. Comme M. Barrett détenait 741 000 options non exercées au 31 octobre 1996, il a donc réalisé un gain de 11 342 100 $ en cette année fastueuse, incluant les options réalisées au cours de la même période pour une valeur de 1 657 500 $, somme qui vient s'ajouter à son salaire de base de 900 000 $ et à sa prime annuelle qui dépasse le million de dollars. Cette dernière plus-value annuelle a donc poussé la valeur du portefeuille de 741 000 options non réalisées de M. Barrett à 14 193 100 $:

Acquis au 31 octobre 1996 :	10 636 300 $
Du 31 octobre 1996 au 17 janvier 1997 : 741 000 options (45,35 $- 40,55 $)	3 556 800
	14 193 100 $

Les dirigeants des autres banques canadiennes peuvent également ment profiter d'un système de gratification tout aussi généreux.

John Cleghorn, chef de la direction de la Banque Royale, a réalisé, du 31 octobre 1995 au 17 janvier 1997, une plus-value globale de 5 626 483 $ sur la valeur marchande de ses options, tandis qu'au cours de la même période, Al Flood, chef de la direction de la Banque CIBC, réalisait une plus-value de 8 346 250 $. La valeur de leur portefeuille au 17 janvier 1997, s'élevait respectivement à 5 739 964 $ et à 9 255 000 $[22].

En regroupant tous ces émoluments sous une catégorie commune, on réalise que la rémunération totale de ces banquiers au cours de la même période dépasse les 13,5 millions pour Matthew Barrett de la Banque de Montréal, les 11 millions pour A.L. Flood de la Banque CIBC et les 8 millions pour John Gleghorn de la Banque Royale.

Malgré l'importance des gains réalisés par ces banquiers, Richard Thomson, chef de la direction de la Banque Toronto-Dominion, est celui qui s'est le plus démarqué du peloton en réalisant une plus value de plus de 15 millions de dollars au cours de la période de quatorze mois prenant fin le 17 janvier 1997. En ne tenant pas compte des options réalisées durant la période, la valeur marchande de son portefeuille à cette date s'élevait à plus de 20 millions de dollars.

L'opinion publique passe souvent sous silence cette façon de rémunérer les dirigeants qui les incite à faire monter le plus possible la valeur de l'action dans des horizons à assez court terme. Évidemment, il s'agit de lier le sort des hauts dirigeants à ceux des actionnaires et d'établir une distance entre eux et les subalternes. Comper, Ghislom et Mc Nally de la Banque de Montréal bénéficient d'une compensation à long terme basée sur l'octroi d'options d'achat d'actions ordinaires semblables à celle décrite ci-haut pour M. Barrett. Plus précisément, la valeur marchande des options de F.A. Comper, bras droit de M. Barrett, s'élève à 9 161 688 de dollars, excluant les 51 000 options réalisées en 1996 pour une somme de 828 750 $[23].

On passe aussi trop souvent sous silence les faramineuses pensions des hauts gradés des banques. Veuillez croire qu'ils n'attendront pas leur chèque de pension de vieillesse pour courir à l'épicerie. Ils se retirent avec des allocations de retraite « à vie » faramineuses. Peter Godsoe de la Scotia, John Cleghorn de la Royale, Al Flood de la CIBC et Richard Thomson de la Toronto-Dominion recevront des prestations annuelles de retraite qui avoisinent le million de dollars. Nous avons bien dit des prestations *annuelles*. Pour ne pas perdre la trace de notre ami Barrett de la

Banque de Montréal, ajoutons que celui-ci, selon les calculs au 31 octobre 1996, serait éligible à une prestation annuelle de retraite de 1 351 000[24]. F.A. Comper pourra compter sur 860 300 $, J.S Ghislom quittera le marché de travail avec 605 732 $ et A. G. Mc Nally les accompagnera avec 820 361 $ annuellement. André Bérard, l'ami des pauvres du sommet économique de 1996, recevra de 300 000 $ à 400 000 $ par année; mais il est encore bien jeune et il aura le temps de bonifier ce parachute doré[25]. Tandis que la population canadienne s'interroge sur ce qui adviendra des fonds de pensions publics, les banquiers peuvent compter sur de colossales retraites dorées. Le tableau suivant résume la rémunération de quelques représentants de la classe argentière.

Rémunération des haut gradés des banques pour l'année 1996 (en millions de dollars, M)

	Barrett (Mtl)	Thomson (TDom)	Flood (CIBC)	Cleghorn (Royale)
Rémunération sans les options	2,20 M	2,19 M	2,62 M	2,07 M
Plus-value options	11,34 M	+15,00 M	8,35 M	5,63 M
Rémunération totale	13,54 M	17,19 M	10,97 M	7,70 M
Retraite annuelle à vie	1,35 M	+1,00 M	+1,00 M	+ 0,7 M

Ceux-là n'ont pas à s'inquiéter de la révision de l'assurance-chômage; ils ne se feront pas serrer la gorge par M. Chrétien qui préférera leur serrer la main. En fait, toutes les interventions publiques des banquiers sont systématiquement faites en vue de l'État minimal, l'abolition des programmes sociaux et le statu quo politique. Les banques, les plus grandes assistées sociales du pays, refusent de changer les chèques d'assurance sociale de nos concitoyens; elles ont peur de perdre. La Banque Royale vient de fermer sa succursale de Pointe-St-Charles; après avoir siphonné pendant des années, elle tire sa révérence obéissant à la loi du profit. L'ACEF-Centre a démontré que la moitié des plaintes portées contre les institutions financières n'obtiennent pas satisfaction[26]. Quand les banques seront complètement automatisées, virtualisées, on aura trouvé la machine à argent parfaite qui fonctionne toute seule.

D'autres machines à argent ont fait les manchettes en 1996. Il s'agit des grandes compagnies pétrolières qui ont tenté d'étouffer les distributeurs indépendants par une politique de prix de détail déraisonnablement bas[27]. Évidemment, nous ne sommes pas assez nigauds pour croire qu'Ultramar vendait sous le prix coûtant pour nous remercier de lui avoir permis de s'enrichir au Québec. Aux États-Unis, les grandes pétrolières ont tué les indépendants pour ensuite augmenter leurs prix. Heureusement, le gouvernement du Québec a eu le courage d'intervenir par la surveillance des prix via une agence de l'énergie. La majeure partie des bénéfices des grandes pétrolières réalisés au Québec sortent du pays. Esso Impériale a réalisé un bénéfice de 514 millions de dollars au Canada en 1995, elle a versé 358 millions en dividendes dont 80% à l'étranger. Le taux de dividendes étrangers est d'environ 78% chez Shell Canada, qui est une filiale de Shell Investments, elle-même filiale en propriété exclusive de Shell Petroleum des Pays-Bas, elle-même filiale de sociétés anglaises et néerlandaises. Nous avons le don de laisser les grandes entreprises écumer notre argent et l'expédier à l'étranger.

La présumée instabilité politique comme alibi de la soumission. Les barons du Non

Au sommet économique de l'automne 1996, un économiste-banquier nommé Rousseau est venu nous dire que le français était une nuisance pour les affaires. La substance de sa précieuse pensée se résumait à dire que ce particularisme linguistique nous prive de la collaboration des affairistes américains à notre bien-être collectif. Personne ne lui a répondu, sauf peut-être Gilles Vigneault dès qu'il a eu la parole lors d'une émission de télévision. Le maire de la Ville de Montréal jubilait, le gouvernement laisserait les enfants des hommes d'affaires anglophones s'inscrire à l'école anglaise. Un obstacle de moins à la renaissance de Montréal. La business, ça se fait en anglais.

Ces hommes d'affaires, métamorphosés en hommes politiques à l'occasion du référendum de 1995, nous ont laissés perplexes quant à leur habileté à représenter l'intérêt général. Quel est leur intérêt à soulever une panique statuquoïste face à la question de l'indépendance du Québec? La classe affairiste a le droit de faire de la politique, mais il est sage alors de ne pas croire à sa prétention de réaliser l'intérêt collectif. Ils n'ont jamais cessé de dénoncer les dédoublements entre le gouvernement fédéral et provincial et les milliards de dollars que cela coûte à la collectivité, mais pourtant ils montent aux barricades pour maintenir ce même dédoublement de gouvernement. Les occasions de subventions sont doublées lorsqu'on se retrouve devant deux gouvernements en compétition pour démontrer leur légitimité respective dans le domaine de l'économie.

La présence des Cleghorn et Barrett, présidents respectifs de la Banque Royale et de la Banque de Montréal, dans le comité de coordination pour le Non, n'a-t-elle pas quelque chose à voir avec la caution de prêts de 12 milliards de dollars du gouvernement fédéral pour les dossiers les plus risqués et l'autorisation fédérale au décloisonnement des institutions financières? Serait-ce parce que le gouvernement fédéral a toujours protégé leur oligopole? Ces dirigeants sont-ils crédibles dans leur leçon de patriotisme canadien alors que les banques canadiennes ont créé 57 filiales dans les paradis fiscaux des Antilles?

À qui doit-on faire confiance : aux Garcia des compagnies d'assurances qui ont historiquement drainé l'argent des Québécois en dehors du Québec ou aux Québécois qui se sont battus pour créer la Caisse de dépôt, le Régime de rentes, l'Assurance-automobile, des sociétés publiques vouées à garder ces fonds chez nous pour financer nos industries?

Hydro-Québec, Loto-Québec et la Société des alcools du Québec ont annulé leur cotisation comme membre du Conseil du patronat suite à l'endossement du « Non » par ce dernier lors du référendum. Ghislain Dufour dénonçait ces pertes de *membership* motivées par la politique. Pourtant, lui-même faisait de la politique en s'affichant, au nom du Conseil du patronat, dans la liste du comité de coordination du non sans égards à l'opinion de ses membres les plus importants. Les patrons interprètent les applaudissements de chambres des commerce à leur discours néolibéraux comme une approbation du « Non » par l'ensemble de la population.

À chaque fois qu'ils s'essaient aux affaires publiques, les patrons accouchent de monuments dogmatiques en faveur de leurs intérêts personnels, c'est-à-dire en faveur du marché libertaire. Si Daniel Johnson présente comme une vérité démontrée l'opinion des gens d'affaires voulant que l'indépendance nuirait à l'intérêt général, il devrait aussi les suivre quand ils demandent l'exonération d'impôt, l'élimination du salaire minimum, des cotisations des employeurs ainsi que la réduction drastique des programmes d'assurances sociales au nom de ce même intérêt général. Daniel

Johnson, encore imbibé de la culture d'entreprise de Power Corporation, confond la volonté du monde des affaires et la volonté générale. On se souviendra qu'il était tombé des nues lors de sa visite
chez Bombardier à La Pocatière alors qu'il pensait trouver des employés enthousiastes agitant des pancartes du Non et des drapeaux
du Canada. Malgré les menaces et la stigmatisation, les employés
s'étaient dissociés de leur employeur à sa grande surprise. Les cadres placés en surveillance devaient s'affairer à faire disparaître les
pancartes du oui. Selon un schéma « powerien », il a interprété et
présenté la conviction des employés comme une tolérance de
l'employeur. M. Johnson découvre que les patrons ne forment pas
l'essence du peuple.

Les barons du Non se sont comportés comme si l'Ontario et les
États-Unis échangeaient avec le Québec par charité et comme si
cette libéralité pouvait cesser si le Québec devenait un pays. Les
patrons pour le Non dans leur campagne de peur ont volontairement répandu une confusion simpliste entre un État politique et un
marché géographique. Les administrateurs des entreprises onta-
riennes, qui vendent pour 25 milliards de dollars par année au
Québec, se présenteraient-ils à leurs assemblées d'actionnaires en
déclarant : « Chers actionnaires, notre perte de cette année est due
à notre stratégie fédéraliste de refus d'échanger avec le Québec
devenu indépendant »? À quelle vitesse prendraient-ils la porte?
Allons donc! Sommes-nous assez nigauds pour ne pas comprendre
que les affaires et les millionnaires ont une seule patrie : le marché.

Les capitaux qui sont actuellement investis au Québec ne le
sont pas au nom de la charité envers un peuple paisible qui consent
volontairement à être un des derniers peuples de la Terre à ne pas
avoir d'État. M. Chrétien affirme lui-même qu'un million de dollars, ça n'a pas de nationalité. Il a dit là la seule chose intelligente...
Partout dans le monde, les marchés outrepassent la géographie politique, il y a de plus en plus de pays indépendants qui commercent
de plus en plus entre eux. Les barons du Non voient une exception
à la règle pour le pays du Québec qui, pourtant, donne toutes les
assurances de son attachement au libéralisme économique. Le ministre des Finances, Bernard Landry, est certainement plus près de
Ronald Reagan que de Fidel Castro. Un nouveau pays doit signer
des traités commerciaux internationaux, mais cela se fait rapidement parce que c'est dans le plus grand intérêt mutuel.

Si le gouvernement fédéral a été en mesure de faire payer des
impôts aux Québécois pour aider des firmes québécoises qui construisent des métros ou des avions exportés partout dans le monde,

on ne voit pas pourquoi un gouvernement du pays du Québec ne pourrait pas en faire autant en récoltant lui-même ces impôts et en les utilisant de façon beaucoup plus efficace. L'offensive de terrorisme économique contre l'indépendance du Québec est véritablement une insulte à l'intelligence des Québécois. Bombardier, SNC-Lavalin et compagnie ont été mis au monde par les fonds publics; ils ont appuyé leurs opérations internationales sur les constructions de barrages, de routes, de métros québécois, sur l'argent facile du Régime d'épargne-actions québécois, sur la colossale Caisse de dépôt bâtie avec l'épargne des Québécois. Bombardier a reçu 80 millions de dollars du gouvernement fédéral en novembre 1996 sous la forme d'un prêt sans intérêt remboursable dans un futur éloigné, l'obligation de remboursement étant conditionnelle à la réalisation d'un plancher de profits. Le comptable de Bombardier ne prendra même pas la peine de mettre ce passif conjugué au futur éventuel dans le bilan de la compagnie. Ça n'empêche pas Laurent Beaudoin de se payer un salaire de 30 millions de dollars par année et de nous dire de couper dans les programmes sociaux pour assainir les finances publiques. Une chance qu'on l'a pour nous dire quoi faire, pour nous éviter de régresser au stade tribal!

Lors du référendum de 1995, un fabricant de jeans menaçait de déménager au Mexique si le Oui l'emportait. On l'a vu faire campagne partout, accueilli à bras ouverts par les médias. Le Non l'a remporté et il est parti quand même. Sa décision était déjà prise, mais pourquoi ne pas en profiter avant de partir pour faire peur aux naïfs et exploiter les nigauds des médias. Ce ne sont ni le soleil ni la stabilité politique qui rendent les cieux du Mexique si cléments, mais plutôt la faiblesse des normes du travail de ce pays. C'est la fonction minimalisante et fatalisante du libre-échange; il faut renoncer aux « petits particularismes » comme la langue française et nos législations sociales. Il n'y a plus de contrat social possible, car il n'y a plus de frontières. La norme sociale devient internationale; par obligation à la concurrence, nous importons nos normes sociales d'ailleurs. La finalité de tous les peuples devient la quête des capitaux étrangers par la minimalisation des droits sociaux. Le plus étonnant dans le récent transfert vers le Mexique des emplois québécois de Hitachi, Sanyo et Northern Télécom, c'est que cela s'est fait dans une sorte de climat de résignation, d'indifférence presque générale, de soumission à une loi transcendantale du capital.

Les affairistes ont-ils peur d'être enfermés dans le Québec, d'être boudés par leurs clients internationaux advenant l'indépendance? Allons donc! Leur terrorisme économique primaire appuyé sur un conservatisme financier est une insulte au bon sens. Ils sont allés jusqu'à tordre les bras de leurs employés pour les obliger à travailler et à cotiser pour le Non. Ces roitelets de compagnies sont tellement habitués à imposer la dernière de leur subjectivité à leurs employés qu'ils en oublient la décence démocratique.

Ce qui dérange surtout les barons du Non, c'est le projet de société qui couve derrière l'indépendance; les Québécois ont confiance au libéralisme économique, mais ils ont exprimé, dans les commissions régionales et nationales qui ont précédé le référendum de 1995, leur refus de l'État néolibéral copié sur le modèle des républicains américains. Enfoncer les droits sociaux et le droit du travail, substituer aux programmes sociaux l'embauche de policiers et la construction de prisons, réduire les normes et les programmes environnementaux, concentrer les richesses entre les mains d'une minorité au nom d'un capitalisme débridé, fractionner les syndicats ouvriers, tout cela les Québécois le rejettent. Une engeance de satisfaits, qui menacent continuellement les Québécois, rêvent au Klondike d'une belle petite province privatisée soumise et gouvernée exclusivement par le droit de propriété privée et la petite bible néolibérale. Imaginons les barrages électriques privés, les autoroutes privées, les hôpitaux privés, les parcs naturels privés (le Mont Sainte-Anne par exemple), la Société des alcools privée, les prisons privées et jusqu'aux égouts privés.

Les Québécois ont nettement exprimé le désir de laisser ça aux premiers ministres de l'Alberta et de l'Ontario, Ralph Klein et Mike Harris, qui bûchent aveuglément à coups de hache dans le tissu social ou encore, à Preston Manning et son bigot *Reform Party* tant prisé dans l'Ouest, sans parler des conservateurs canadiens de Jean Charest, idéologiquement intoxiqués par le reaganisme et le thatcherisme, qui recherchent leur survie en disputant à M. Manning la représentation de la droite de l'Ouest du pays.

Au cours du référendum d'octobre 95, certains hommes d'affaires et des politiciens ont beuglé sur toutes les tribunes qu'ils ne feraient plus d'affaires avec un Québec indépendant. Ces mêmes politiciens et hommes d'affaires avec le premier ministre Chrétien en tête ont signé des contrats avec des pays qui pratiquent la théorie du salaire de subsistance, qui emprisonnent, torturent, assassinent massivement, laissent mourir ou tuent furtivement les bébés de sexe féminin, qui violent quotidiennement les droits de la personne, qui permettent que 50 millions d'enfants soient mis au travail dont 20 millions en esclavage, certains attachés à des métiers à tisser, vendus pour 20 $ parce que leurs parents doivent honorer une dette. Chrétien serre le cou aux manifestants, mais il serre aussi la main à des auteurs de génocide et des esclavagistes de millions d'enfants.

Ces seigneurs féodaux présentent le paisible et démocratique accès du Québec à l'indépendance, la normale confirmation de l'existence d'un peuple distinct par l'accès à son État, comme une révolution sanglante entraînant les perturbations et l'instabilité économique d'un coup d'État. Un avocat en mal de reconnaissance historique s'est même mis de la partie en tentant de faire admettre que le processus référendaire violerait une Charte des droits enchâssée dans une Constitution canadienne de 1982 que le Québec n'a même pas signée. Comment voulez-vous qu'un peuple accède à son État et à sa propre Constitution sans sortir de l'ancienne? À ce compte, les États-Unis seraient encore une colonie de la Grande-Bretagne. Cette démarche méprise le peuple québécois en décrivant les référendums démocratiques comme des menaces aux droits et libertés garantis par la Charte québécoise des droits. On présente les Québécois comme des barbares sans charte des droits qui profiteraient d'un vide juridique pour violer massivement les droits de la personne. On ne fait aucune mention de la Charte québécoise (1975) qui protège encore mieux les individus que la Charte canadienne (loi canadienne 1977, enchâssement 1982). Dans le pays du Québec, les juges québécois feront référence à la Constitution québécoise.

Quelques économistes et conseillers financiers, regroupés dans des instituts pseudo-scientifiques du type C.D. Howe et Fraser, inventent des scénarios catastrophistes sur l'indépendance du Québec. Évidemment, les phénomènes économiques et financiers ne sont pas prévisibles ni cernables par des modèles déterministes comme l'est une réaction chimique. Les prophéties venues de Vancouver ou de Toronto ne font donc que traduire l'idéologie subjective de leurs concepteurs. De nombreux investisseurs n'hésitent pas à aller en des endroits risqués comme la Chine ou la Russie pour faire du commerce. Dans un Québec indépendant, personne n'arrêtera de chercher des occasions d'affaires ou de placement et l'on continuera de consommer et de produire. D'autre part, l'être social de l'homme ne se résume pas à sa seule dimension économique et certains pensent que le fait de vivre enfin dans son propre pays vaut bien quelques hypothétiques fluctuations temporaires à la Bourse. Après avoir manipulé des modèles à cinq cents équations, ils accouchent de prénotions qui n'en mènent pas plus large que n'importe quelles lignes ouvertes.

Pour peu que l'on examine les performances passées de ces professionnels de la boule de cristal, on note qu'ils n'ont jamais rien prévu d'important cinq minutes à l'avance. Ont-ils prévu avec succès des phénomènes économiques majeurs comme l'avènement ou la sortie d'une récession? Jamais de la vie! Ils se sont laissés surprendre tout autant que le commun des mortels comme ils sont autant stupéfaits de sortir des récessions que d'y entrer. Ont-ils jamais annoncé d'avance les variations des taux d'intérêt, des taux d'inflation ou du taux de change du dollar? Ont-ils anticipé correctement, ne serait-ce que sommairement, la hausse puis la baisse des prix du pétrole ou même du café, ou de l'or ou de quoi que ce soit, y compris les arachides? Ceux qu'ils conseillent obtiennent-ils des rendements supérieurs à l'indice boursier général? Néant, leurs prophéties ont le même taux de succès que celles des astrologues et des autres acteurs de l'industrie de la boule de cristal. Ils vendent du vide béant sous emballage de luxe. Lors de la dernière campagne électorale, certains nous prédisaient une fuite de capitaux et l'arrêt net de la relance économique advenant l'élection du Parti québécois; or, depuis cette élection, l'économie ne cesse de continuer de progresser et même les banques, institutions conservatrices s'il en est, ont fait des profits records. Mais les prophètes-idéologues n'apprennent jamais leur leçon, ils continuent de prévoir l'apocalypse quand une philosophie sociale et politique différente de la leur entre en jeu.

La monopolisation de l'idéologie

Pourquoi une étude américaine ou française sur les propriétés cancérigènes de l'amiante en arrive-t-elle à des conclusions opposées à une étude canadienne ou québécoise? Pourquoi une étude commandée par une entreprise en arrive-t-elle à des conclusions contraires à celle du syndicat? Le préjugé idéologique n'oriente-t-il pas l'observation? Le chercheur, payé par une des parties concernées, ne sait-il pas d'avance quelles conclusions souhaite le commanditaire de la recherche? Nous ne disons pas qu'il est malhonnête, mais ne voit-on pas que ce que l'on veut voir?

Les historiens des sciences relèvent souvent l'affaire Lyssenko comme exemple des méfaits du dogmatisme idéologique[28]. En 1948, le Comité central du parti communiste de l'URSS approuva la biologie mitchourienne qui rejetait les principales conclusions de la biologie classique. Jusqu'en 1952, un délire scientifique s'installe qui proclame la transmission des caractères acquis, l'engendrement d'une espèce par une autre espèce, la génération

spontanée, le rejet de la conception monospermique, etc., etc. À
l'appui de leurs thèses, les mitchouriens produisent des expériences
d'une puérilité déconcertante qui ramènent la biologie à deux ou
trois siècles en arrière. Le délire mitchourien s'accompagne des
plus brutales accusations à l'égard des positions adverses. Quiconque n'était pas mitchourien, ne croyait pas aux vaches géantes de
Kostroma ou aux tomates de Lyssenko, était un ennemi du peuple,
un complice de l'iniquité sociale, commettait une agression politique, était un réactionnaire, s'opposait à la science prolétarienne en
faveur de la science bourgeoise. Tout cela a été effacé et ne mérite
même pas une critique. Selon Jean Rostand :

> (...) nous pensons que de cette histoire, il faut tirer quel-
> que enseignement. Il serait, en effet, inadmissible qu'on
> jetât un voile pudique sur tout cela, et qu'on nous dît
> négligemment demain : tout le monde peut se tromper
> en science, le mitchourisme fut une erreur comme une
> autre (...) Non, le mitchourisme ne fut pas une erreur
> comme une autre. Ce fut un délire à base d'intoxication
> doctrinale et idéologique. (...) Simplement mais ferme-
> ment, nous concluons -comme nous avons le droit de le
> faire- que toute idéologie est mauvaise conseillère pour
> le savant (...) et que la dictature d'une doctrine quelle
> qu'elle soit, fait entrave au développement de la vérité[29].
> L'idéologie provoque un désir irrésistible de parvenir à
> une conclusion que l'on estime la seule bonne, la seule
> moralement juste, et, par conséquent, la seule que tout
> honnête homme puisse adopter[30].

Pour exercer le pouvoir en Occident, il suffit de s'emparer des
institutions à l'intérieur desquelles s'élaborent les idées. La classe
affairiste a développé un appareil qui renforce sa domination notamment par le contrôle des médias; que l'on pense à l'acquisition
et la concentration de la propriété dans les journaux et la télévision
(Quebecor, Power Corporation, Conrad Black, Vidéotron), à la privatisation de la production chez Télé-Québec abandonnée par le
Parti québécois, à la réduction des budgets à Radio-Canada. Le
patronat contrôle aussi de plus en plus le financement de la recherche universitaire; les chaires qui défendent leurs intérêts se multiplient. Les organismes patronaux participent à toutes les commissions pour exiger des privilèges et imposent leur ordre de valeurs,
leur vision du monde. Les compagnies et les banques engagent des
économistes qui ont l'attention des médias qui reproduisent gra-
tuitement leur point de vue. Un monopole de l'idéologie est en

train de s'ériger. À la commission sur le conglomérat Vidéotron, on a vu la Fédération des journalistes se positionner en faveur de ce monopole au nom de l'emploi comme si c'était la seule solution. On a alors compris à quelle hauteur se situent les principes des journalistes.

Radio-Canada a subi une perte importante de son budget due à des réductions successives. Dans le budget fédéral de 1995, le ministre Dupuy racontait que ce ne sont pas des coupures puisque « la mission de Radio-Canada change ». En effet, les antennes sont de plus en plus livrées à l'entreprise privée. Mais Radio-Canada est l'artisan de son propre malheur. Radio-Canada et toutes les télévisions accordent du temps prioritaire d'antenne complètement disproportionné à des cambistes, des économistes de banque et conseillers financiers de tout acabit qui ne cessent de nous répéter *ad nauseam* que les taux d'intérêt baisseront et que l'économie repartira seulement si le Québec s'écrase. On regarde avec mépris les groupes populaires et communautaires, mais un président de chambre de commerce, « l'élite », voilà qui est sérieux et objectif! L'information civique est celle qui s'adresse aux citoyens et non aux consommateurs, celle qui permet aux auditeurs de mieux jouer leur rôle de citoyen. Ce n'est pas celle qui entretient la passivité, la panique, l'obéissance servile à une minorité possédante en se transformant en haut-parleur de son idéologie, en refaisant jouer mille fois sa cassette enregistrée une fois pour toutes il y a un siècle. Diffuser à outrance l'idéologie des affairistes, les présenter comme des sauveurs, des bons samaritains de l'emploi, c'est entretenir les préjugés envers les boucs émissaires que sont les employés du secteur public, les syndicats, les chômeurs, les bénéficiaires de l'aide sociale. Dire qu'à côté de cela, des radios communautaires sont laissées dans l'indigence financière!

Radio-Canada, à force de marteler la conscience populaire, en vient à « déifier » ces distributeurs de cotes de crédit tels Moody's ou Canadian Bond Rating et à les élever au rang de nouvelle transcendance. La classe possédante a réussi à faire accepter une politique monétaire selon laquelle la solution à tous les problèmes passe par la hausse des taux d'intérêt. Il en a résulté une économie déprimée et une dette gonflée par les intérêts.

Radio-Canada participe à l'adoration de ce veau d'or. Le 6 décembre 1996, le *Téléjournal* annonçait la fermeture de Radio-Canada International qui coûtait le prix d'un demi-café par année à chaque citoyen, 16 millions de dollars par année soit 7 millions de moins que la distribution de drapeaux de Mme Sheila Copps. Le

L'utopie néolibérale

Canada sera le seul pays du G-7 à ne pas avoir de voix internationale. On pouvait y voir des employés désemparés et d'autres réagir en disant pouvoir compter sur l'opinion publique. Mais, quelques minutes plus tard, le même *Téléjournal* passait un reportage montrant un président de Fédération de chambres de commerce nous disant, qu'après les milliards de compressions budgétaires, le gouvernement n'avait pas assez coupé comparativement aux autres pays. Il n'avançait aucun argument nouveau; il ne faisait que répéter la même litanie, que faire entendre le même couinement dogmatique. Mais à Radio-Canada, un couinement de chambre de commerce, serait-il répété pour la millième fois, est parole d'or. On pourrait aligner les milliers d'entrevues qui ont ainsi été présentées à même un temps d'antenne prioritaire et le tout tiendrait en quelques phrases : instabilité politique appréhendée, supériorité présumée du privé, stérilité soupçonnée des fonctionnaires, sans compter qu'il s'agit de la répétition des discours que tenaient déjà les libéraux radicaux il y des siècles. Bien sûr, on nous dira que l'on reflète la réalité, qu'il ne faut pas tirer sur le messager, etc.

La machine du prêt-à-penser fonctionne à plein régime. Quand on n'a rien à faire, on va enregistrer le même fondamentalisme sempiternel des chambres de commerce et on présente cette matière oiseuse aux heures de grande écoute. À force de marteler les cervelles, le dogme se répand. Les journalistes de Radio-Canada ont porté l'art de se tirer dans les jambes, le génie de se poignarder dans le dos soi-même jusqu'au sublime. Les journalistes de Radio-Canada International comptent sur l'opinion publique, mais qu'ont fait leurs collègues de l'opinion publique ce soir-là et depuis des années? On utilise les fonds de l'État pour nourrir les ennemis de l'État. Il n'y a pas de pire nigaud que celui qui entretient les dogmes de son ennemi. Oui, la servitude la plus déshonorante, c'est la servitude volontaire. À tous les jours, on farcit les cerveaux de cotes de crédit, de taux de change du dollar et de prêchi-prêcha sur la nécessité d'augmenter les intérêts pour protéger ce sacro-saint symbole qu'est le dollar; on a tergiversé mille fois sur l'instabilité politique, sur l'inutilité de l'État. A-t-on déjà consacré dix minutes à expliquer aux gens le monétarisme au service de l'establishment financier que la Banque du Canada a pratiqué depuis 10 ans et qui nous a maintenus en récession?

La veille du budget de 1995, la machine à abrutissement avait été poussée encore plus loin. Radio-Canada a montré en reprise une entrevue de Robert-Guy Scully avec Milton Friedman. Ce Friedman est le gourou de la droite radicale, c'est le père de la politique monétaire dont nous avons déjà parlé ci-haut. Ronald Reagan faisait de ses livres sa lecture de chevet. Milton Friedman plaide la radiation des programmes sociaux, la privatisation complète du système d'éducation, la réduction du rôle de l'État au minimum pour ne lui laisser que le contrôle de la monnaie et l'appareil de répression, la justice, la police et l'armée.

Plus tôt, Robert-Guy Scully avait reçu à son émission George Soros, un milliardaire qui a fait « son argent » – on parle de milliards écumés par la spéculation monétaire – et qui se flattait d'avoir suffisamment d'influence pour entraîner la ruine de la monnaie de certains pays. L'animateur le présentait comme un mécène parce qu'il venait de céder quelques millions à des instituts au service de l'idéologie néolibérale. Il s'apprête à acheter une partie appréciable des terres agricoles de l'Argentine. Il désire leur faire rendre toute leur richesse à court terme au moyen d'une utilisation massive d'engrais chimiques. Ce sera son point d'appui pour déclencher un raz de marée spéculatif dans l'immobilier bon marché du Brésil, du Chili, du Pérou et du Vénézuéla. Robert-Guy Scully invite ensuite Donald Trump qui a bâti son empire immobilier sur le « cash » tiré de ses casinos. L'action de M. Soros est conforme à l'ordre spontané du libéralisme. On nous présente l'action des grands spéculateurs comme la tranquille fructification d'un honnête capital. L'économie et les affaires envahissent tout : le bulletin télévisé, les téléromans, la littérature, en plus de la vie quotidienne. Même forme pure de servitude et d'aplatissement moral devant l'argent à l'émission de la semaine suivante, où on y observe un Scully en pâmoison devant Madame Claude, une riche tenancière de bordel de luxe de réputation international qui fournissait de la chair fraîche aux affairistes, aux riches et aux pédophiles. « Let's drink to success », disait-il.

On nous présente ensuite, à l'émission *Le Point*, un animateur béat d'admiration devant la saga des frères Mc Cain... deux semi-lettrés qui se disputent un empire de patates frites. À la chaîne anglaise, on tombait en extase devant un spéculateur qui venait de réaliser 50 millions de dollars de profit en jouant sur le cours du cuivre. Après nous avoir arraché quelques larmes en racontant comment il avait débuté en affaires avec son père dans une cour de « scrap », il a vite changé de registre : on le voyait se pavaner dans son château de Westmount et se vautrer dans un amas d'oeuvres d'art écumées un peu partout sur la planète. La caméra le suivait, le commentateur le félicitait, *sweet smell of success*, un vrai petit « Dallas » québécois. Les héros de la nouvelle sociologie du marché sont présentés comme des modèles à imiter comme si le modèle d'une minorité, qui s'enrichit outrageusement sur le dos du peuple, était généralisable. Le 1er mars 1997, c'était à Mme Bombardier d'accorder 45 minutes à André Bérard de la Banque Nationale pour nous livrer sa sublime pensée : « Faire de l'argent n'est pas péché... moi, j'aime le monde... (répété cinq fois), je suis un bagarreur de rues... je mérite mon salaire, je suis un enthousiaste, etc. ». Il a toutes les raisons d'être personnellement enthousiaste, reste à savoir si tout le monde peut se payer le luxe de se cacher les problèmes du capitalisme et du virage à droite.

Napoléon Bonaparte distribuait des prix littéraires aux écrivains qui pondaient des romans sur le thème du mineur amoureux de sa mine ou du machiniste amoureux de sa machine, sur le brave ouvrier-petit-soldat, méprisant le danger des maladies industrielles et des accidents de travail, donnant sa vie pour le progrès de la « nation ». Radio-Canada, zélateur moderne, présente ces « gagnants » aux centaines de milliers de « perdants » qui paieront tous leurs biens plus cher pour avoir permis à ces spéculateurs de s'être constitués des fortunes. Non contents de s'être enrichis outrageusement sur le dos du peuple, encore faut-il que l'argent du peuple serve à les honorer à la télévision publique.

Lors de la visite de M. Parizeau aux banquiers new-yorkais à l'automne 1994, c'est encore Radio-Canada qui a donné du temps d'antenne prioritaire à un banquier américain qui qualifiait le projet d'indépendance du Québec de « tribalisme ». Il n'apercevait pas sa propre tribu argentière en adoration devant le totem de l'argent. En quoi cela méritait-il du temps d'antenne? Ce *big mac* en habit rayé devait en connaître long sur l'histoire du Québec. Mais, à Radio-Canada, un banquier a beau dire des conneries grosses comme le bras, ça devient des vérités philosophiques.

Si Radio-Canada agit comme une machine de désinformation au service de la classe possédante, plus rien ne la distingue des petites chaînes privées et de leurs *publicity shows*. Hormis qu'elle change d'orientation, une société d'État qui livre son antenne aux adeptes de l'État minimal doit s'attendre à être la première à disparaître puisqu'elle alimente ceux qui souhaitent sa perte. Les journalistes pourront toujours devenir des pigistes et vendre leur propagande de droite et leurs flagorneries envers les riches aux compagnies privées. Quand on ne croit pas en soi-même, on ne peut demander aux autres de croire en nous[31].

Au Canada, la droite a mis au goût du jour l'entreprise de désolidarisation utilisée par les républicains américains qui prolongent le néolibéralisme d'un néoconservatisme éthico-religieux et qui s'inventent une surnature bénissant les riches, fustigeant les chômeurs, les mères célibataires et les bénéficiaires de l'aide sociale à coup de morale puritaine. Cette campagne de dénigrement des évangélistes-affairistes s'ajoute à celle dirigée contre les employés du secteur public. La stratégie consiste à laisser croire que ces « classes stériles » sont responsables de la détérioration de la situation de la classe moyenne. Les jeunes libéraux québécois et les jeunes conservateurs de Jean Charest ont tenté la même manoeuvre au cours de leur congrès respectif afin de se constituer du capital politique. Ils ont été rejoints par les adeptes du Parti de l'action « démocratique ». On a cité comme modèle la ville de New York qui a remplacé 20 000 employés municipaux décemment payés par autant d'assistés sociaux obligés de nettoyer les rues pour encaisser leurs maigres allocations. On appelle ça le *workfare* par dérision envers le *welfare*.

Notes

1. LORANGER, J.- G., « Le virage néolibéral du Parti québécois », *Virtualités*, sept.- oct. 1996, vol. 3, n° 3, pp. 40-45.
2. BÉRUBÉ, Gérard, « Pierre Shedleur, sauveur de la CSST », *Le Devoir*, 1er mars 1997, p. C-8.
3. Discours d'André Bérard au Canadian Club d'Ottawa, rapporté par Radio-Canada /Presse Canadienne.
4. *Livre des crédits, 1996-1997*, Publications du Québec.
5. CLAPIN-PÉPIN, Daniel. « Le MEF, ennemi public n° 1 de l'environnement au Québec ? », *Le Devoir*, 24 février 1997, p. A-11.
6. PERRET, B., « Le travail au coeur du lien social » dans *Le civisme, vertu privée d'utilité publique*, Paris, Éd. Autrement, 1996, pp.182-199.
7. RIFKIN, J. *The End of Work*, New York, Editions G.P. Putnam's Sons, 1995.
8. DUBUC, P., « La soi-disant économie sociale, la fin du travail ou le début du travail forcé », *l'aut'journal*, n° 153, oct. 1996.
9. PETRAS, J. et T. CAVALUZZI, « Wall Street fait la guerre aux salaires », *Manière de voir*, n° 31, août 1996, pp. 61-64.
10. Pour voir comment les riches dépensent leur argent avec bonne conscience voir COURCHAURE, S. et F. MAROT, *Les riches, comment ils dépensent leur argent*, Balland, 1985.
11. CONSEIL DU PATRONAT DU QUÉBEC, *La fiscalité au Québec : quelques recommandations. Mémoire à la Commission sur la fiscalité et le financement des services publics*, août 1996, pp. 29-30.
12. Rapport du Conseil national du bien-être social, *Les jeux de hasard au Canada*, hiver 1996.
13. LAUZON, L.-P., *La privatisation du stationnement à Montréal*, Chaire d'études socio-économiques de l'UQAM.
14. LAUZON, L.-P. *et al.* « La privatisation de l'eau potable dans le monde, l'erreur britannique, une leçon pour le Québec », *l'aut'journal*, n° 154, pp. 8-9.
15. REHM, W., « Pourquoi les banques se classent au premier rang des sociétés parasites », *Le Regard*, Centre canadien de politiques alternatives, nov. 1995.
16. Les données sur les salaires et sur les options d'achat d'actions des patrons des banques sont tirées de LAMBERT, Gino et Michel BERNARD, *La seule responsabilité sociale que les banques se reconnaissent est celle de faire des profits*, Chaire d'études socio-économiques de l'UQAM, fév. 1997.
17. Valeur marchande des actions ordinaires de la Banque de Montréal au 17 janvier 1997 moins leur valeur marchande au 31 octobre 1996, multipliée par le nombre d'options (45,35 $ - 29,75 $) 669 000 options.
18. Cité par Rodrigue Tremblay, *Les Affaires*, 1ᵉʳ mars 1997, p. 6.
19. MÉNARD, Louis, *Dictionnaire de la comptabilité*, ICCA, 1994.

20. Banque de Montréal, *Avis de convocation de l'assemblée annuelle des actionnaires*, 13 déc. 1995, pp. 5 et 6.
21. *The Financial Post*, 6 nov. 1996, p. 3.
22. Indice boursier de 50,90 $/action pour la Banque Royale et de 59,15 $/action pour la Banque CIBC en date du 17 janvier 1997.
23. Valeur marchande des options non réalisées au 31 octobre 1996 à laquelle il faut ajouter la plus-value de 15,60 $ l'action enregistrée au cours de la période allant du 31 octobre 1995 au 17 janvier 1997 : 6 833 688 de dollars acquis au 31 octobre 1996 plus 15,60 $ réalisés sur 485 000 options d'achat d'actions.
24. Banque de Montréal, *Avis de convocation de l'assemblée annuelle des actionnaires*, 11 déc. 1996, p. 7.
25. Banque Nationale, *Avis de convocation de l'assemblée annuelle des actionnaires*, 21 décembre 1995, pp. 14-15.
26. Les remarques sur la richesse des banques sont tirées de BERNARD, M. et L.-P. LAUZON, « Profits des banques, la rançon augmente » dans *L'Action Nationale,* vol. LXXXVI, sept. 1996, pp. 7-22.
27. BERNARD, M. et L-P LAUZON, *Le danger du laisser-faire dans la distribution des produits pétroliers au Québec,* Chaire d'études socio-économiques de l'UQAM, oct. 1996.
28. ROSTAND, Jean, *Confidences d'un biologiste,* Paris, Éditions de la Découverte, pp. 164-172.
29. Idem, p.171.
30. Idem, p. 166.
31. BERNARD, M. et L-P. LAUZON, *Finances publiques, profits privés,* co-édition *l'aut'journal*/Chaire d'études socio-économiques de l'UQAM, 1996, pp. 37-38.

HUITIÈME CHAPITRE

Un libéralisme compatible avec la justice sociale

L a théorie néolibérale exige que les individus acceptent d'être de purs éléments d'un système déterminé par les actions individuelles; elle exige de renoncer à la planification ou à un universel social quelconque comme s'il ne pouvait exister de liberté dans la réalisation d'un tel idéal transcendant l'individu-roi. Le libre jeu des forces individuelles, dans le cadre d'un droit abstrait, n'a pas réussi historiquement à rectifier les résultats de ce réseau de causalités inextricables qu'est devenue la Grande Société et à épargner la pénurie à une partie de la population victime d'un effet de ce système. Ni la prospérité économique croissante, ni le progrès de la technique érigé en fin en soi, ni la charité, ni la bienveillance, tous compatibles pourtant avec l'ordre spontané ne sont parvenus à enrayer ce mal qui prive certaines gens des biens nécessaires à la liberté, à l'égalité des chances, à la vie même.

Le modèle historique le plus près de cet ordre spontané est le libéralisme classique, mais celui-ci a justement commandé l'interventionnisme étatique à cause de son inefficacité à distribuer suffisamment de biens premiers à tous. Les coûts de l'État « providence » nous cachent les coûts du système qui a précédé l'État « providence ». Les coûts de l'absence de l'État sont abstraits en comparaison des déficits dont les chiffres sont alignés. Personne ne comptabilise les chiffres de la misère. La comptabilité nationale est pourtant complètement déficiente en traitant les investissements dans l'éducation et la santé comme de pures charges, alors que ce sont des actifs destinés à rapporter des recettes futures. La seule solution consiste à instaurer un ordre organisé, fondé sur la solidarité et veillant à une égalité face aux biens premiers. Pour s'exercer, la liberté a non seulement besoin d'un espace tracé par des interdictions ou par les droits-libertés, mais aussi de certains services de protection appuyés par des droits-créances, des droits sociaux qui instituent un recours du démuni contre la société.

La recevabilité du concept de justice sociale

François Ewald fait remonter le premier embryon de droit social à une loi française de 1898 sur les assurances-accidents du travail. On aurait enfin compris l'insuffisance du droit civil devant les contingences d'une organisation moderne complexe de la vie et du travail, et dans laquelle il est impossible de retracer les responsabilités précises des événements. Un droit basé sur les obligations et les délits ne suffisait plus.

> Pour le libéral, vivre ne vous donne aucun droit; le droit ne protège que ce que l'on fait de sa vie. Au contraire, l'idée de droit social suppose que le fait même de vivre vous donne des droits positifs, mais ces droits ne peuvent obéir qu'à un tout autre régime que les droits civils : ils ne sont pas, en effet, opposables à un autre, mais à ce nouveau sujet de droit qu'est la totalité des sujets : la société[1].

Les droits de l'homme descendent de la tradition du droit naturel et de la tradition philosophique que nous avons étudiées aux premier et deuxième chapitres. Ils furent repris dans les déclarations américaine et française en 1776 et 1789. La Révolution américaine est une révolution politique qui s'appuie sur le libéralisme, sur le jeu spontané de l'histoire et des intérêts privés, tandis que la Révolution française relève d'une conception volontariste et éthique selon laquelle le réel est transformé de l'extérieur par les hommes au nom d'un idéal moral universel[2].

Il faut bien comprendre que le droit social institue un recours des individus contre l'État advenant certaines contingences comme la perte d'un emploi, la maladie, l'accident ou pour permettre la constitution d'un bien commun destiné à permettre l'égalité des chances, l'accès à tous à l'éducation, etc. Il en résulte une fonction redistributive de l'État, car celui-ci doit avoir recours à l'impôt pour financer ces programmes. Cette fonction de l'État est jugée perturbatrice de l'ordre spontané du marché. Les néolibéraux, à travers leur conception des limites de l'État, perçoivent traditionnellement le droit comme une protection de l'individu <u>contre</u> les interventions de l'État. Le droit social implique, au contraire, une protection de l'individu <u>par</u> l'intervention de l'État. Le discours néolibéral réduit les droits de la personne aux seuls droits-libertés et voit en eux les fondements d'une limitation de l'État.

Les droits-créances impliquent la recherche d'un universel et une action volontaire de l'État, ce qui est incompatible avec l'idée que le pouvoir politique est un effet du droit naturel des individus. Au premier et au deuxième chapitres, nous avons étudié cette position qui s'exprime au dix-huitième siècle par les scénarios de l'état de nature. L'État émane de la société civile conçue pour conforter les droits naturels.

> (...) si à l'horizon de la défense des droits-libertés, il y a la représentation d'un État minimum se bornant à protéger l'autonomie des citoyens, l'horizon de la défense des droits-créances semble chercher du côté d'un État-providence capable de contribuer, par ses prestations positives, à la naissance de cette sécurité matérielle garantie à chacun[3].

Comme programme politique, la défense des droits-créances conduit à l'État-providence (que nous préférons appeler État-assuranciel, car c'est bien l'homme et non la providence qui crée les conditions de sa propre solidarité) tandis que la restriction aux droits-libertés pointe vers l'État minimal. C'est aussi la raison du clivage entre les socialistes et les libéraux. « Les libéraux ont tendu à refuser les droits-créances et les socialistes à n'accorder (sauf en parole) qu'une importance relative aux droits-libertés[4]. »

Devant l'incapacité de la doctrine libérale à garantir l'accès aux biens essentiels à tous, les néolibéraux vont nier justement le concept de justice sociale. Ils vont nier que la société de marché doive conduire à une égalité face aux biens sociaux premiers. La négation de la justice sociale par les néolibéraux Hayek et Nozick est un phénomène déjà observé dans le libéralisme classique. Sur quelle tradition s'appuient les droits-créances?

Une étude de Ferry et Renaut sur la genèse de l'inscription des droits-créances parmi les droits de l'homme aidera à comprendre pourquoi les néolibéraux en viennent à opposer les droits-créances et les droits-libertés auxquels ils se limitent. Ces auteurs voient dans l'année 1848 une année charnière dans l'histoire des droits de l'homme[5]. C'est à cette date qu'une tentative a été faite pour ajouter à la lutte de 1789 pour les droits politiques un complément rendu nécessaire par la révolution industrielle. Ce fut le début de la lutte pour l'affirmation des droits sociaux. L'Assemblée constituante refusa d'inclure dans la Constitution le droit au travail que réclamaient les socialistes. Tocqueville veut démontrer que l'inclusion du droit au travail constituerait une absurdité. C'était la première fois que le débat se faisait sur l'ajout d'une nouvelle catégorie de droits aux droits-libertés des premières déclarations et constitutions de 1789, 1791, 1793, (liberté de pensée, d'expression, de culte, du travail, du commerce, de réunion...). Le principe libéral de la limitation de l'État était déjà bien implanté. La référence traditionnelle aux droits de la personne avait comme fonction de protéger les libertés contre ceux qui gouvernent.

Même si ces constitutions traitaient de secours public, jamais elles n'en avaient fait un droit. Malgré cet échec de 1848, le débat était amorcé pour la reconnaissance ultérieure de droits sociaux ou droits-créances suite aux pressions du marxisme et du catholicisme social. C'est dans le préambule de la Constitution française de 1946 que l'on voit pour la première fois, dans un cadre démocratique, les droits sociaux s'ajouter aux droits-libertés. Il s'agissait du droit d'obtenir un emploi, de défendre son emploi par l'action syndicale, du droit de grève, du droit à la sécurité matérielle et du droit à des moyens convenables d'existence en cas d'incapacité de travailler. La Déclaration universelle des droits de l'homme de l'ONU, adoptée le 10 décembre 1948, parachèvera la reconnaissance des droits économiques.

> La proclamation des droits-libertés participait à l'évidence d'une théorie des limites de l'État, conçue comme devant se borner à garantir aux citoyens le maximum de possibilités d'action compatibles avec l'existence d'une société. La considération des droits-créances implique au contraire que l'on attende de l'État la capacité de fournir des services, et par conséquent que l'on accepte un accroissement de son pouvoir afin qu'il soit à même de répondre à des demandes dont on pose qu'elles sont justes[6].

La crainte des libéraux s'appuie sur l'idée que le travailleur aurait alors un droit contre l'État qui devrait se faire lui-même progressivement offreur de travail et finalement verser dans le socialisme ou le communisme. L'État prendrait la place de la prévoyance individuelle et de l'économie. C'est la version libérale des droits de l'homme qui triompha en 1848. L'État doit se limiter à garantir aux individus les droits-libertés. Les libéraux délimitent l'État à partir de leur conception des droits de l'homme. L'assistance de l'État est un devoir moral mais non une obligation juridique. La charité publique n'est pas un droit. Les néolibéraux comme Hayek préciseront en termes modernes que l'assistance doit être fournie hors marché. Cela signifie que l'État ne doit pas troubler l'ordre spontané du marché en recueillant les fonds nécessaires à l'assistance. Autrement dit, le contingent des démunis devrait être pris en charge par la charité privée pour ne pas nuire au fonctionnement du marché, à la cybernétique des prix, aux messages envoyés par l'offre et la demande.

Kant (1724-1804) appelait *métaphysique des moeurs* le procédé par lequel on pense le rapport entre l'universel et le particulier[7]. « La question morale par excellence est donc la suivante : à quelles conditions puis-je penser que les fins que je me propose ne sont pas seulement mes fins subjectives, mais aussi des fins qui sont objectivement valables, admissibles par tous[8]? » La recherche de l'universel manifeste une capacité d'affranchissement face aux déterminismes de l'intérêt égoïste. Les libéraux objectent que la recherche de l'intérêt personnel réalise justement l'intérêt général. Fondamentalement, la tension demeure entre un idéalisme orienté vers les vertus sociales et un ordre résultant du réalisme des passions.

L'individualisme libéral peut être vu comme un type d'appréhension du monde qui accorde le primat à la relation de l'homme aux choses plutôt qu'à la relation des hommes entre eux[9]. Dans la société de marché, l'homme prend conscience de la volonté générale par l'entremise du degré d'acceptation de son activité individuelle saisie comme une marchandise. La fin est la satisfaction personnelle, le moyen, la satisfaction de l'autre. Dans la société de marché, j'échange avec d'autres qui m'indiffèrent. L'autre est considéré comme un moyen de ma fin. La relation à l'autre en est une de dépendance réciproque. Que faire de ceux qui n'ont rien à échanger? Conformément à l'individualisme libéral, la solidarité est laissée à la morale personnelle, les droits sont vus comme une protection de la sphère privée, le droit social est perçu comme une morale imposée et la voie royale de l'étatisme.

Dans le débat sur l'existence des droits sociaux comme droits de l'homme, deux visions s'affrontent. À la base du néolibéralisme, il y a une vision de l'homme et des droits qu'il peut espérer de la vie en société. Si l'on pense que l'homme est un être essentiellement social qui doit bâtir une civilisation fondée sur la coopération, on n'hésitera pas à reconnaître une fonction d'intervention à l'État à travers le droit social. La loi acquiert alors une fonction positive d'intervention vers l'égalisation partielle des conditions face à des biens premiers sans lesquels la dignité humaine ne peut être atteinte. Selon Rawls, l'inégalité n'est tolérable que s'il y a eu d'abord égalité des chances et si les hommes sont égaux face à certains biens premiers nécessaires à une vie digne[10].

Nous avons vu, à la dernière partie du premier chapitre que, dès Hobbes (1588-1679), naît une opposition à la tradition classique exprimée par Aristote, voulant que l'homme ne puisse atteindre la perfection de sa nature qu'à l'intérieur et au moyen de la Cité, de la société civile. De ce postulat découlait l'idée que le fait moral élémentaire est le devoir civique qui me permet de réaliser ma nature. Une rupture s'est effectuée à partir du moment où l'on a cessé d'expliquer l'ordre social par la recherche d'un idéal abstrait et que l'on s'est tourné vers le réalisme des passions. L'ordre doit capitaliser sur les passions plutôt que sur une ascèse de l'homme pour en faire un citoyen.

Le néolibéralisme va à l'encontre de nos convictions morales les plus communes. Le respect de soi y est réservé aux gagnants d'un système de rapports de force gouverné par le droit de propriété. L'argumentation des néolibéraux s'échafaude sur un sujet propriétaire, un satisfait qui ne fait pas abstraction de sa position de privilégié, qui ne délibère pas sur l'ordre social, car cet ordre est un reliquat de l'action personnelle intéressée. Il ne peut donc pas aboutir à un impératif catégorique commandant un universel et à la stabilité sociale d'institutions qui s'appuieraient sur cet impératif.

Comment gérer la libre recherche de l'universel face à l'existence des choses et d'autrui? De quelles choses puis-je user librement par l'intermédiaire de la propriété privée? Selon un schéma kantien, le mouvement va de l'habileté, de la raison instrumentale, à la moralité qui implique la considération du bien commun. Les néolibéraux achoppent sur l'habileté, ils se limitent à la façon la plus efficace de se procurer des biens et espèrent, sans garantie à cet effet, que la situation de tous sera améliorée par cette richesse supplémentaire. Le marché seul doit arbitrer la rareté. Plus d'efficacité est la solution générale à la pénurie. Il faut créer de la richesse avec l'illusion que tous y gagneront sans la précaution des droits sociaux. C'est pourquoi, ils versent dans l'économisme et ne retiennent que l'égalité formelle. Les libéraux répondent que le projet individuel, conçu dans les limites des lois, est informé par le marché de sa correspondance avec le projet collectif. Par rétroaction, le projet de vie s'oriente vers la satisfaction du marché. L'individu ne part pas d'un idéal abstrait, reconnu par une volonté générale s'exprimant politiquement, mais explore le marché, procède par essais et erreurs, le tout faisant des gagnants mais aussi des perdants qui n'ont rien à revendiquer. On ne fait plus appel à des valeurs et au volontarisme politique pour orienter la vie sociale.

Les néolibéraux reprennent aux libéraux classiques jusnaturalistes une conception purement négative de la loi. Celle-ci doit interdire les atteintes aux libertés. La démocratie politique se fonde sur des hommes libres. Ils nient donc la légitimité des droits sociaux qui impliquent une action positive de la loi dans le but d'assurer un certain niveau de biens économiques et sociaux. Ces droits conduisent à l'intervention de l'État dans la sphère sociale. La poursuite d'une fin transcendant celle des individus est une virtualité totalitaire.

Les néolibéraux comme Nozick récusent les droits sociaux puisqu'ils élaborent leur État minimal à partir des droits naturels des libéraux classiques. L'État minimal, du type agence de protection, n'a jamais davantage de droits que ceux délégués par ses clients. Or, ils ne peuvent déléguer un droit social qui n'existe qu'en vertu de la solidarité et qui est absent de la nature. La nature offre le spectacle de la survie du mieux adapté ou du plus fort.

Avec le prix Nobel néolibéral Hayek, la disjonction entre les droits-libertés et les droits-créances, ou entre les droits formels et les droits réels, atteint un paroxysme. Il titre le deuxième tome de sa trilogie *Le mirage de la justice sociale*. La prise en compte des droits réels nierait les droits formels. Hayek attaque toute une tradition philosophique qui donne une explication volontariste à la constitution de l'ordre social. Rappelons que, dans son ordre catallactique, les individus reçoivent une indication de l'accord de leur projet de vie avec l'ordre social par l'intermédiaire du marché. Les prix les informent de cette adéquation. Toute intervention de l'État introduirait un effet de désordre, troublerait ce processus d'information autorégulé. Le rôle de l'État est seulement de créer un cadre juridique permettant le jeu catallactique. L'État sera donc le défenseur des libertés individuelles, le défenseur des droits formels de l'individu. L'État doit se borner à interdire, ce qui limite les libertés individuelles; l'erreur à éviter est la constitution de droits positifs qui interviendraient sur la situation matérielle des individus.

En réponse à ces arguments, il s'agit donc de démontrer que la notion de justice sociale a un sens et que les droits-créances sont effectivement des droits. Les politiques redistributives sont condamnées au nom du principe de l'égalité devant la loi; il faut montrer que le refus de considérer les conditions matérielles au nom de l'égalité devant la loi vide les droits-libertés de leur sens. Les droits-créances doivent aussi pouvoir faire partie d'un programme politique réalisable et ne pas conduire à une crise budgétaire. Il faut montrer aussi que les droits-libertés sans le droit social ne réalisent pas le programme des droits de la personne garanti par les chartes.

Il faut d'abord être d'accord avec Hayek lorsqu'il dit que personne n'a encore établi un seul principe général à partir duquel on pourrait dériver des critères du « juste » socialement parlant pour tous les cas particuliers. Il n'y a pas de test infaillible permettant de cautionner un système de distribution, fixant ce que chaque personne doit recevoir. Il n'y a pas un critère social d'évaluation des biens et services[11]. Il n'est pas possible de définir une distribution qui rencontrerait une définition satisfaisante de la justice sociale.

Toutefois, les sociaux-démocrates veulent bâtir volontairement un système dans lequel nul ne risquerait d'être privé des biens premiers, et ils ne visent pas une répartition égalitaire. Les néolibéraux s'inventent des adversaires qui souhaiteraient une égalité sociale absolue pour réfuter ceux qui souhaitent une simple redistribution des biens premiers. L'ordre social a-t-il pour fonction de garantir la plus grande latitude possible au libre jeu des forces sans tenir compte de la répartition effective des biens qui s'ensuit, ou doit-il être jugé aussi selon cette répartition effective? « La pensée dominante à l'heure actuelle, corroborée par les pratiques sociales, s'exprime dans l'énoncé suivant : l'extension du champ laissé au libre jeu des forces doit être compatible avec une répartition effective des ressources telle, que tous et chacun disposent au moins des biens nécessaires à la vie[12]. » Il ne s'agit pas de découvrir des critères d'une répartition égalitaire de la production sociale, mais de fixer un minimum pour tous à la lumière du respect des droits de la personne, serait-ce les droits-libertés, à la condition que ceux-ci soient définis de façon à ne pas donner au droit de propriété la même extension que le droit à la vie et à la liberté.

L'évolutionnisme de Hayek est un économisme. Pour Hayek, c'est l'ordre du marché qui rend possible la conciliation pacifique des projets divergents. Le procès économique rend possible la réalisation des droits naturels. Le politique est instrumental par rapport à ce processus reposant sur l'économique. Sa théorie en est une de la ruse de la raison économique. Le terme du néolibéralisme, de cette remise de la marche de la civilisation au marché et à ceux qui le dominent, c'est non seulement la radiation du bien commun, mais la radiation du droit social qui en est une étape préliminaire. Quant aux néolibéraux comme Nozick, ils abritent le droit de propriété derrière le droit à la liberté, ils réduisent l'État à un État minimal destiné à leur donner les coudées franches et à protéger leur autonomie dans un système où ils sont les gagnants.

Pour les tenants du droit naturel, les droits fondamentaux ne peuvent être instrumentaux à un supplément de bonheur collectif. Il existe certains droits auxquels on ne peut porter atteinte au nom de l'augmentation de la satisfaction du plus grand nombre. Condorcet défendait ce point de vue en écrivant : « (...) la prospérité du commerce, la richesse nationale, ne peuvent être mises en balance avec la Justice (...) l'intérêt de puissance et de richesse d'une nation doit disparaître devant le droit d'un seul homme, autrement, il n'y a plus de différence entre une société réglée et une horde de voleurs ». Le droit d'un individu est sacré, on ne peut le violer au nom du bien général. Mais si la propriété privée est définie comme un droit absolu, aucune répartition n'est possible. Les 358 milliardaires qui possèdent 760 milliards de dollars, un montant égal au revenu de 45% de la population mondiale, ne pourraient même pas être soumis à un impôt progressif[13].

La dichotomie entre un monde construit volontairement et un monde spontané est une simplification extrême qui conduit les néolibéraux à espérer le grand jour où l'on retrouverait un monde naturel et libérateur, qui surgirait de la désimplication étatique. À partir d'une critique du scientisme, le néolibéralisme de Hayek oppose un monde scientiste à un monde coutumier, naturel, fondé sur l'expérience. La sociologie est notamment ciblée comme une tentative de constructivisme social[14]. L'interventionnisme est présenté comme un pur délire intellectuel volontariste. Le sujet du rationalisme cartésien, conscient de sa puissance, se voyait confronté à un monde objectif qui récompensait les calculs, les conquêtes et la domination. Le sujet de Hayek fait face à un univers social dépourvu de finalité intentionnelle qu'il explore par le marché. Le sujet est maintenant jeté dans un monde qu'il ne peut connaître, qui se matérialise par la coordination automatique des intérêts personnels. La seule façon d'éprouver sa propre subjectivité, de tester son degré d'universalité est de s'adresser au marché. Dans l'ordre social spontané de Hayek, le monde ne donne plus la réplique au cogito, à la raison, puisque ce monde est un résultat nécessairement imprévu de l'action des hommes. L'ordre général résulte de l'objectif particulier. Mais le sujet doit affronter cet universel imprévisible sans protection, puisque le droit social y est nié; la liberté y est présentée comme radicale, mais elle ne peut se matérialiser que dans la propriété.

Comment l'État-providence a sauvé le capitalisme

L'étude des échecs du libéralisme fait ressortir le caractère utopique de sa réédition dans le néolibéralisme qui souhaiterait, de plus, revenir à ses thèses les plus radicales. La réalisation progressive de la société de marché devait provoquer un dépérissement historique de l'État. Dans l'utopie universaliste, la géographie économique devait rompre avec la géographie politique, l'étendue du marché étant sous l'égide du seul principe de l'échange et de la division du travail. Hume (1711-1776) avait été l'un des premiers philosophes à montrer l'inutilité d'un accroissement démesuré du territoire de l'État. De cette utopie universaliste, il s'ensuivit un drainage des ressources des pays en voie de développement par les pays riches. Aujourd'hui, à l'échelle planétaire, on observe que les 20% d'individus les plus riches ont vu leur part du revenu mondial passer de 70% à 85% entre 1960 et 1991, tandis que les 20% d'individus les plus pauvres ont vu leur part baisser de 2,3% à 1,4%[15]. Dans les pays qui se sont inspirés de l'idéologie néolibérale comme les États-Unis ou la Grande-Bretagne, les écarts de revenus n'ont jamais été si importants depuis les années 30. En 1992, les 20% d'Américains les plus riches disposaient d'un revenu 11 fois supérieur à celui des 20% les plus pauvres, comparativement à sept fois et demie en 1969.

Le libéralisme utopique de la fin du dix-huitième siècle pensait réaliser par l'économie le programme de la régulation sociale confié au politique dans les thèses contractualistes. L'harmonie naturelle des intérêts devait suffire pour régler l'ordre social. La médiation de la politique entre les hommes devait s'avérer inutile. L'échange, présumé égalitaire en soi, devait être l'archétype des rapports sociaux. L'économie ne devait plus être administrée par la politique.

Le monde de l'harmonie des intérêts, annoncé par l'utopie libérale, ne s'est jamais matérialisé. Le capitalisme, issu de la société industrielle du dix-neuvième siècle, a façonné un monde contraire à cette représentation. Le monde de l'économie est le champ des affrontements et une source de division entre les hommes. Sismondi, dans ses *Nouveaux principes d'économie politique* (1819), inaugure la critique sociale des conséquences de l'industrialisation. Il ne peut que constater les souffrances qui accompagnent celle-ci, l'écart se creusant entre les riches et les pauvres. L'accroissement des richesses n'a pas tenu sa promesse d'être bénéfique à l'intérêt général. Cette prise de distance par rapport à l'utopie libérale s'opère par l'intervention du gouvernement dans l'économie et par l'abandon du principe libéral du laisser-faire. L'économie et la politique apparaissent de nouveau comme inséparables dans la science du gouvernement. Ainsi s'élabore un socialisme politique, une opposition théorique à l'utopie libérale de l'extinction du politique dans le cadre d'une harmonie naturelle des intérêts.

La doctrine du laisser-faire se présentait comme le meilleur système pour la création de richesses. Mais le rapport entre le libéralisme utopique et le capitalisme ne fut qu'instrumental. Le capitalisme n'a retenu de cette idéologie que ce qui l'arrangeait pratiquement : l'affirmation de la propriété privée comme fondement de la liberté et le non-interventionnisme. Il n'a pas retenu l'obligation cruciale de la concurrence. Le capitalisme combat l'État quand celui-ci échappe à son contrôle, mais il le renforce en tant qu'il est un État de classe au service de ses intérêts et qu'il a pour fonction, selon la formule d'Adam Smith, de « permettre aux riches de dormir tranquillement dans leur lit[16] ».

Au dix-neuvième siècle, ce n'est pas le capitalisme libéral, c'est le capitalisme sauvage qui triomphe. Les idées libérales sont partout battues en brèche par la classe dominante quand elle ne peut pas les utiliser à son profit. Le capitalisme est le résultat de pratiques économiques concrètes qui utilisent les utopies, les discours justificateurs et mystificateurs dans son intérêt. En soi, il n'est pas une idéologie ou une proposition utopique. Les capitalistes contrôlent l'économie et les formes d'organisation sociale qui interviennent dans la vie économique. Le capitalisme fut, tour à tour, protectionniste ou libre-échangiste selon que le capital en était favorisé. Il est d'abord un pragmatisme de classe. Les velléités du libéralisme utopique pour transformer le capitalisme sont sans effet.

Le libéralisme prêchait le retrait de l'État; en France et en Allemagne, la demande d'État s'accroît en particulier de la part de la classe ouvrière qui n'a plus d'autre moyen d'améliorer sa condition. Le libéralisme désirait protéger la concurrence; au dix-neuvième siècle, des cartels et des trusts puissants se forment. « L'utopie de la société de marché n'a été que l'instrument intellectuel qui a permis de briser les réglementations qui faisaient obstacle à la constitution d'une classe ouvrière disponible pour les capitalistes[17]. »

La progression du capitalisme en dehors des sentiers du libéralisme utopique provoque aussi un désenchantement de l'économie politique qui se dégrade en une idéologie primaire véhiculée par la bourgeoisie montante[18]. L'écart est trop grand entre la réalité et le discours économique libéral. L'économie politique devient plus modestement un moyen de contribuer au bien-être général (Sismondi), un outil au service de la politique (List) ou se réfugie dans la théorie pure (Walras).

> L'économie politique se définit chez Walras dans une radicale renonciation à l'universel. Elle réduit son champ et limite son objet au point de n'avoir que très peu de rapports avec l'économie politique classique. Cette accession à la théorie pure et à la modestie sonne le glas des grandes ambitions du XVIIIième siècle[19].

Selon Rosanvallon, c'est dans la sphère politique que sont transférés au dix-neuvième siècle les idéaux placés au dix-huitième siècle dans la sphère économique. Cette utopie de l'extinction du politique est reprise par l'idéologie bourgeoise en opposition au développement de l'égalité des droits au-delà de la sphère juridique ou, de façon générale, pour conduire la société en fonction de ses intérêts propres. Ce phénomène a masqué le fait que l'objectif de la société dépolitisée se retrouve aussi dans l'utopie socialiste. Le socialisme veut réaliser politiquement au dix-neuvième siècle ce que l'utopie libérale voulait réaliser économiquement au dix-huitième siècle[20].

L'État-providence est né de la nécessité de correctifs et, il faut le dire, ce sont les assurances sociales qui procurent finalement un espace favorable au développement d'un capitalisme moderne. On oublie d'inclure dans l'évolutionnisme les réactions aux erreurs du libéralisme du dix-neuvième siècle allant même jusqu'à suggérer d'y revenir. La symbiose entre le capitalisme et l'État-providence, au vingtième siècle, est vue comme une erreur constructiviste alors que la symbiose entre le libéralisme et le capitalisme du dix-neuvième siècle est vue comme une évolution. Pourtant, l'État-providence a été amené par les effets du capitalisme. Il faut montrer que le capitalisme ne survivrait pas s'il n'était pas accompagné d'une certaine société assurancielle. Alors, pourquoi considérer le marché libre comme le futur de la civilisation et l'État-providence comme un accident de parcours à réviser?

C'est parce que la solution libérale classique était intenable que Keynes, entre autres, a prôné l'interventionnisme étatique et que l'État-providence s'est développé. Il faudra se demander pourquoi l'épisode moderne de l'accroissement de l'interventionnisme ne ferait pas partie de l'évolution historique spontanée. Les penseurs néolibéraux comme Nozick, Hayek et Rothbard refusent de comprendre et de saisir les causes sociologiques et historiques qui ont prédéterminé la croissance de l'étatisme.

Pour les néolibéraux de l'École de Hayek, les scientifiques participeraient à l'échafaudage de systèmes visant à contrôler la société. Le scientisme occidental est pris à partie dans *The Counter Revolution of Science : Studies on the Abuse of Reason*[21]. À partir d'une critique du scientisme, le néolibéralisme de Hayek oppose un monde scientifisé à un monde coutumier, naturel, fondé sur l'expérience. L'interventionnisme est présenté comme une prétention des rationalistes qui soutiennent faire mieux que la tradition. Il opère une dichotomie entre un monde construit volontairement et un monde spontané. Il accorde un pouvoir excessif aux intellectuels.

> Imputer la responsabilité de l'évolution aberrante des sociétés actuelles aux constructeurs de théories et de programmes, c'est accorder à ces derniers une importance démesurée. (...) C'est un biais intellectuel que d'investir des intellectuels de ce statut, de cette importance et d'escamoter le réseau des intérêts qu'ont des groupes, des strates, des classes ou des coteries dans la défense de certaines valeurs, de certains théorèmes mis en place ou simplement esquissés par les maîtres à penser que ces groupes (...) se sont donnés[22].

Le libéralisme se proposait aussi d'évacuer la religion de la morale sociale. Nous avons vu que le libéralisme cherchait à s'émanciper du religieux par la voie du rationalisme. La morale qui se dégage du rationalisme libéral est une morale séculière. La pensée libérale considère que la religion est une question privée entre l'individu et son Église. Les Églises doivent donc s'abstenir d'intervenir sur le plan temporel, dans l'aménagement des rapports sociaux, leur domaine étant le salut individuel. Toutefois, les chrétiens ont été heurtés par l'indifférence de la politique des gouvernants libéraux à l'égard des problèmes sociaux. La surnature a toutefois rendu des services à l'idéologie libérale.

Ce n'est pas là cependant la leçon que le libéralisme retire de la parole évangélique. Il n'en retient que la résignation qu'elle enseigne; il y trouve un auxiliaire de la
police pour le maintien de l'ordre dans les milieux qui
éprouvent les duretés de la société existante[23].

Tout pouvoir entraîne un contre-pouvoir. Le pouvoir persuasif
du libéralisme classique trouva sa contrepartie dans le marxisme au
milieu du dix-neuvième siècle. Le contenu du livre *Le Capital* et
celui du *Manifeste du parti communiste* se répandirent. Marx devait s'attaquer aux théories économiques classiques, source de
pouvoir persuasif. Il fallait notamment montrer à partir de la théorie de la valeur-travail de Smith et Ricardo que les bas salaires
n'étaient pas une conséquence naturelle ou une injonction du marché, mais le résultat de l'appropriation de la plus-value associée au
travail du salarié qui était accaparée sous forme de profits, de
loyers et d'intérêts. Il fallait dénoncer un État qui n'était que le
gestionnaire des affaires de la classe dirigeante. À l'apogée du capitalisme, l'idéologie s'est manifestée avec agressivité dans les
deux sens.

Le libéralisme restait une idéologie efficace comme justification du capitalisme. Le marxisme n'eut que peu d'emprise aux
États-Unis ou en Europe occidentale où la propriété était plus largement distribuée et il s'implanta dans des sociétés partiellement
préindustrielles comme en Russie et en Chine. L'opposition au
grand capitalisme industriel s'inspira plutôt du libéralisme et de
l'économie classique même qui prêchait les vertus de la concurrence; elle déboucha sur la législation anti-trusts visant les monopoles dans le chemin de fer, le pétrole, la sidérurgie, le tabac, etc.

Ainsi, même les plus sévères censeurs du pouvoir industriel pouvaient-ils continuer à inculquer à la jeunesse
les bienfaits de la concurrence et du marché et la
croyance dans leur avènement futur. Le capitalisme aurait-il conçu lui-même la critique idéologique de son
pouvoir qu'il eût difficilement pu trouver mieux[24].

La doctrine des droits de l'homme commande aussi l'intervention de l'État en certains domaines. Un consensus public s'est développé autour de l'existence de nouveaux droits par rapport à
ceux défendus à l'époque du libéralisme classique.

Le plein emploi par le marché est devenu une utopie avec
l'accélération de l'évolution technologique. Donc, vouloir perpé-

tuer la doctrine des libéraux classiques de façon intégrale, ou même la faire revivre en la durcissant, paraît anachronique et absurde. Le libéralisme classique a été un moment de l'histoire de l'Occident. Par exemple, dans l'économie classique, le chômage était supposé réduire les salaires et entraîner par conséquent une réduction de la demande et du prix des produits. La demande ainsi de nouveau stimulée par la baisse des prix devait recréer de l'emploi et ramener l'équilibre de plein emploi. Keynes a rompu avec l'économie classique en postulant que le sous-emploi peut être durable (équilibre de sous-emploi), c'est-à-dire que le marché ne peut réduire le chômage par lui-même. Une partie des forces productives demeurent oisives et il en résulte une réduction de la demande. Keynes préconisait des investissements de l'État destinés à relancer l'économie et à stimuler la demande au moment opportun. C'était une contestation de l'harmonie spontanée de l'économie libre.

La revanche du politique sur l'économique s'est matérialisée dans les interventions de l'État-providence. L'État est apparu comme le compensateur des effets néfastes du marché. Le pouvoir à la base des subventions et distributions de l'État est de nature politique. La masse des votants ou des groupes sociaux particuliers influence la politique de distribution.

Depuis la Seconde Guerre et pendant près d'une trentaine d'années, la révolution keynésienne a dominé la pensée économique et en partie la politique sociale des pays occidentaux. Mais depuis les années 1975-1977, une réaction paraît aux États-Unis d'abord, puis en Grande-Bretagne et en France en faveur d'un retour aux théories classiques et néoclassiques, mais dans leurs aspects les plus libertaires. La cause en était les insuccès des politiques d'inspiration socialiste ou interventionniste (travaillisme en Grande-Bretagne, interventionnisme aux États-Unis, socialisme en France).

Des tensions sociales naissent lorsqu'une société commence à faire des revendications que ne peut satisfaire la capacité productive de cette société.

> Toutefois, les économistes parlent à juste titre, à ce propos, de fonction anticyclique des systèmes de protection sociale: l'indemnisation du chômage, pratiquement inexistante en 1930, évite que la demande ne s'effondre alors que l'emploi s'amenuise : les revenus sociaux injectent dans l'économie une masse de pouvoir d'achat relativement indépendante des aléas de la conjoncture[25].

La crise budgétaire de l'État-providence fut un facteur important dans la généralisation de l'idéologie néolibérale.Une critique veut même que l'État-providence ait produit une solidarité abstraite qui conserve et accentue l'atomisme social. La charité créerait une solidarité chaude, volontaire. Reste à savoir si ceux qui sont victimes de contingences aimeraient l'idée de dépendre de la chaleur, de la bonté naturelle des bien nantis dans un monde qui prône la poursuite de l'intérêt personnel. Selon cette critique, l'individu atomisé face au marché se transforme en individu atomisé face à l'État.

> L'État-providence comme principe de médiation entre l'économique et le social finit par opérer de façon trop lointaine. Il surplombe la société de plus en plus haut. (...) Comment y remédier? Il n'y a pas d'autre voie possible que de rapprocher la société d'elle-même. (...) multiplier les lieux intermédiaires de composition sociale, réinsérer les individus dans des réseaux de solidarité directs[26].

Il existe aujourd'hui à travers ce que l'on nomme l'économie sociale une recherche de formes non étatiques de solidarité qui absorbent ceux qui sont sortis de l'économie formelle. Même la « solidarité chaude » doit servir l'économie formelle en masquant ses effets pervers, en engendrant la résignation, en désignant l'exclusion comme une situation normale d'économie sociale. Le président de la Banque Nationale, qui « gagne » un salaire de 1,4 million de dollars par année, faisait l'apologie de l'économie sociale comme si les démunis devaient se contenter de recycler en permanence les guenilles des riches.

L'État-providence qui a été considéré comme le nécessaire compagnon du capitalisme est maintenant cité comme coupable. Sans le capitalisme, l'État-providence a peu à distribuer mais sans l'État-providence, le capitalisme conduit à des inégalités trop manifestes.

Le néolibéralisme risque-t-il de conduire à la répétition des erreurs passées qui ont entraîné le keynésianisme et le socialisme? « Dénoncer les charges oppressives de l'État de bien-être sert ainsi à protéger les charges oppressives de la société antérieure à l'État de bien-être[27]. »

La Révolution russe, la guerre et la crise des années 1930 avaient redonné un nouvel aspect à la pensée libérale réformiste avec J.M. Keynes. Il s'agissait là, à proprement parler, d'un véritable courant néolibéral qui rompait avec le libéralisme classique en préconisant l'intervention active de l'État dans une complémentarité de la justice sociale et de la liberté. La critique de l'État-providence cimente, assemble sous une cause commune aussi bien des libéraux que des conservateurs qui se présentent comme des gestionnaires pragmatiques ou des intellectuels préconisant une idéologie offensive de rechange. Les néolibéraux ravivent la crainte du totalitarisme et en dérivent une appréhension contre l'envahissement du social par l'État.

Le maintien d'un État-assuranciel conjointement au libéralisme économique apparaît comme la seule combinaison qui soit une médiation entre le juste et l'efficace[28]. L'« efficace » réfère au fait que la société est une association établie en vue de procurer des avantages à ses membres. Le « juste » vise l'équilibre adéquat entre les revendications concurrentes des participants à l'association. Les néolibéraux tiennent un discours qui ne vise que l'efficace érigé en finalité humaine. Tout d'abord, la société n'est pas véritablement pour eux une association volontaire, mais le lieu nécessaire à la poursuite de l'intérêt individuel. La sociabilité naît de l'intériorisation d'une dépendance dans la poursuite d'un intérêt particulier.

Un certain État-assuranciel ou solidariste (appelé État-providence par ses dénigreurs) est devenu le compagnon naturel du capitalisme sans quoi celui-ci aurait déjà suivi le chemin de l'auto-anéantissement décrit par Marx. Le savoir moral et la façon de penser le rapport de l'individu à la société ont progressé depuis Smith et c'est un net recul éthique que préconisent les néolibéraux. Hayek base sa vision du droit sur une théorie de la conduite humaine dans les grandes sociétés. L'homme n'y possède jamais intellectuellement son environnement social et devient un *rule-following animal*. Dans son action, il obéit souvent à des règles générales qu'il n'a pas imaginées et qu'il ne connaît pas explicitement. Ses actions sont régies par des règles adaptées au monde dans lequel nous vivons[29]. Le droit apparaît comme une explication de la pratique. Les règles de juste conduite sont le fruit d'une sélection. Des régularités individuelles permettent l'avènement d'un ordre spontané de niveau supérieur qui, à son tour, rend possible une cohésion et une intégration des efforts individuels. Les règles de justice permettent de définir les attentes ou anticipations légitimes des individus dans la Société Ouverte[30]. Cette position conservatrice incite au *statu quo*.

La société assurancielle. La mutualisation des risques sociaux

Pour Aristote, l'individu humain n'est pas autosuffisant, il est partie d'un tout. La Cité n'est pas un marché, elle transcende le besoin vital pour devenir une communauté d'hommes libres et égaux. La Cité permettait de réaliser une nature proprement humaine, de faire triompher la raison, le partage des mêmes lois et des mêmes sentiments moraux ainsi que l'égalité politique. La Cité d'Aristote nous inspire l'idée que l'homme peut créer une communauté où l'on pourra réaliser l'égalité face aux besoins vitaux premiers et passer à autre chose, au perfectionnement de ce qui fait la nature humaine.

Dans son *Discours sur l'esprit positif*, Auguste Comte (1798-1857) estime que tout notre développement est dû à la société, sous quelque rapport qu'on l'envisage. Il prétend même que c'est à propos de la notion d'individu et non celle de société qu'il conviendrait de parler d'abstraction. Pour Émile Durkheim (1858-1917), la morale commence là où commence la vie en groupe, parce que c'est là seulement que le dévouement et le désintéressement prennent un sens. Il démontre que la plus ou moins grande intégration sociale a un effet sur le taux de suicide[31]. En interrogeant les individus, on repère un supra-individuel, une structure sociale qui oriente le comportement. Il s'agit de trouver une ontologie sociale qui prend place entre un extrême qui attribue tout à l'individu et un autre qui attribue tout à la société.

Les libéraux classiques ont créé une impasse. Ils nous disent que l'homme doit entrer en société pour préserver une liberté, un droit de propriété qu'il a dans l'état de nature. Ce droit est plutôt le fruit de l'état social. Il faut partir d'une ontologie d'un être essentiellement social et non d'un être présumément libre dans l'état de nature, là où cette liberté, cette propriété et cette sûreté n'existent précisément pas. Dans les scénarios de l'état de nature, les libéraux ont écarté une ontologie de l'homme en tant qu'être social qui est pourtant réaliste, qui pourrait contrer l'individualisme et appuyer la réalité de l'existence d'une justice sociale.

En réponse aux néolibéraux, qui comme Hayek et Nozick nient le concept de justice sociale ou de justice distributive, il faut développer cette perspective. Une vision de l'homme construite à partir d'un scénario d'état de nature plutôt que d'état social le présentera comme un être propriétaire de lui-même, non débiteur envers la société et obéissant à un intérêt personnel, ce qui conduira à un État minimal dont la seule fonction est de garantir l'autonomie individuelle. La loi acquiert alors une fonction négative orientée vers l'interdiction d'interdire aux citoyens tout acte qui est compatible avec la liberté d'autrui. Les néolibéraux acceptent absolument l'idée que l'inégalité est d'origine naturelle et qu'elle constitue un stimulant de première classe pour la concurrence entre individus. Sans inégalités point d'initiatives. L'inégalité doit structurer la société. Il est difficile de ne pas y voir une idéologie de la classe possédante.

C'est ainsi qu'on naturalise la société en la faisant sortir de l'état de nature et que l'État apparaît comme une créature destinée à faire respecter les droits que l'on interprète comme naturels. L'égalité devant la loi devient le respect de l'inégalité naturelle, le droit de propriété privée devient une essence de la nature de l'homme opposée à la propriété collective, etc. On ne cherche alors plus à faire la part de l'inégalité matérielle dans l'inégalité dite naturelle. La loi naturelle se manifeste comme une tendance persistante vers la conservation, l'utile, la recherche de l'intérêt individuel. Les hommes sortant de l'état de nature et s'associant dans une société n'auraient pas eu l'idée de prévoir un bien commun afin de faire respecter leur droit à la vie par une assurance de l'accès aux biens premiers. Les idéalismes sont présumés ne pas recueillir de consensus et conduire directement au totalitarisme. Pour Hayek, les peuples sécrètent des institutions et des moeurs pour se maintenir. L'idéal abstrait de la justice sociale malgré son existence dans l'État-assuranciel est un idéalisme qui n'a pas été sécrété, qui appelle une construction et qui interfère avec les traditions, avec l'ordre social spontané qui obéit à la recherche de l'intérêt personnel.

En somme, il faut donner un sens au concept de justice sociale nié par Hayek. Dans la thèse néolibérale, l'individu n'a pas d'accès garanti aux biens. Il n'y accède que par l'échange. Comme nous le verrons à la section suivante, ceux qui délibèrent sur la structure de la société, en faisant abstraction de leur situation personnelle, en arrivent à un concept de justice distributive justement parce qu'ils se placent dans un scénario où ils ne savent pas quel sera leur sort dans la société. La Grande Société, dans son ordre spontané, pourrait faire d'eux des démunis. La situation d'un homme devant l'ordre spontané est partiellement celle de ces délibérants qui, face à un ordre inconnu qui peut les inclure parmi les démunis, prévoient par prudence une égalité réelle face à l'accès aux biens premiers.

Comme Hayek, il faut partir de la conduite humaine dans les grandes sociétés. La Grande Société est tellement complexe, dit-il, qu'il se produit des conséquences qui ne sont ni voulues ni prévues par les acteurs. Alors pourquoi cela devrait-il nous indiquer qu'aucune provision ne doit être faite pour pallier les effets imprévus du système? Effets dont nous pourrions être victimes d'ailleurs. Les sinistres naturels sont imprévus, pourtant on s'y prépare par des mesures collectives. Le concept important pour échapper aux arguments néolibéraux est celui de risque social.

Au lieu de prendre pour acquis que l'homme est propriétaire de lui-même et de tout ce à quoi il a associé son travail, il faut plutôt considérer la nécessité de l'existence de la société pour l'accomplissement de tout projet de vie. Le rapport de propriété est un rapport de l'homme aux choses.

> Disposer de soi à son gré, c'est se donner un projet de vie et accorder un sens à sa vie, c'est-à-dire lui imprimer une orientation de son choix. D'un autre côté, tout projet de vie n'est effectivement réalisable que par la médiation de la société; il ne prend corps que dans un milieu où les individus dépendent les uns des autres[32].

Le degré de collaboration nécessaire pour réaliser un état social détermine jusqu'à quel point un individu peut disposer de lui-même en toute liberté. Le choix de l'efficace comme valeur ultime de la modernité fractionne le travail, conduit à l'acceptation *a priori* de l'innovation technologique. Dans la forme moderne de l'échange, l'ordre spontané du progrès liquide des métiers et en crée d'autres à un rythme accéléré; l'affrontement transnational du capital redistribue les emplois dans divers pays; le rythme continuel du changement de caractère des produits et des compétences nécessaires à leur élaboration induisent un chômage partiel permanent, etc.

Si nous acceptons collectivement les « avantages » de la modernité, nous devons en assumer collectivement les risques, sinon les gagnants regardent impassiblement passer le cortège des perdants. Celui dont l'emploi disparaît dans l'ordre spontané hypercomplexe de cette société conserve un droit sur la production sociale. On ne peut se retrancher derrière l'opinion hayekienne qu'il est la victime d'un effet de système, d'une machine qui ne se comprend plus elle-même et dont personne n'est responsable. La machine sociale hypercomplexe dissimule les responsabilités. Hayek en fait justement une cause de la réfutation de l'existence d'une justice sociale, car le démuni ne peut identifier de « responsables » de sa situation encore moins l'être abstrait qu'est la société. L'ordre spontané prouve justement que la catégorie « responsabilité » ne répond plus aux impératifs de la vie dans une grande société. Le droit libéral fondé sur l'existence de contrats privés et de délits ne peut plus répondre aux exigences. C'est justement parce que l'ordre social est spontané, c'est-à-dire que le résultat global de la vie en société n'est pas un projet identifiable, que le droit social doit exister et s'appuyer sur l'interaction collective et non seulement sur les responsabilités individuelles.

La société a accepté la technologie, la société doit assurer contre les risques de la technologie. Les contingences qui frappent un individu originent d'un réseau de causalités qui s'étend au-delà de la responsabilité de chacun. Les libéraux, pour sauvegarder un schéma où la responsabilité individuelle prévaut, fondent sur les libéralités, sur la charité, la nécessaire intervention pour pallier les défauts de la propriété privée. Ils se rabattent sur la morale privée comme remplacement du droit social.

Le néolibéralisme propose un totalitarisme appuyé sur le droit de propriété. Ce droit est présenté comme norme juridique absolue ayant préséance sur les droits à la vie et à la liberté. Le droit au travail, par exemple, ne peut s'effacer complètement devant le droit de propriété. Un progrès moral fait que la société devient assurancielle; le contrat social devient un contrat d'assurance. Le droit social prend alors un rang égal avec le droit de propriété. Il faut objecter une réponse politique à la réponse économique faite à l'origine de l'être-ensemble. Il s'agit de redonner un primat à l'être sur l'avoir. Le tableau de la page 257 compare les coordonnées de la société libérale avec celle de la société assurancielle.

Le droit à la vie et à la liberté conduit à la nécessité de reconnaître une association qui permette à chacun de s'approprier les biens indispensables à l'accomplissement de ces droits. L'acceptation de la division du travail et de sa résultante, l'échange, a conduit à reconnaître le droit de propriété privée. Il s'agit d'un droit dérivé par rapport aux droits à la vie et à la liberté.

> Dès lors, si une association déterminée, en l'occurence le système économique contemporain, régi par le droit de propriété privée et les lois de l'échange, entraîne, par un fonctionnement propre, une répartition des biens telle qu'elle prive une partie de ses membres de ses moyens de subsistance, l'État, qui seul dispose du pouvoir d'agir sur la structure économique, est non seulement autorisé

mais encore est obligé d'intervenir et d'apporter les corrections nécessaires[33].

Dans la présente conjoncture, la mise sur pied de ces institutions n'est possible que moyennant une participation de tous les
citoyens sous la forme d'un impôt proportionnel aux moyens de
chacun. Le bien commun ne peut être élaboré à partir d'une contribution égale de chacun, car alors il faudrait proportionner l'impôt à
la capacité de payer des moins nantis[34]. Le principe sous-jacent est
celui du « à chacun selon ses moyens ». Justement, ceux qui sont
frappés par une contingence ne sont plus à même de contribuer. Le
principe de la participation égale équivaut à nier l'existence de
biens communs.

SOCIÉTÉ ASSURANCIELLE

Ontologie sociale. Existence d'un projet collectif volontaire. Idéalisme.
Volonté générale. Définition d'un universel.

Impératif moral de justice. Imaginaire social.
Égalité réelle face à certains biens premiers. Idéal de coopération et de
solidarité. Dimension sociale du droit de propriété considéré comme
un moyen. L'État contrôle des programmes et fait respecter
les droits sociaux.

Ordre construit. Le politique intervient dans l'économique comme
moyen de justice distributive. L'État influence la société. Scénario de
l'état social. L'État fait respecter les droits-libertés et les droits-
créances. Acceptation du concept de justice sociale. L'individu a
des recours contre l'État.

Évolution vers l'intégration des principes de justice dans la structure
ou évolution en fonction d'un imaginaire social de sécurité face
aux biens premiers.

Volontaires

Fins particulières -----------? ----------Fins universelles :

Involontaires

SOCIÉTÉ LIBÉRALE

Ontologie individualiste. Propriété privée comme mode de réalisation
des droits. La conformité du projet individuel avec le projet collectif
est vérifiée par le marché. Indicateur économique de conformité.
L'individu teste le marché. L'activité individuelle est saisie sous
l'angle de la marchandise. Doctrine du laisser-faire.

Impératif de l'efficacité, primat sur le juste. Raison instrumentale.
Économisme radical. La concurrence est le moteur de la prospérité.
Égalité formelle et inégalité réelle incontournable.

Ordre spontané. Évolutionnisme. Naturalisation du culturel.
Le politique s'efface devant l'économique. La société prime sur l'État.
L'État est déduit des droits individuels. Scénario de l'état de nature.
L'État minimal fait respecter uniquement les droits-libertés.
Négation de la justice sociale.

Stratification sociale vénérant les entrepreneurs.
Terme de l'évolution : société de marché, capitalisme idyllique.

Toujours dans une recherche d'une ontologie de l'être social, peut-on baser l'universalité des assurances sociales ou l'existence de droits-créances sur la notion de volonté générale? Dans la volonté générale, il s'agit d'intégrer les différents points de vue de sorte que, chacun étant pris en compte, la résultante soit l'expression d'une volonté générale. La volonté générale n'est pas la volonté de la majorité mais une intégration de tous les points de vue. À partir de l'individu, elle est, selon la formule de Rousseau, un acte pur de l'entendement qui raisonne dans le silence des passions sur ce que l'homme peut exiger de son semblable, et sur ce que son semblable peut exiger de lui. La volonté générale suppose un désir de venir à un accord. Le point de vue particulier n'est pas nécessairement retenu, mais il a participé à l'accord. Il faut que chacun se borne à exprimer son point de vue particulier en ce qu'il a de légitime, sans outrepasser son droit, sa part, ce qui implique bien que l'on raisonne dans le silence des passions et que l'on résiste aux inclinations égoïstes[35].

Comme les contingences de la vie peuvent frapper n'importe qui, un État assuranciel répond aux conditions posées par Rousseau dans le Contrat social. Si l'intérêt commun est la base de la gouvernabilité, il est de l'intérêt de tous d'instituer une société qui assure à chacun l'accès aux biens premiers. La force et la liberté étaient les instruments de la conservation dans l'état de nature, la force commune de l'association devrait veiller à cette conservation. Sinon, celui qui est frappé par une contingence est légitimé de retourner à l'état de nature et utiliser sa force et sa liberté naturelles pour pourvoir à sa survie. La délégation de la force naturelle n'est justifiée que dans un système qui protège le droit à la vie. Ce recours justifié à la force naturelle indique que la radiation des droits sociaux par les néolibéraux est une source d'instabilité sociale, ceux-ci devraient avoir intériorisé la nécessité d'une certaine société assurancielle. Nous avons vu que l'État-providence devient le compagnon naturel du capitalisme s'il veut durer.

Le citoyen est l'union de l'individu et de l'universel. L'ascèse de l'homme vers le citoyen lui fait gagner l'humanité véritable. Mais la distinction claire entre la société et l'État reprise aux libéraux par les néolibéraux soutient un antivolontarisme qui laisse supposer un rejet de la notion de volonté générale dans son appui à l'universalité des programmes sociaux.

L'idée de volonté générale, en situant le principe de la légitimité politique dans la volonté du peuple plutôt que dans le droit divin par exemple, se rapproche de la façon de penser des libéraux, mais elle suppose une maîtrise de l'homme sur la société, ce qui apparaît comme tout à fait contraire à une théorie de l'ordre spontané telle que celle de Hayek. L'idée de volonté générale maintient la nécessité d'un certain primat du tout sur l'individu. Dans la thèse néolibérale, la société n'est pas soutenue par un pouvoir politique représenté par la volonté générale. Le social est cause de lui-même, le volontarisme est une illusion. Les droits-créances sont un mirage.

Marx en tirait la conclusion que la structure du capitalisme dégage tout un chacun de ses responsabilités en ce qui regarde la misère qu'elle engendre; la loi du marché est présentée comme un ordre objectif des choses.

> John Rawls assume cette perspective, du moins dans ses grandes lignes. Conscient que la structure de base de la société produit des effets susceptibles d'être qualifiés d'injustes, il élabore le projet d'établir des principes de justice qui soient applicables, non aux individus, mais à la structure de base même de la société[36].

Les néolibéraux en qualifiant l'ordre social et le marché d'ordre spontané en arrivent à nier l'existence même du droit social destiné à rectifier les effets de système de cet ordre non imputable à quelque individu particulier que ce soit.

La structure de base de la société ne devrait pas se borner à cautionner l'arbitraire de la nature ou l'interprétation d'une donnée naturelle à la lumière des intérêts d'une classe possédante. Le système social n'est pas un ordre intangible, échappant au contrôle des hommes, mais un mode d'action humaine. Aucune nécessité ne contraint les hommes à se résigner à ces contingences.

Le contrat social de réciprocité, véritable harmonie des intérêts

Pour définir la société comme un système équitable de coopération entre des personnes libres et égales, nous nous référons à la pensée de John Rawls, un des contemporains les plus respecté en la matière[37]. Il s'agit de développer un point de vue publiquement reconnu à partir duquel tous les citoyens pourront examiner la justice de leurs institutions politiques et sociales. Il faut donc faire appel aux convictions générales bien arrêtées, à un point de vue publiquement reconnu. Aristote partait des *endoxa*, c'est-à-dire des idées admises sur les vertus, afin d'en dégager le noyau rationnel dans une synthèse cohérente[38]. Kant met à l'épreuve une chose que l'on a toujours sue, c'est-à-dire que la nature raisonnable existe en chacun comme éminemment digne de respect. Il en déduit un impératif : on doit traiter la personne non comme un moyen mais comme une fin. La précompréhension du juste a toujours été invoquée. Une règle formulée chez les rabbins du 1er siècle, dans le *Sermon sur la montagne* et chez quelques moralistes de l'âge hellénistique se lit ainsi : *Ne fais pas à autrui ce que tu ne voudrais pas qu'on te fasse*[39]. Le philosophe Rawls parle d'un consensus par recoupement. Un recoupement assez large ne peut se faire à partir d'allégeances religieuses ou morales. Sa démarche aboutira plutôt à un devoir positif : fais à autrui ce que tu voudrais qu'on te fasse; pour ce faire, intègre dans la structure de la société ce que l'on doit faire pour pallier les contingences, qui pourraient d'ailleurs t'affecter.

Certains éléments sont relégués à notre personnalité morale privée et nous ne pouvons pas les faire intervenir dans la construction d'un système social de coopération. Par exemple, je ne peux baser une définition de la coopération sociale sur le christianisme, car j'exclus d'avance les non-chrétiens de mon système. Le libéralisme politique permet la coexistence de doctrines morales, philosophiques, religieuses différentes et mêmes incompatibles entre elles. Dans un contexte d'institutions libres, la raison humaine aboutit à un pluralisme. Il suffit que ces doctrines soient raisonnables et ne violent pas les droits de la personne. La théorie de la justice de Rawls ne prend pas parti pour un régime politique ou social défini.

> La mention que je viens de faire d'un régime socialiste libéral m'incite à ajouter que la théorie de la justice comme équité laisse ouverte la question de savoir si ses principes sont mieux réalisés dans une démocratie de propriétaires, ou dans un régime socialiste libéral. C'est aux conditions historiques et aux traditions, institutions et forces sociales de chaque pays de régler cette question. En tant que conception politique, la théorie de la justice comme équité ne comporte aucun droit naturel de propriété privée des moyens de production[40] (...)

Une des tâches de la philosophie politique dans une démocratie est de trouver une base commune d'accord suffisante pour assurer la coopération politique. John Rawls se demande quelle serait cette construction dans un scénario d'objectivité. Il existe un profond désaccord sur la manière de réaliser le mieux possible les valeurs de la liberté et l'égalité dans la structure de base de la société[41]. Les auteurs néolibéraux font valoir que toute redistribution est une injustice, car elle viole le droit de propriété. Quel type de société devrait-on promouvoir? Doit-on viser l'égalité et dans quoi, sinon quel niveau d'inégalité est-il moralement tolérable et à quelles conditions?

Les principes de justice pour leur contenu autant que pour leur caractère obligatoire ne relèvent ni d'une vérité évidente en elle-même, ni de la nature[42]. La justice est une convention, elle est de nature politique et non métaphysique. Les droits ne revêtent leur pleine signification que par la médiation d'un savoir et d'un vouloir commun aux membres d'une collectivité. Ils sont déterminés par voie contractuelle.

L'idée de base est donc que la conception publique de la justice devrait être, autant que possible, indépendante de doctrines religieuses et philosophiques sujettes à controverses. L'unité de la société et l'allégeance des citoyens à leurs institutions communes ne sont pas fondées sur le fait qu'ils adhèrent tous à la même conception du bien (notamment une même confession religieuse) mais sur le fait qu'ils acceptent publiquement une <u>conception politique de la justice</u> pour régir la structure de base de la société. Une personne pourrait changer de religion ou de définition du bien et conserver la même identité publique. Une structure de base juste et ses institutions établissent un cadre à l'intérieur duquel les conceptions autorisées du bien peuvent être soutenues. Certains pourraient être tentés de bâtir l'engagement social sur une éthique de diverses sources, religieuse, féministe, socialiste, etc.[43] Le sens de la justice est la capacité de comprendre, d'appliquer et de respecter dans ses actes la conception publique de la justice[44]. Le modèle présente une certaine rupture d'avec l'expérience morale ordinaire. Les membres d'une société démocratique tolèrent une pluralité dans la définition du bien. Il ne s'agit pas d'une conception morale générale comme l'utilitarisme qui prétend valoir autant pour les actions individuelles que pour le droit international. La conception publique de la justice doit être politique (orientée vers le consensus) et non pas métaphysique. La justification d'une conception de la justice est une tâche sociale pratique plutôt qu'un problème épistémologique (orienté vers la recherche du vrai) ou métaphysique.

À la section sur l'État minimal disciplinaire au sixième chapitre, nous avons vu comment la droite néoconservatrice américaine tente d'institutionnaliser politiquement sa définition du bien. Le

Parti républicain en est le siège; la religion est imposée politiquement. À la section sur l'éthique de l'enrichissement au troisième chapitre, nous avons montré comment l'ordre social s'est imposé via la surnature au Moyen-Âge alors que l'Église se partageait la domination de la société avec la noblesse. Le scénario de Rawls part de citoyens libres et égaux. Les revendications ne dépendent pas de l'appartenance à une classe sociale. Les citoyens ne traitent pas l'ordre social comme un ordre naturel et fixe ou comme une hiérarchie institutionnelle justifiée par des valeurs aristocratiques ou religieuses.

La justice comme équité est faite pour s'appliquer à des institutions économiques, sociales et politiques et non à des personnes. Ce sont les institutions de base qui doivent réaliser les valeurs de la liberté et de l'égalité. La vie privée de chaque individu est en quelque sorte un projet à l'intérieur d'un projet plus vaste réalisé par les institutions publiques de la société.

> Le principal objectif de la théorie de John Rawls est le suivant : établir des principes de justice qui soient applicables à la structure de base de la société, de telle sorte que les activités qui se plient aux règles de fonctionnement de cette dernière soient justes, c'est-à-dire respectueuses des intérêts individuels de tous et de chacun[45].

Quel serait le contenu d'un accord politique volontaire, informé et raisonné que les citoyens pourraient partager? Rappelons qu'il s'agit de définir la structure de base de la société et non de réformer la conduite des individus. À quelles conclusions sur l'intensité du rôle de l'État en viendraient des personnes réfléchissant sur la structure de base de la société, en faisant abstraction de leur position personnelle, tout en connaissant les risques de la coopération sociale moderne?

Délibérer sur la structure de base de la société en faisant abstraction de sa position personnelle

Nous avons vu au premier chapitre que les premiers philosophes libéraux ont tenté d'élaborer un scénario objectif de délibération sur les droits de l'individu : ils appelaient ce contexte asocial et apolitique « état de nature ». Cela les a conduits à postuler une liberté et une égalité formelles qui cautionnent les inégalités réelles sans donner naissance au concept de justice sociale. Les scénarios classiques, tournés vers le droit naturel, en arrivaient à un droit de propriété privée qui n'engageait à rien envers les autres : l'unique source d'appropriation demeurant le travail. Rawls révise le scénario contractualiste des philosophes du dix-septième et du dix-huitième siècles. Pourquoi, dans une situation originelle ou dans un état de nature ou dans une position originelle de délibération, les contractants ne choisiraient-ils pas de faire exister une certaine justice distributive, une obligation morale envers la prestation sociale des biens essentiels à tous ? Il est curieux que les anciens scénarios ne soient parvenus qu'à la justice commutative, qu'à l'État de sûreté traditionnel garantissant la propriété et la liberté dans une inégalité réelle sans borne. En réalité, leur « état de nature » était un état culturel qui s'autorisait de la nature.

Les délibérants de Rawls instituent un recours des individus contre la société pour les biens essentiels, car ils sont conscients que les contingences de la vie ou les aléas sociaux peuvent le conduire à figurer parmi les démunis qui auront recours à la justice distributive. Chacun est intéressé personnellement à la justice sociale par crainte. La position originelle conduit à endosser la position des démunis et induit une obligation sociale de cette possibilité de se mettre à la place de l'autre. Vu ainsi, il n'y a pas d'aliénation du droit naturel de propriété, mais une subordination acceptée, dirigée vers la création d'une égalité sociale face aux biens premiers. Chacun consent à être un secours pour l'autre et à intégrer ce secours dans la structure sociale.

Rawls veut définir une théorie de la justice distributive qui pourrait être acceptée par ceux qui croient à l'efficacité du marché : il vise une définition pratique de l'égalité réelle. L'affrontement sous le régime de la société de marché fait des gagnants et des perdants. Ces derniers n'ont pas de recours contre la société suivant les règles de cet affrontement. Par contre, la poursuite de l'égalité réelle violerait la liberté et l'efficacité. En effet, certains sont plus doués naturellement, sont plus entreprenants ou accordent simplement plus de place au travail ou à la possession de biens dans leur projet de vie. L'égalité risquerait de décourager leurs initiatives. Sa position décevra ceux qui entretiennent l'utopie de l'égalité réelle. Rappelons que la pensée de John Rawls recherche une médiation entre le juste et l'efficace. Mais elle a l'avantage de rendre compte du fait que les droits à la vie et à la liberté présentent une plus grande extension que le droit de propriété.

Rawls organise son raisonnement autour de l'idée de société comme système équitable de coopération[46]. Seul un scénario de délibération, où les individus font abstraction de leur position empirique, où le délibérant peut endosser la position potentielle de bien nanti autant que celle de démuni, permet de conduire à une obligation morale à l'égard de la justice distributive. Par exemple, un bien nanti serait tenter de maintenir la structure sociale qui lui a permis de s'enrichir, même si elle est très inégalitaire et laisse les démunis sans ressources. Un défavorisé pourrait souhaiter une société qui redistribue largement sans égard à l'efficacité. Le fortuné qui fait abstraction de sa position réelle reconnaît ainsi la contingence de sa position et acceptera de contribuer à l'amélioration de la position des moins nantis qui aurait pu être la sienne. Pour Rawls, la structure sociale reconstruite délibérément contiendrait un dessein humain de justice sociale et ne serait donc pas un ordre spontané issu de l'application des seuls droits-libertés. Les néolibéraux parlaient de la société comme un ordre spontané, comme le résultat des actions individuelles. Pour eux, la scoiété est le résultat de l'action des hommes sans être l'expression d'un dessein humain, surtout dans une société hypercomplexe où la connaissance est divisée.

La garantie d'objectivité se fera en jetant un « voile d'ignorance » sur trois sortes de facteurs pouvant fausser le jugement des partenaires de la position originelle. Il s'agit d'une catharsis intellectuelle par laquelle le participant s'abstrait de son existentiel subjectif.

Le scénario de situation originelle est une position que l'on peut prendre à chaque fois que l'on veut réféchir sur la structure de la société. La théorie de la justice emprunte à la doctrine du contrat social et considère que les participants eux-mêmes devront considérer leur avantage et se mettre d'accord. L'acteur de la situation originelle doit passer d'un intérêt personnel déterminé à un intérêt personnel indéterminé. Par exemple, l'individu de la situation originelle met entre parenthèses la place qu'il occupe dans la société, son statut, sa fortune, ses capacités physiques et intellectuelles, la conception qu'il se fait du bien, l'ensemble de ses déterminations psychologiques telles que sa propension à l'optimisme ou au pessimisme, mais encore les circonstances particulières de la société où il est destiné à vivre, le type d'organisation économique que cette société a mis en place et même la génération à laquelle il appartient. Le voile d'ignorance sur l'appartenance à une génération déterminée évite qu'une génération élabore des attentes aux dépens des générations futures[47]. Nous savons combien ce sujet est litigieux au Québec. On sait que les nouvelles générations pourraient accuser la précédente d'avoir bâti un système social qui les a endettées.

Évidemment, le scénario fait que l'acteur ne connaît pas non plus la position qu'il occupera dans la société qu'il préconisera. Les délibérants recherchent alors toujours leur intérêt propre, mais celui-ci étant indéterminé, ils augmentent les chances d'en arriver, dans ce scénario, à une société qui conjugue le juste et l'efficace. Rawls ne met pas en scène un homme vertueux ou altruiste. Si les partenaires étaient altruistes, les principes choisis ne s'appliqueraient qu'à des personnes dont la liberté serait limitée à des choix compatibles avec l'altruisme. Par contre, le désir de l'acteur de maximiser ses avantages doit être guidé par une utilité anonyme et non subjective.

Les délibérants demeurent rationnels et capables d'argumenter sur un pied d'égalité. Ils sont capables d'un sens de la justice, mais ils n'ont pas une préférence quant à une théorie de la justice. Ils ont une connaissance des faits généraux de la psychologie humaine et de l'organisation sociale, notamment les principes de l'économie. Ils savent que la coopération humaine est possible et objectivement nécessaire. Ils reconnaissent que les individus ont des projets subjectifs et qu'ils risquent de s'opposer aux autres pour les réaliser, étant donné que les ressources sont relativement rares. La position originelle conduit à la recherche de biens sociaux premiers propices à un plan de vie rationnel général plutôt qu'à des biens orientés vers des fins particulières.

Les principes de justice devront préciser les termes de la coopération sociale. Chaque citoyen peut examiner les principales institutions de la société et la façon dont elles se combinent pour constituer un système unique de coopération sociale quels que soient ses intérêts particuliers. La coopération est guidée par des règles publiquement reconnues. Les termes de la coopération sont équitables; chacun en tire des avantages mais joue son rôle conformément aux règles. Chaque participant a une idée rationnelle de son avantage.

Les individus se sentiront-ils liés par le contrat une fois qu'ils auront repris possession de leur moi empirique? L'acceptation de ces principes devra se généraliser, car ils agiront comme une forme à l'égard des institutions. La position originelle doit en être une que l'on peut adopter à n'importe quel moment où l'on désire raisonner sur la justice.

> Mais quand nous agissons consciemment d'après les
> principes de la justice dans le cours ordinaire des évé-
> nements, nous assumons délibérément les limitations de
> la position originelle. (...) la conception de la justice que
> les partenaires adopteraient définit la conception que
> nous considérons – ici et maintenant – comme équitable
> et qui est soutenue par les meilleures raisons[48].

Le statut de droit, quant aux institutions, s'appuie sur un impératif catégorique éprouvé auprès des individus. Lorsque les principes de justice seront intégrés aux institutions, les acteurs sociaux,
sortis de la position originelle, continueront d'assumer les fins de
cette position. L'universalité des principes s'appuie sur un statut
d'impératif catégorique. Rawls recherche comme Kant une législation morale qui doit être l'objet d'un accord dans des conditions
caractérisant les hommes comme des être rationnels, libres et
égaux entre eux. C'est pourquoi les principes doivent être élaborés
par une personne autonome qui fait abstraction de sa position sociale fortuite ou de ses dons naturels contingents.

En somme, lors du choix des principes de justice, il faut mettre
entre parenthèses les contingences sociales et naturelles. Les principes ne doivent pas refléter non plus des partis pris relatifs à des
projets de vie et des motivations particulières d'un être contingent.
L'on doit se placer dans une situation où la maxime personnelle
puisse être universelle. Le voile d'ignorance permet d'arriver à des
principes qui laissent libre cours à de multiples choix de vie.

> Le porteur du choix de la justice est, au sens strict, un
> sujet universel, indifférent à toutes les déterminations
> individuelles et particulières, que Kant désignerait
> comme être de raison pure. Les principes de la justice
> sont analogues à des impératifs catégoriques au sens
> kantien : ils sont universellement valables (...) Agir
> d'après les principes de la justice, c'est agir d'après des
> impératifs catégoriques, en ce sens qu'ils s'appliquent à
> nous quels que soient nos objectifs particuliers[49].

La description de la position originelle ressemble au point de
vue du moi nouménal, de l'être rationnel libre et égal aux autres.
La position originelle, c'est le point de vue d'après lequel le moi
nouménal voit le monde. <u>La maxime personnelle peut donc être
universelle.</u> L'obligation catégorique ne peut s'enraciner que dans
la volonté même du sujet obligé. Les principes de justice seront
ensuite intégrés aux institutions. Réciproquement, les institutions
justes formeront des individus justes.

Les deux principes de la justice et leur ordre de priorité

Rawls a le mérite d'avoir proposé une théorie rivale à l'utilitarisme fondée sur deux principes de justice. Ce sont les principes que les agents placés dans la position originelle choisiraient.

1. Premier principe : *chaque personne a un droit égal à un système pleinement adéquat de libertés de base égales pour tous, qui soit compatible avec un même système de libertés pour tous.* (Prioritaire au deuxième principe)

2. Deuxième principe: *les inégalités sociales et économiques doivent satisfaire à deux conditions : a) elles doivent être attachées à des fonctions et à des positions ouvertes à tous dans des conditions de juste égalité des chances; et b) elles doivent procurer le plus grand bénéfice aux membres les plus désavantagés de la société*[50].

Le premier principe est prioritaire au deuxième, une priorité va à la liberté : ainsi, on ne peut compenser des atteintes à la liberté par des avantages économiques ou sociaux plus grands. Jamais l'efficacité ne doit permettre de violer les droits fondamentaux, les libertés de base[51]. La probabilité, même faible, de faire partie d'une minorité sans libertés de base est rebutante. L'obtention de gains économiques plus grands pour l'ensemble de la population n'est pas une raison suffisante pour justifier la perte des libertés de base pour un ou plusieurs individus. Une liberté de base ne peut être limitée que pour sauvegarder une ou plusieurs autres libertés de base. Ces libertés se combinent pour former un système. Toutefois, le système mis au point doit être appliqué de façon égale à tous les citoyens (système unique). Mais on ne peut invoquer le bien public (utilitarisme) ou des valeurs perfectionnistes pour violer les libertés d'une personne[52].

Ce premier principe vise la liberté et s'intégrera dans des institutions comme la constitution et le système judiciaire. Dans une société bien ordonnée, la volonté politique de préserver les libertés de base existe. Rawls dit que la liste suivante pourrait former les libertés de base visées au premier principe : « La liberté de pensée et la liberté de conscience, les libertés politiques et la liberté d'association ainsi que les libertés incluses dans la notion de liberté et d'intégrité de la personne, et finalement, les droits et libertés protégés par l'État de droit[53] ». Rawls inclut dans les libertés de base le droit d'obtenir et de disposer de l'usage exclusif de la propriété personnelle. Il s'agit d'une base matérielle suffisante pour créer le sens de l'indépendance personnelle et du respect de soi. Les délibérants de Rawls n'incluent pas en soi le droit de posséder des moyens de production et des ressources naturelles ou le droit d'hériter. Mais ils ne présument pas non plus que les moyens de production ne peuvent être détenus que socialement[54].

Par prudence, les délibérants choisiraient donc un système de libertés politiques, d'expression, de réunion, de pensée et de conscience, une protection contre l'agression physique et l'oppression psychologique, contre l'arrestation arbitraire, etc. La prudence veut qu'un principe garantissant la liberté et l'égalité dans les libertés de base soit placé en premier dans l'ordre de priorité. Rawls mentionne que le droit à ce système de libertés pour une personne doit être compatible avec celui des autres. Par exemple, si le droit de propriété fait partie des libertés de base, le droit des uns ne doit pas empêcher les autres de s'approprier les biens essentiels. Tout contrat ne protégeant pas ces libertés est rejeté.

Dans le deuxième principe, la priorité indique qu'on ne peut pas réduire les chances de quelqu'un même en le compensant par des avantages fournis par les mieux nantis. Sans savoir quelle place ils occuperont, les individus placés dans la situation originelle savent que, dans le monde réel, les individus seront séparés par le talent, l'éducation, la richesse. Ils élaborent donc un deuxième principe dit de « différence » concernant les biens qui seront nécessairement inégaux. En effet, les différences ne sont pas nécessairement des injustices. Un nivellement artificiel serait inefficace en neutralisant les initiatives. Le principe de différence est toutefois subordonné au principe de la juste égalité des chances car la différence, l'inégalité n'est juste que s'il y a eu d'abord égalité des chances. Ceci implique que les fonctions sociales (qui comportent des traitements inégaux) soient ouvertes à tous. Les inégalités ne sont tolérées que dans la mesure ou leur suppression ferait empirer la situation des plus défavorisés. Des individus rationnels, ignorant leur situation empirique et délibérant sur les principes de justice applicables à la structure de base de la société en arriveraient, en plus des libertés traditionnelles, à un principe de juste égalité des chances (positions ouvertes à tous) tout en permettant une certaine inévitable inégalité réelle, mais à la condition qu'elle contribue optimalement à la position des démunis.

John Stuart Mill avait déjà tenté de compléter la doctrine de la société de marché par le principe de l'égalité des chances. Très tôt, il a été évident que l'inégalité réelle, n'est tolérable que s'il y a d'abord eu égalité des chances.

> En vérité, écrivait-il, si beaucoup d'individus échouent alors même qu'ils travaillent plus que ceux qui réussissent, cela tient moins à une différence dans leur capacité qu'à une inégalité de leurs chances. Et si le gouvernement faisait tout ce qui est en son pouvoir pour en venir à bout, soit par l'éducation, soit par la législation, nul ne pourraient critiquer les différences de fortune qui subsisteraient[55].

Les avantages supérieurs que certains récoltent de la vie en société non seulement ne devraient pas aggraver le sort des défavorisés, mais devraient contribuer à l'amélioration de leur position (maximisation du minimum). Le principe de différence affirme notamment que *l'égalité du revenu et du pouvoir doit être préférée*, sauf si des inégalités permettent de donner à tous plus de revenus ou de pouvoir qu'ils n'en auraient dans la situation égalitaire. L'état présent d'une société doit permettre aux désavantagés d'en avoir plus que la classe des désavantagés dans un autre état possible sous étude, tout en restant compatible avec l'égalité des chances et des libertés. Par exemple, si une baisse d'impôt accordée aux riches fait en sorte que le revenu des défavorisés de cette nouvelle situation est plus élevé que le revenu des défavorisés dans la situation où les riches sont davantage imposés, le principe de différence entérine cette baisse d'impôt accordée aux riches. Le principe de différence est positionné entre un égalitarisme absurde et un utilitarisme injuste. Il évite l'absurdité de l'égalitarisme en permettant une inégalité avantageuse pour les plus démunis, le principe de différence évite la ruine possible qui résulte d'un désir de tout vouloir partager également. Il évite aussi le piège de l'utilitarisme qui veut que l'on vise la maximisation de la somme de ce qu'il y a à distribuer tout en permettant que certains n'aient rien.

> Si l'on prend comme bases les institutions nécessaires à la liberté égale pour tous et à la juste égalité des chances, les attentes plus élevées de ceux qui sont mieux placés sont justes si, et seulement si, elles fonctionnent comme une partie d'un plan qui doit améliorer les attentes des membres les moins bien placés de la société[56].

La théorie libérale accepte comme un fait les inégalités naturelles et ne prévoit pas de redistribution intégrée dans la structure de la société, elle laisse le tout à la morale personnelle. Rawls prétend que les délibérants dans la position originelle n'accepteraient pas que les structures de la société ne fassent qu'entériner la *loterie naturelle*. Un système égalitaire viole la liberté des mieux nantis, un système inégalitaire peut écraser les démunis. Ignorant s'ils seront parmi les fortunés et les talentueux ou parmi les démunis, les délibérants en arriveront à un système qui permet les inégalités à la condition qu'elles apportent un avantage aux démunis. Évidemment, il s'agit d'un scénario contractualiste donc constructiviste. Rawls conteste la suprématie du marché et accorde à l'État un rôle actif dans le développement d'une forme d'égalité.

Les libéraux ont toujours soutenu que l'égalité est inefficace et que le libre jeu de l'inégalité est en fin de compte profitable à tous en donnant les coudées franches aux talentueux et aux audacieux. C'est un principe d'efficacité. Toutefois, le contrat social y est instable, car aucune provision n'est faite aux démunis qui doivent subir leur malheur comme un effet de système ou un effet du hasard naturel. L'efficacité suppose de souscrire à un principe de différence qui s'assurera que les inégalités immanentes à l'efficacité devront aussi être profitables aux moins bien nantis. Rawls ne fait que confirmer cette thèse en disant que le contrat social originel de ses délibérants considéreront injustes les inégalités qui ne sont pas à l'avantage de tous.

Il s'assure que la structure de base fasse en sorte que l'existence des inégalités apporte une amélioration de la condition de tous, en particulier des plus défavorisés. Avec l'égalité des chances présente dans la structure et une inégalité profitable à tous, l'envie disparaît devant les inégalités réelles et l'efficacité est préservée. La stabilité sociale passe par une tolérance face aux inégalités; mais cette tolérance passe d'abord par l'égalité des chances sinon c'est de l'inconscience. Cette tolérance passe ensuite par une structure sociale où l'inégalité bénéficie à tous. La structure sociale ne peut servir purement à enrichir une minorité.

Les membres les plus défavorisés sont définis par un indice des biens premiers. Grâce au principe de différence, le seul problème d'indice qui nous concerne est celui du groupe le plus désavantagé.

> Si nous savons dans quelle mesure l'attribution des biens aux plus avantagés affecte les attentes des plus désavantagés, cela nous suffit. Le problème de l'indice se limite alors, pour l'essentiel, à celui de la pondération des biens premiers pour les plus désavantagés[57].

L'acteur de la situation originelle peut penser qu'il pourra obtenir le revenu maximum dans une société qui admettrait le revenu maximum le plus élevé. Mais, ne sachant quel sort lui est réservé, rien ne l'assure que son revenu ne sera pas minimum. Si c'est le revenu minimum qui est son lot, il sera inférieur ou non garanti dans une société axée sur la maximisation des revenus élevés. À cet égard, la maximisation du revenu moyen ne lui offre pas non plus la garantie d'un minimum. La prudence recommande donc une identification avec les plus défavorisés afin de parer au pire et l'acceptation d'une condition qui maximise le revenu minimum. Il ne s'agit pas uniquement d'apaiser l'envie mais de s'assurer d'un minimum. Même en considérant comme donnée une situation où les libertés et les chances sont égales, il demeure aussi que l'assurance donnée à ceux qui sont les plus défavorisés d'en obtenir davantage exige une comparaison des situations.

Selon Rawls, la grande incertitude de la situation originelle interdit à l'individu de choisir l'espérance mathématique de la plus grande utilité. L'individu considérera la pire des situations possibles dans chaque cas et choisira celle qui lui garantit le meilleur résultat dans cette situation précaire (maximin ou maximisation du minimum). Dans l'incertitude, on prévoit le pire et on s'assure de pallier ce pire.

Le contrat de justice ainsi réfléchi aura plus de chances de réussir que l'acharnement à poursuivre une égalité réelle qui exige une intervention constante dans la vie des gens. Le contrat de justice résistera à l'épreuve, car les plus défavorisés sauront qu'ils ne peuvent exiger une égalité ruineuse et que l'inégalité sera aussi à leur avantage. Rappelons qu'il y a d'abord eu véritable égalité des chances. L'inégalité ne sera pas purement gratuite ou le fruit du hasard, mais le résultat d'une différence admise. Quant aux plus favorisés, ils pourront vaquer à leurs activités en sécurité, en sachant qu'ils ne seront pas contestés. Les institutions justes jouiront d'une stabilité. Tout dépend de la capacité des institutions justes à éveiller une nature morale qui avait été assombrie par des institutions injustes. L'individu éduqué par les institutions tiendra compte de l'intérêt d'autrui dans ses calculs. Les institutions qui intégreront les principes de justice façonneront à leur tour les hommes appartenant à cette société assurant la permanence de cette société juste. La société juste crée des hommes justes.

Notes

1. EWALD, Fr., *L'État-providence*, Paris, Grasset, 1986, pp. 24-25.
2. HABERMAS, J., *Théorie et pratique*, tome I, Paris, Payot, 1975, pp. 109 et suiv.
3. FERRY, L. et A. RENAUT, Des droits de l'homme à l'idée républicaine, *Philosophie politique*, Paris, PUF, Recherches politiques, tome III, p. 31.
4. Idem, p. 31.
5. Idem, pp. 28-29.
6. Idem, p. 30.
7. KANT, E., *Fondements de la métaphysique des moeurs*, Paris, Vrin, coll. Bibliothèque des textes philosophiques, p. 47 et suiv.
8. FERRY et RENAUT, *op. cit.*, p. 98.
9. DUMONT, L., *Homo æqualis, genèse et épanouissement de l'idéologie économique*, Paris, Gallimard, coll. Bibliothèque des sciences humaines, p. 13.
10. RAWLS, J., *Théorie de la justice*, Paris, Seuil, 1987. Traduction Catherine Audard.
11. HAYEK, F., *Droit, législation et liberté*, Paris, PUF, coll. Libre-échange, 1980, pp. 88-90.
12. LAMBERT, R., *La justice vécue et les théories éthiques contemporaines*, Sainte-Foy, Les Presses de l'Université Laval, 1994, p. 141.
13. BARNET, R., « Lords of the global economy », *The Nation*, déc. 1994, p. 754.
14. HAYEK, F., *Scientisme et sciences sociales,* Paris, Plon, Presses Pocket Agora, 1953.
15. PNUD, *Rapport mondial sur le développement humain*, p. 37.
16. ROSANVALLON, P., *Le capitalisme utopique, critique de l'idéologie économique*, Paris, Seuil, 1979, p. 211.
17. Idem, p. 210.
18. Idem, p. 223.
19. Idem, p. 220.
20. Idem, p. 225.
21. HAYEK, F.A., *The Counter Revolution of Science : Studies on the Abuse of Reason*, Glencol, The Free Press, 1952.
22. BRUNELLE, D., « Libéralisme, néolibéralisme et État de droit : une vue d'ensemble critique » dans *Les métamorphoses de la pensée libérale*, *op. cit.*, p. 77.
23. BURDEAU, G., *Le libéralisme*, Paris, Seuil, Points Politique, p. 112.
24. GALBRAITH, J. K., *Anatomie du pouvoir*, Paris, Seuil, 1985, p. 122.
25. ROSANVALLON, P., *La crise de l'État-providence*, Paris, Seuil, coll. Points Politique, pp. 7-8.
26. Idem, p. 119.
27. MARCUSE, H., *L'homme unidimensionnel*, essai sur l'idéologie de la société industrielle avancée, Paris, Les Éditions de Minuit, 1968, p. 75.

28. LAMBERT, R., *La justice vécue et les théories éthiques contemporaines*, Sainte-Foy, Les Presses de l'Université Laval, 1994, p. 142.

29. HAYEK, F., *Droit, législation et liberté*, tome 1, Paris, PUF, coll. Libre-échange, 1980, p. 13.

30. FERRY, J., *Friedrich A. Hayek : les éléments d'un libéralisme radical*, Presses Universitaires de Nancy, 1990, pp. 103-115.

31. DURKHEIM, É., *Sociologie et philosophie,* p. 75, cité par Lucien Jerphagnon, *Dictionnaire des grandes philosophies*, Bibliothèque historique Privat, 1989, p. 350.

32. LAMBERT, R., *op. cit.*, p. 161.

33. Idem, p. 163.

34. Idem, p. 91.

35. FERRY, L. et A. RENAUT, *Philosophie politique, op. cit.*, p. 80-81.

36. LAMBERT, R., *op. cit.*, p. 96.

37. La démarche de John Rawls a été exposée principalement dans *Théorie de la Justice*, Paris, Seuil, 1987 et *Libéralisme politique*, Paris, PUF, 1995.

38. RICOEUR, Paul, « Le cercle de la démonstration », dans C. Audard *et al. Individu et justice sociale, autour de John Rawls*, Paris, Seuil, 1988, p. 142.

39. RAWLS, J., « La théorie de la justice comme équité : une théorie politique et non pas métaphysique » dans C. Audard, *Individu et justice sociale autour de John Rawls, op. cit.*, p. 308.

40. RAWLS, J., *Théorie de la justice, op. cit.*, préface p. 14.

41. RAWLS, J., « La théorie de la justice comme équité : une théorie politique et non pas métaphysique » dans C. Audard, *op. cit.*, p. 283.

42. LAMBERT, R., *op. cit.*, p. 172.

43. LAMOUREUX, H., *Le citoyen responsable, l'éthique de l'engagement social*, chap. 3, Montréal, VLB éditeur, 1996.

44. Idem, p. 291.

45. Idem, p. 171.

46. RAWLS, J., *Libéralisme politique*, Paris, PUF, 1995, p. 40.

47. RAWLS, J., *Théorie de la justice, op. cit.*, pp. 168 et suiv.

48. Idem, p. 295.

49. RAWLS, J., *op. cit.,* p. 290.

50. RAWLS, J., *Libéralisme politique, op. cit.*, p. 347.

51. LAMBERT, R., *op. cit.*, p. 180.

52. RAWLS, J., *op. cit.*, p. 351.

53. Idem, p. 347.

54. Idem, p. 355.

55. MILL, J.S., « Principles of political economy », dans *Collected works*, tome III, p. 811, Toronto, 1965. Cité par Rosanvallon, *La crise de l'État-providence, op. cit.*, p. 90.

56. Idem, p. 106.

57. RAWLS, J., *Théorie de la justice, op. cit.*, p. 124.

Conclusion

Le devoir civique de résister à l'idéologie néolibérale

Nous avons, croyons-nous, tenu notre promesse de démontrer que le néolibéralisme est une utopie. Non pas une utopie qui nous appelle à un dépassement, à un idéal social, à un universel, mais une utopie réductionniste fondée sur le postulat de la suffisance de la société de marché et l'harmonie spontanée des intérêts économiques personnels.

Sans entrer dans le détail des modèles économiques, nous avons pris soin d'exposer leur point de vue sur la justice sociale et l'État minimal et nous avons apporté des objections de nature sociologique, éthique et philosophique. En couvrant ces principaux auteurs, nous avons couvert aussi tous les zélateurs de la cabale néolibérale, économistes de banque, associations de patrons, conseillers financiers, courtiers qui ont aujourd'hui un accès aux médias pour réciter cette litanie qui favorise leurs intérêts strictement personnels. Nous pensons aussi accessoirement à tous ceux qui n'attendent pas cinq minutes dans un quelconque service gouvernemental sans écrire le lendemain pour dénoncer l'État au grand complet. Ont-ils essayé un instant de placer un chiffre sur le coût de l'absence de l'État? Jamais de la vie, un travail bien trop abstrait et loin de leurs intérêts personnels. Je pense aussi à tous ces intégristes néolibéraux qui dénoncent en bloc les programmes sociaux, qui calculent les intérêts de la dette à la seconde pour provoquer l'hystérie sans jamais rien dire de l'enrichissement de l'establishment financier suite à la politique monétaire de la Banque du Canada ou de la Federal Reserve américaine, qui taisent la concentration des richesses et la limitation des services consécutive aux privatisations, qui évitent soigneusement de traiter de la spéculation financière qui se généralise ou de l'exploitation de la main-d'oeuvre du tiers-monde par la globalisation des marchés[1].

Nous avons vu dans les deux premiers chapitres que l'utopie néolibérale s'appuie sur la foi en l'harmonie naturelle des intérêts connue généralement sous le vocable de « main invisible ». « (...) il ne pense qu'à son propre gain; en cela, comme dans beaucoup d'autres cas, il est conduit par une main invisible à remplir une fin qui n'entre nullement dans ses intentions; (...) Tout en ne cherchant que son intérêt personnel, il travaille souvent d'une manière bien plus efficace pour l'intérêt de la société, que s'il avait réellement pour but d'y travailler[2]. » Selon cette doctrine du laisse-faire, l'individu poursuivant son intérêt personnel génère un ordre de coopération qui n'est pas dans ses intentions; l'intérêt particulier réalise magiquement l'intérêt public. Par exemple, la solution au fait que 10% de la population ne travaille pas, consiste bien sûr à éliminer l'assurance-chômage et le salaire minimum afin que les salaires baissent au point que des entrepreneurs puissent créer de nouveaux emplois. Qui aurait les moyens d'acheter ces nouvelles marchandises? L'utopie ne le dit pas.

Dans la société de marché, le principe de la socialisation est l'échange, l'intériorisation de l'interdépendance qui force le compromis des intérêts égoïstes; l'économique est le principe de l'instauration et de la régulation du social. L'individu s'enrichit en suivant la route de la liberté naturelle que lui montre son intérêt. Par reliquat de l'activité individuelle, par harmonie naturelle du particulier et de l'universel, il crée la prospérité de la société. L'État est le mal nécessaire à la protection du droit de propriété privée, du droit de contracter, à la sûreté de la personne. La société de marché devient un lieu de rencontre d'individus isolés, d'échangistes calculateurs, liés seulement par des rapports d'utilité, tirant leur « citoyenneté » d'une société réduite à un vaste marché.

La surnature et la nature s'étaient prêtées à la dissimulation du pouvoir bien réel de certaines classes sociales; nous l'avons constaté dans les trois premiers chapitres. Combien ces transcendances nous ont longtemps caché que nous vivons dans un monde construit, un univers de la décision, un monde de la politique. Serions-nous sortis de ce carcan idéologique pour nous enfermer dans la rhétorique de l'ordre spontané qui résume le social à un sous-produit de l'activité individuelle intéressée? Allons-nous souscrire entièrement à ce dispositif de défense de la grande entreprise moderne voulant qu'elle ne fait qu'entériner les injonctions du marché? Allons-nous réaliser l'antithèse de l'impératif catégorique de la morale traditionnelle qui demande de considérer autrui comme une fin et non comme un moyen? Dans la sociabilité intéressée néolibérale, la satisfaction de l'autre n'a pas d'autre but que ma satisfaction personnelle.

Au quatrième chapitre, nous avons montré que l'échec de l'utopie néolibérale se mesure aussi par le progrès des inégalités que nous rapportent des revues comme *Forbes et Fortune*; les cent personnes les plus riches ont une fortune supérieure à tout ce que possèdent un milliard et demi d'habitants de la planète. Selon les Nations Unies et la Banque mondiale, la tranche de 20% des plus aisés de l'humanité détenait trente fois plus que la tranche des 20% les moins nantis en 1960, mais en 1990 cette proportion est passée à 60 fois. Nous avons montré comment la courbe de la délinquance suit la courbe du néolibéralisme aux États-Unis pour aboutir à une société au bord de la guerre civile avec 1,5 million de prisonniers. Quarante millions d'habitants y vivent en apartheid social dans des villes privées entourées de murailles. Pourtant, le gouvernement américain a trouvé les ressources pour passer une commande de 115 milliards de dollars en avions chasseurs à la fin de 1996. On nous sert constamment l'argument voulant qu'il faille créer de la richesse avant de la distribuer. Pourtant, en novembre 1996, on annonçait que l'indice Dow Jones avançait vers les 7 000 points, du jamais vu! Un quarante-deuxième record depuis le début de l'année. Il y a bien quelques petites corrections, il reste que les indices boursiers ont progressé de 25% en 1996. Les six grandes banques ont engrangé six milliards de profits nets tout en congédiant 11 000 employés depuis 1991. Il y a de la richesse, mais elle est de plus en plus concentrée en un petit nombre de mains.

Au cinquième chapitre, nous avons constaté que les anciennes résignations fondées sur la surnature et sur les révélations des docteurs de l'Église ont été remplacées par les déterminismes des docteurs de l'économie. L'économie est désignée comme explication universelle du comportement d'un nouvel homme unidimensionnel.

Au sixième chapitre, nous avons vu qu'une atteinte à la démocratie résulterait du succès du programme néolibéral. En effet, dans leur société de marché post-étatique, ceux qui n'ont pas le pouvoir économique ne disposeraient plus de leur seul mécanisme de défense, le pouvoir politique. L'État minimal n'aurait plus que des fonctions de sûreté et de surveillance de l'application des contrats privés. L'immense pouvoir persuasif des grandes entreprises modernes est une réfutation de l'opinion voulant que le libéralisme soit une démocratie de consommateurs. La technostructure de ces entreprises dispose d'un pouvoir considérable d'orientation de la civilisation qui est loin de s'apparenter à l'évolutionnisme de la sagesse coutumière que nous décrit le néolibéralisme lorsqu'il plaide l'abolition des réglementations et des droits sociaux. Le libéralisme a prétendu nous libérer d'une société ancienne fondée sur des rapports hiérarchiques impliquant devoirs, obéissance et sujétion; le néolibéralisme nous replonge dans une hiérarchie sociale dominée par les affairistes.

Le septième chapitre a montré comment la classe affairiste, la main très visible des sages est conviée à manipuler l'avenir des Québécois dans des commissions et sommets économiques. Le discours économiste prend tellement d'ampleur qu'on pourrait assimiler le Québec à une vaste chambre de commerce siégeant en permanence. La braderie des biens publics sévit aussi au plan municipal.

L'argument néolibéral voulant que les connaissances soient extrêmement divisées dans la grande société est recevable bien qu'il faille questionner la finalité de cette division. Mais les néolibéraux en tirent la conclusion que seule la mise en branle des intérêts individuels donne libre cours à cet immense savoir fragmenté et dispersé dans les cerveaux des individus. Ils en déduisent que toute planification est impossible car elle ne peut concentrer ces savoirs dispersés. De plus, toute machine planificatrice ne peut réagir et intégrer la rétroaction aussi rapidement que ne le font les individus à l'affût des variations de leur micro-milieu. Cet argument a pour lui la faillite empirique des pays à planification centralisée.

Mais nous en faisons justement aussi notre argument le plus fort pour une société solidariste développé au septième chapitre. Si la société est devenue hypercomplexe, si elle est de plus en plus cette immense machine qui ne se comprend plus elle-même, alors les individus doivent se protéger des effets pervers de cette causalité diffuse et du mal social qui en résulte. La Grande Société devient alors assurancielle parce qu'elle est elle-même prise en défaut dans cette division extrême des connaissances et du travail, dans cette acceptation *a priori* du changement technologique, dans l'anonymat poussé du capital, etc. La seule métaphysique, la seule transcendance digne du réalisme de la finitude humaine est la solidarité, le recours consenti à l'individu frappé par une contingence contre l'ensemble. Nous l'avons bien montré, dans le système néolibéral, la société n'arrive que comme un excédent de la poursuite de l'intérêt individuel, la justice sociale y est donc impossible puisque personne n'est plus responsable du mal social, des effets pervers d'un système qui prouve son aptitude à enrichir une minorité et à allonger le cortège des démunis. Les démunis, les exclus, les chômeurs y deviennent les victimes d'un effet de système dont personne ne s'estime responsable. L'intérêt commun y devient proprement l'intérêt de personne.

L'ordre hypercomplexe prouve justement que la catégorie « responsabilité » ne répond plus aux impératifs de la vie dans la Grande Société. C'est parce que le risque est social que le droit doit être social. Si nous acceptons collectivement les « avantages » d'une grande société qui brouille nécessairement le réseau de causalités et de responsabilités, nous devons en assumer collectivement les risques. Les sinistres naturels sont imprévus, pourtant on s'y prépare par des mesures collectives. N'y a-t-il pas des mesures collectives, des ressources publiques mises à la disposition de ceux qui sont frappés par une inondation? Dans le néolibéralisme, ce secours devrait dépendre de la charité privée. La classe politique se bâtit un capital en parlant constamment de lutte au chômage, mais nous sommes dans un nouveau régime économique où une partie de la population sera victime d'un chômage massif permanent. Au Québec, on oblige les jeunes bénéficiaires de l'aide sociale à chercher des emplois qui n'existent pas et à faire du temps dans des programmes bidon plutôt que d'utiliser les fonds publics pour créer de l'emploi qui aurait un effet multiplicateur sur les recettes fiscales. On remet entièrement la création d'emploi au secteur privé au nom d'un dogme. Nous demeurons dans le paradigme d'une société fondée sur le travail alors que le marché de l'emploi périclite à cause du laisser-faire[3]. Au lieu de partir du vieux schéma lockéen d'un homme propriétaire de lui-même et de tout ce qu'il a associé à son travail, il faut considérer la nécessité de l'existence de la société pour l'accomplissement de tout projet de vie. L'individu néolibéral autonome qui ne compte que sur lui-même et qui récuse sa dette sociale n'existe pas en réalité. Le concept important pour échapper aux arguments des néolibéraux est celui de risque social.

Les néolibéraux s'autorisent de la liberté, la catégorie la plus précieuse pour l'homme. L'homme instaure l'État pour se sortir de l'insécurité de l'état de nature, mais en même temps il prétend trouver dans le droit naturel le fondement de sa protection contre l'État. Dans ce prolongement, le droit naturel devient pour les néo-

libéraux le fondement de la négation du droit social. Le droit
« naturel » de propriété illimitée devient l'opposition au droit social qui exige une certaine redistribution de la propriété, mais qui
en laisse pourtant bien suffisamment aux bien nantis. La référence
à la nature voulait protéger les individus d'un arbitraire volontaire
et autoritaire, mais elle n'a pu faire autrement qu'endosser un état
social historique justifiant les inégalités. Nous avons vu que les
droits-libertés sont une coquille vide sans le droit social. À quoi
sert la protection de la liberté et du droit de propriété à ceux qui,
pour toutes sortes de contingences, n'ont pas les moyens de la propriété et du travail ? Le travail est pourtant l'unique source d'accès
à la propriété et à la liberté dans un système néolibéral à l'intérieur
duquel qui n'a rien n'est rien. Le néolibéralisme propose un totalitarisme du droit de propriété présenté comme norme juridique absolue ayant préséance sur les droits à la vie et à la liberté. Le droit
fondamental à la vie et à la liberté conduit à la nécessité de reconnaître une association qui permette à chacun de s'approprier les
biens indispensables à l'accomplissement de ces droits. Le droit de
propriété privée apparaît alors comme un droit dérivé ou subordonné à ces droits fondamentaux. L'État est autorisé à intervenir
pour faire respecter cette préséance. Nous avons vu au huitième
chapitre que le simple recours à la raison exige d'instituer ce recours. Le scénario de John Rawls nous demande simplement de
faire abstraction de notre situation empirique et de penser que tous
pourraient être frappés par une contingence. Le recours à la charité
ou à la morale est superflu.

En termes concrets, on ne peut répondre au chômeur dont
l'emploi vient d'être exporté ailleurs dans le marché mondial, à la
victime d'une maladie ou d'une contingence sociale, qu'ils sont les
proies d'une causalité inextricable. On ne peut leur répondre qu'il
n'ont qu'à se laisser crever, victimes qu'il sont d'un effet de système qui compte sur une minorité affairiste, ou d'une règle culturelle non interventionniste présumément bénéfique au groupe dans
la culture néolibérale. La responsabilité individuelle ne peut continuer de prévaloir pour des phénomènes où il est devenu impossible
d'identifier de responsables. Un progrès moral a été enregistré depuis le *Banquet de la nature* de Malthus, depuis la *Fable des
abeilles* de Mandeville ou *Le droit naturel des hirondelles aux
seuls moucherons qu'elles attrapent* de Quesnay. Il faut objecter
une réponse politique à la réponse strictement économique faite par
les libéraux à l'origine de l'être-ensemble.

La conjugaison des principes d'un État-assuranciel à ceux d'un État libéral a été théorisée par John Rawls. Il révise justement les scénarios classiques de l'état de nature posés par les philosophes libéraux. Le huitième chapitre expose cette position voulant que des individus rationnels, ignorant leur situation empirique et délibérant sur les principes de justice applicables à la structure de base de la société en arriveraient, en plus des libertés traditionnelles, à un principe de juste égalité des chances tout en permettant une inégalité réelle sous réserve expresse de sa contribution optimale à la position des démunis quant à leur accès aux biens premiers.

L'inégalité réelle est inacceptable sans l'assurance d'une égalité des chances et d'une égalité réelle face aux biens premiers nécessaires à tout projet de vie comme la nourriture, le logement, le vêtement, l'accès à l'éducation, etc. Les principes de justice qui garantissent ces éléments sont acceptables pour toute personne qui raisonne dans le silence des passions et qui met entre parenthèses son statut particulier pour construire des principes universels.

Au-delà de ces positions théoriques, la justice vécue contemporaine a effectivement adjoint des droits sociaux aux droits-libertés et elle a intégré les principes de l'État-assuranciel à l'État libéral. Les hommes ont redécouvert leur essence sociale. Le dépérissement de l'État en faveur de la société de marché apparaît plus que jamais utopique.

Notes

1. Pour ceux qui ne sont pas rassasiés de ces sublimes idées, qui veulent un autre exemple québécois récent de ces bonshommes Sept-heures du méchant État avec sa fourche et ses cornes et de la litanie de l'hystérie de la dette : « Scandale, gouffre, révolte de contribuables, grande noirceur, laxisme, saignée, tripotage, etc. » voir H. TREM-BLAY, *Citoyens piégés*, Les Intouchables, 1996 : un autre petit répertoire de la pensée unique affairiste intégriste. Il n'y manque que les nuées de sauterelles. Il cite à pleines pages Claude Picher et Alain Dubuc de *La Presse* : inutile d'en dire plus, on a tout compris; la voix de son maître. Les affairistes achètent les journaux, et la conscience des éditorialistes vient dans le « package deal ». Ils ont vu Conrad Black à l'oeuvre à *The Gazette*, l'autocensure fait le reste.

2. SMITH, A. *La richesse des nations*, pp. 42-43.

3. FORRESTER, V. *L'horreur économique*, p. 81.

Bibliographie

ABEL, Olivier, RICOEUR, Paul, *La promesse et la règle*, Paris, Éd. Michalon, 1996, 126 pages, Coll. Le bien commun.

ANDREFF, Wladimir, et al. *L'économie-fiction. Contre les nouveaux économistes*, Paris, Maspéro, 1982, 236 pages.

ANTOINE, Jacques, *Valeurs de société et stratégies des entreprises, Essai de prospective*, Paris, PUF, 1996, 233 pages, Coll. Sociologies.

ARENDT, Hannah, *La nature du totalitarisme*, Trad. Michelle-Irénée B. de Launay, Paris, Payot, 1990, 184 pages, Coll. Bibliothèque philosophique Payot.

- - - *Le système totalitaire*, Trad. Jean-Loup Bourget, Robert Davreu, Patrick Lévy, Paris, Éd. du Seuil, 1972, 314 pages, Coll. Points Politique.

- - - *Condition de l'homme moderne*, Paris, Calmann-Lévy, 1961, 406 pages, Coll. Agora Pocket.

ARISTOTE, *Éthique de Nicomaque*, Trad. J. Voilquin, Paris, GF-Flammarion, 1965, 310 pages.

- - - *Les politiques*, Paris, GF-Flammarion, 1993, 575 pages.

ARON, Raymond, *Démocratie et totalitarisme*, Paris, Gallimard, 1965, 370 pages, Coll. Folio essais.

- - - *Dix-huit leçons sur la société industrielle*, Paris, Gallimard, 1962, 375 pages, Coll. Folio essais.

- - - *Essai sur les libertés*, Calmann-Lévy, 1976, 251 pages, Coll. Pluriel.

- - - *La lutte des classes, nouvelles leçons sur les sociétés industrielles*, Paris, Gallimard, 1964, 377 pages, Coll. Idées.

- - - *Les désillusions du progrès. Essai sur la dialectique de la modernité*, Calmann-Lévy, 1969, 376 pages, Coll. Tel.

- - - *Leçons sur l'histoire*, Paris, Éd. de Fallois, 601 pages, Coll. Le livre de poche.

ARONDEL, Philippe, *L'impasse libérale*, Paris, Desclée de Brower, 1995, 147 pages, Coll. Éthique sociale.

ARVON, Henri, *L'anarchisme*, Paris, PUF, 1964, 128 pages, Coll. « Que sais-je? »

- - - *Les libertariens américains. De l'anarchisme individualiste à l'anarcho-capitalisme*, Paris, PUF, 1983, 160 pages.

ATTALLI, Jacques, GUILLAUME, Marc, *L'anti-économique*, Paris, PUF, 1980, 244 pages, Coll. Économie en liberté.

AUDAR, C. et a., *Individu et justice sociale, autour de John Rawls*, Paris, Éd. du Seuil, 1988, 318 pages, Coll. Points politique.

AZIZ, AL-Azmeh, *et al.*, *Dictionnaire de la pensée politique. Hommes et idées*, Paris, Hatier, 1989, 854 pages.

BACHELARD, Gaston, *La formation de l'esprit scientifique*, Paris, Vrin, 1986, 257 pages, Coll. Bibliothèque des textes philosophiques.

BAECHLER, Jean, *Les origines du capitalisme*, Paris, Gallimard, 1971, 188 pages, Coll. Idées.

- - - *Qu'est-ce que l'idéologie ?*, Paris, Gallimard, 1976, 405 pages, Coll. Idées.

BARNETT, Richard J., « Lords of the global economy », *The Nation*, 19 décembre 1994, p. 754.

BARTHOLY, Marie-Claude, DESPIN, Jean-Pierre, *Le pouvoir, science et philosophie politique*, Paris, Éd. Magnard, 1987, 158 pages, Coll. Critique.

BAUDOIN, Jean, *Karl Popper*, Pairs, PUF, 1989, 128 pages, Coll. « Que sais-je? »

BEAUD, Michel, *Histoire du capitalisme. De 1550 à nos jours*, Paris, Seuil, 1981, 377 pages, Coll. Points économie.

- - - *Sur l'émergence d'un capitalisme post-industriel*, Inédit, Département des sciences économiques, UQAM, 1996.

BEAUD, Michel, DOSTALER, Gilles, *La pensée économique depuis Keynes*, Paris, Éd. du Seuil, 1996, 444 pages, Coll. Points économie.

BECKER, Carl, *La déclaration d'indépendance*, Paris, Seghers, 1967, 281 pages, Coll. Vent d'Ouest.

BELL, Daniel, *Les contradictions culturelles du capitalisme*, Trad. Marie Matignon, Paris, PUF, 1979, 290 pages, Coll. Sociologies.

BELLANGER, Hélène, sous la direction de, *Le civisme. Vertu privée d'utilité publique*, Paris, Éditions Autrement, 1996, Coll. Morales.

BERLIN, Isaiah, *Éloge de la liberté*, Paris, Calmann-Lévy, 1969, 284 pages, Coll. Agora Presses Pocket.

BERNARD, Michel, LAUZON, Léo-Paul, « Profits des banques, la rançon augmente » dans *L'Action Nationale*, vol. LXXXVI, Sept. 1996, pp. 7-22.

- - - *Finances publiques, profits privés*, Montréal, Éd. *l'aut'journal*/Chaire d'études socio-économiques de l'UQAM, 1996, 142 pages.

BERNHARDT, Jean, *Hobbes*, Paris, PUF, 1989, 126 pages, Coll. « Que sais-je? »

BESNIER, Jean-Michel, *Tocqueville et la démocratie*, Paris, Hatier, 1995, 158 pages, Coll. Profil, Série Textes philosophiques.

BESNIER, Jean-Michel, THOMAS, Jean-Paul, *Chronique des idées d'aujourd'hui. Éloge de la volonté*, Paris, PUF, 1987, 196 pages, Coll. Recherches politiques.

BIDET, Jacques, *John Rawls et la théorie de la justice*, Paris, PUF, 1995, 141 pages, Coll. Actuel Marx Confrontation.

BIRNHAUM, Pierre, LECA Jean, sous la direction de, *Sur l'individualisme*, Paris, Presses de la Fondation Nationale des Sciences Politiques, 1986, 379 pages.

BLOT, Yvan, *Les racines de la liberté*, Paris, Albin Michel, 1985, 252 pages.

BODÉÜS, Richard, « La politique comme sicence d'après Aristote » *Cahiers du département de philosophie*, n° 8715, Université de Montréal, 1987, 27 pages.

BONIN, Pierre-Yves, « Le libéralisme de Rawls », *Cahiers d'épistémologie*, n° 9316, Département de philosophie, UQAM, 1993, 24 pages.

BONNY, Yves, « L'individualisme aujourd'hui. Critique de Dumont, Gauchet, Lipovetsky » dans *Société*, n° 3, été 1988, pp. 125-157.

BOUDON, Raymond, *La place du désorde. Critique des théories du changement social*, Paris, PUF, 1991, orig. 1984, 245 pages, Coll. Quadrige.

- - - *La logique du social*, Paris, Hachette, 1979, 329 pages, Coll. Pluriel.

- - - *Effets pervers et ordre social*, Paris, PUF, 1993, 282 pages, Coll. Quadrige.

- - - L'idéologie. L'origine des idées reçues, Paris, Fayard, 1986, 325 pages, Coll. Idées forces.

BOULTE, Patrick, Individus en friche. Essai sur l'exclusion, Paris, Desclée de Brower, 1995, 167 pages, Coll. Éthique sociale.

BOURETZ, Pierre, sous la direction de, La force du droit. Panorama des débats contemporains, Paris, Éditions Esprit, 1991, 272 pages.

BOUVERESSE, Renée, Karl Popper ou le rationalisme critique, Paris, Vrin, 1981, 195 pages.

BOYER, Alain, « Individualisme méthodologique et individualisme politique », Cahiers d'épistémologie, n° 8902, UQAM, Département de philosophie, 1989, 27 pages.

BRANCIARD, Michel, Les libéralismes aujourd'hui, Chronique Sociale, Lyon, 1987, 178 pages.

BRAUDEL, Fernand, Civilisation matérielle et capitalisme (XVe - XVIIIe siècle), Tome 1, Paris, Armand Collin, 1967, 463 pages.

BRUNELLE, Dorval, « Libéralisme, néo-libéralisme, état de droit : une vue d'ensemble critique », dans Jalbert et Beaudry, dir. 1988, pp. 65-85.

BURDEAU, Georges, Le libéralisme, Paris, Éd. du Seuil, 1979, 296 pages, Points politique.

- - - L'État, Paris, Éd. du Seuil, 1970, 182 pages, Points politique.

- - - La démocratie, Paris, Éd. du Seuil, 1956, 185 pages, Coll. Points politique,

BURGESS, Françoise, « Les lobbies contre la santé », Manière de voir, Août 1996, pp. 64-66.

CABANIS, Danielle, CABANIS, André, Introduction à l'histoire des idées politiques, Paris, Publisud, 1989, 335 pages.

CALDWELL, Bruce, « La méthodologie Hayek : description, évaluation et interrogations », dans Dostaler et Éthier, 1988, pp. 71-85.

CAMBROSIO, Alberto, DUCHESNE, Raymond, Les enjeux du progrès, Québec, Les Presses de l'Université du Québec, 1984, 356 pages.

CANTIN, Serge, Le philosophe et le déni du politique. Marx, Henry, Platon, Sainte-Foy, Les Presses de l'Université Laval, 1992, 301 pages.

CARATINI, Roger, Histoire critique de la pensée sociale, 1. De la Cité antique à l'État-nation, Paris, Éd. Seagers, 1986, 255 pages, Coll. Philosophie.

CASSIER, Ernst, La philosophie des lumières, Paris, Fayard, 1986, 450 pages, Coll. Agora Presses Pocket.

CASTORIADIS, Cornelius, *L'institution imaginaire de la société*, Paris, Éditions sociales, 1975.

- - - *La montée de l'insignifiance. Les carrefours du labyrinthe*, Paris, Seuil, 1996, 241 pages, Coll. La couleur des idées.

CHALMERS, Alan, *Qu'est-ce que la science? Récents développements en philosophie des sciences : Popper, Kuhn, Lakatos, Feyerabend*, Paris, La Découverte, 1988, 238 pages, Coll. Sciences et sociétés.

CHANDLER, Alfred, *La main visible des managers*, Paris, Economica, 1988, 635 pages.

CHÂTELET, François, DUHAMEL, Olivier, PISIER, Evelyn, *Histoire des idées politiques*, Paris, PUF, 1989, 326 pages, Coll. Mémento Thémis.

CHÂTELET, François, DUHAMEL, Olivier, PISIER, Evelyn, sous la direction de, *Dictionnaire des oeuvres politiques*, Paris, PUF, 1986, 1154 pages.

CHEVALIER, Jacques, *Histoire de la pensée, d'Aristote à Plotin*, Paris, Éditions Universitaires, 1991, vol. 2, 335 pages.

CHEVALLIER, Jean-Jacques, *Les grandes œuvres politiques de Machiavel à nos jours*, 8ième édition, Paris, Armand Collin, 1964, 400 pages.

CHOMSKY, Noam, *Les dessous de la politique de l'Oncle Sam*, Trad. J.-M. Flémal, Montréal, Écosociété, 1996, 135 pages.

COLAS, Dominique, *La pensée politique*, Larousse, 1992, 767 pages, Coll. Textes essentiels.

COMMISSION MONDIALE SUR L'ENVIRONNEMENT ET LE DÉVELOPPEMENT, *Notre avenir à tous*, Montréal, Éditions du Fleuve, Les Publications du Québec, 1989, 432 pages.

CONDORCET, Nicola Cariat de, *Esquisse d'un tableau historique des progrès de l'esprit humain*, New York, Georg Olms, 1981, original 1795, 363 pages.

CONSEIL DU PATRONAT DU QUÉBEC, *La fiscalité au Québec : quelques recommandations*. Mémoire à la Commission sur la fiscalité et le financement des services publics, août 1996.

CONSTANT, Benjamin, *De l'esprit de conquête et de l'usurpation*, Paris, GF-Flammarion, 1986, 344 pages.

- - - *De la liberté chez les modernes*, Hachette, 1980, 701 pages, Coll. Pluriel.

CÔTÉ, Marcel, « La bataille de l'environnement », *CA Magazine*, mai 1996.

COURCHAURE, Stéphane, MAROT, Françoise, *Les riches, comment ils dépensent leur argent*, Paris, Balland, 1985, 261 pages.

CRISTI, Renato, *Le libéralisme conservateur. Trois essais sur Schmitt, Hayek et Hegel*, Trad. Noëlle Burgi, Paris, Éd. Kimé, 1993, 133 pages.

CROZIER, Michel, *État moderne, État modeste. Stratégies pour un autre changement*, Paris, Fayard, 1991, 310 pages, Coll. Points essais.

D'AMOUR, Stéphan, « Walter Gropius et le rationalisme constructiviste », *Cahiers d'épistémologie*, n° 9318, Département de philosophie, UQAM, 1993, 15 pages.

DELFAUD, Pierre, *Keynes et le keynésianisme*, Paris, PUF, 1977, n° 1686, 125 pages, Coll. « Que sais-je? ».

DE RADKOWSKI, Georges-Hubert, *Métamorphoses de la valeur. Essai d'anthropologie économique*, Grenoble, Presses Universitaires de Grenoble, 1987, 166 pages.

DILLON, John, *Turning the tide. Confronting the money traders*, Ottawa, Canadian Centre for Policy Alternatives, 1997, 133 pages.

DÔLE, Robert, *Le cauchemar américain. Les vestiges du puritanisme dans la mentalité américaine actuelle*, Montréal, VLB éditeur, 1996, 137 pages.

DONNEDIEU DE VABRES, Jacques, *L'État*, Paris, PUF, 1984, 127 pages, Coll. « Que sais-je? »

DOSTALER, Gilles, « La genèse de la pensée de Keynes », *Cahiers d'épistémologie*, n° 9510, Département de philosophie, UQAM, 1995, 39 pages.

- - - « Du libéralisme au néolibéralisme », dans *L'État aux orties?* Sylvie Paquerot, dir., Montréal, Écosociété, 1996.

DOSTALER, Gilles, ÉTHIER, Diane, sous la direction de, *Friedrich Hayek, philosophie, économie et politique*, Montréal, ACFAS, 1988, 270 pages, Coll. Politique et économique dirigée par le Grétsé.

DROIT, Roger-Pol, *Philosophie et démocratie dans le monde. Une enquête de l'Unesco*, Paris, Éd. Librairie Générale Française, 1995, 222 pages, Coll. Livre de poche.

DUBOIS, Pierre, *Les vrais maîtres de la forêt québécoise*, Montréal, Écosociété, 1995, 118 pages.

DUPUY, Jean-Pierre, *Introduction aux sciences sociales. Logique des phénomènes collectifs*, Paris, Ellipses, 1992, 297 pages.

DUMONT, Fernand, *Raisons communes*, Montréal, Boréal, 1995, 255 pages, Coll. Papiers collés.

DUMONT, Louis, *Homo æqualis, Genèse et épanouissement de l'idéologie économique*, Paris, Gallimard, 1977, 270 pages, Coll. Bibliothèque des sciences humaines.

- - - *Essais sur l'individualisme contemporain. Une perspective anthropologique sur l'idéologie moderne*, Paris Éd. du Seuil, 1983, Coll. Points essais.

DUMONT, René, PAQUET, Charlotte, *Misère et chômage. Libéralisme ou démocratie*, Paris, Seuil, 1994, 183 pages, Coll. L'Histoire immédiate,

DUMONT, René, *Mes combats*, Paris, Plon, 1989, 220 pages, Coll. Terre humaine, courant de pensée.

- - - *Un monde intolérable. Le libéralisme en question*, Paris, Seuil, 1988, 281 pages, Coll. L'histoire immédiate.

- - - *L'Utopie ou la mort!* Paris, Éd. du Seuil, 1973, 190 pages, Coll. Points politique.

DUMOUCHEL, Paul, « Système sociaux et cognition », *Cahiers d'épistémologie*, n° 8901, Département de philosophie, UQAM, 1989, 26 pages.

- - - « Ordre spontané et justice sociale », *Cahiers d'épistémologie*, n° 8912, Département de philosophie, UQAM, 1989, 21 pages.

- - - « Une théorie darwinienne de la connaissance », *Cahiers d'épistémologie*, n° 9005, Département de philosophie, UQAM, 1990, 29 pages.

- - - « L'évolution des règles et des conventions », *Cahiers d'épistémologie*, n° 9321, Département de philosophie, UQAM, 1993, 23 pages.

- - - « Le corps de la coordinnation sociale », *Cahiers d'épistémologie*, n° 9509, Département de philosophie, UQAM, 1995, 31 pages.

DUPUY, Jean-Pierre, « Communauté et common Knowledge », *Cahiers d'épistémologie*, n° 8907, Département de philosophie, UQAM, 1989, 27 pages.

- - - *Ordres et désordres*, Paris, Seuil, 1990, 278 pages, Coll. La couleur des idées.

- - - *Le sacrifice et l'envie. Le libéralisme aux prises avec la justice sociale*, Paris, Calmann-Lévy, 1992, 371 pages.

- - - *Introduction aux sciences sociales, logique des phénomènes collectifs*, Paris, Ellipses, 1992, 297 pages.

- - - « L'individu libéral, cet inconnu: d'Adam Smith à Friedrich Hayek », dans Audard, Boudon *et al., op. cit.*, pp. 73-125.

DUQUETTE, Michel, LAMOUREUX, Diane, *Les idées politiques de Platon à Marx*, Montréal, Les Presses de l'Université de Montréal, 1993, 479 pages.

DURKHEIM, Émile, *Sociologie et philosophie*, Paris, PUF, 1974, 121 pages, Coll. SUP.

DWORKIN, Ronald, *Law's Empire*, Massachusetts, The Relknap Press of Harvard University Press, 1986, 470 pages.

- - - *Taking rights seriously*, Harvard University Press, Cambridge, 1978, 371 pages.

EHRARD, Jean, *L'idée de nature en France à l'aube des lumières*, Paris, Flammarion, 1970, 443 pages, Coll. Science de l'histoire.

ELPHINSTONE, Scott, MESSER, William, « Pour une fortune bien bronzée », *CA Magazine*, Juin-juillet, 1995, pp. 52-54.

ESLIN, Jean-Claude, *Hannah Arendt, l'obligée du monde*, Paris, Éd. Michalon, 1996, 124 pages, Coll. Le bien commun.

EWALD, François, *L'État-providence*, Paris, Bernard Grasset, 1986, 608 pages.

FERRY, Jean-Marc, *L'éthique reconstructive*, Paris, Cerf, 1996, 115 pages, Coll. Humanités.

FERRY, Jérôme, *Friedrich Hayek : les éléments d'un libéralisme radical*, Nancy, Presses Universitaires de Nancy, 1990, 249 pages, Coll. Théories et pratiques sociales.

FERRY, Luc, *Philosophie politique*, Tome I, *Le droit : la nouvelle querelle des anciens et des modernes*, Tome II, *Le système des philosophies de l'histoire*, Tome III avec Alain Renaut, *Des droits de l'homme à l'idée républicaine*, Paris, PUF, 1984-1985, Coll. Recherches politiques.

FERRY, Luc, RENAUT, Alain, *68-86. Itinéraires de l'individu*, Paris, Gallimard 1987, 132 pages.

FITOUSSI, Jean-Paul, ROSANVALLON, Pierre, *Le nouvel âge des inégalités*, Paris, Seuil, 1996, 146 pages.

FLAMANT, Maurice, *Histoire du libéralisme*, Paris, PUF, n° 1797, 1988, 125 pages, Coll. « Que sais-je ? »

- - - *Le libéralisme contemporain*, Paris, PUF, n° 2411, 1988, Coll. « Que sais-je ? »

FORRESTER, Viviane, *L'horreur économique*, Paris, Fayard, 1996, 215 pages.

FOSSIER, Robert, *Le Moyen-âge*, Tome I, *Les mondes nouveaux 350-950*, 541 pages, Tome II, *L'éveil de l'Europe 950-1250*, 543 pages, Tome III, *Le temps des crises 1250-1520*, 548 pages, Paris, Armand Collin, 1990.

FOURQUIN, Guy, *Histoire économique de l'occident médiéval*, Armand Collin, 1990, 343 pages.

FRIEDMAN, David, *The Machinery of Freedom*, N.Y., Harper & Row, 1973.

FRIEDMAN, Milton, *Inflation et systèmes monétaires*, Paris, Calmann-Lévy, 1969.

- - - *Capitalism and Freedom*, The University of Chicago Press, 1962. *Capitalisme et liberté*, Laffont, Paris, 1971.

GALBRAITH, John Kenneth, *La crise économique de 1929. Anatomie d'une catastrophe*, Trad. H. Le Gallo, Paris, Payot, 1970, orig. 1954, 219 pages, Coll. Petite Bibliothèque Payot.

- - - *Le nouvel État industriel. Essai sur le système économique américain*, Trad. Jean-Louis Crémieux-Brilhac, Maurice le Nan, Paris, Gallimard, 1967, 416 pages, Coll. Bibliothèque des sciences humaines.

- - - *La science économique et l'intérêt général*, Trad. Jean-Louis Crémieux-Brilhac, Maurice le Nan, Paris, Gallimard, 1973, 398 pages, Coll. Bibliothèque des sciences humaines.

- - - *L'argent*, Trad. Daniel Blanchard, Paris, Gallimard, 1976, 506 pages.

- - - *Le temps des incertitudes*, Trad. Tanguy Kenec'Hdu, Paris, Gallimard, 1978, 416 pages.

- - - *Anatomie du pouvoir*, Trad. Daniel Blanchard, Paris, Éd. du Seuil, 1985, 187 pages.

- - - *La république des satisfaits. La culture du contentement aux États-Unis*, Trad. Paul Chemla, Paris, Seuil, 1993, 187 pages.

GALLO, Max, *La troisième alliance, Pour un nouvel individualisme*, Paris, Fayard, 1984, 223 pages.

GAULEJAC, Vincent de, TABOADA LÉONETTI, Isabel, *La lutte des places*, Éd. Épi, Hommes et perspectives, 1994, 287 pages, Coll. Reconnaissances.

GAUTHIER, Claude, « Spencer, le concept de société : entre organisme et individualisme » dans *Philosophiques*, vol. XX, n° 1, pp. 3-24.

GEORGE, Susan, « Comment la pensée devint unique » *Le Monde diplomatique*, août 1996.

GILDER, G., *Richesse et pauvreté*, Paris, Albin Michel, 1981, 336 pages.

GIROUX, France, « Le néo-liébralisme est-il un rétro-libéralisme? », in Jalbert et Beaudry, dir., 1988, pp. 227-237.

GOLDMANN, Lucien, *Épistémologie et philosophie politique. Pour une théorie de la liberté*, Paris, Denoël Gonthier, 1978, 245 pages, Coll. Méditations.

GREIDER, William, *Secrets of the temple. How the federal reserve runs the country*, New York, Simon and Schuster, 1987, 797 pages.

- - - *One world ready or not. The manic of global capitalism*, New York, Simon & Schuster, 1997, 528 pages.

GROULX, Lionel-Henri, *Où va le modèle suédois ? État-providence et protection sociale*, Montréal, Les Presses de l'Université de Montréal/Éditions Harmattan, 1990, 151 pages.

GROUPE DE LISBONNE, *Limites à la compétitivité. Vers un nouveau contrat mondial*, Canada, Boréal, 1995, 225 pages.

GUÉRIN, Daniel, *L'anarchisme. De la doctrine à l'action*, Paris, Gallimard, 1965, 192 pages.

GUESNERIE, Roger, *L'économie de marché*, Paris, Flammarion, 1996, 127 pages, Coll. Dominos.

GUÈVREMONT, Normand, sous la direction de, *Introduction, idéologies et régimes politiques*, Ottawa, Éd. MGL, 1992, 930 pages.

GUSDORF, Georges, *Introduction aux sciences humaines, essai critique sur leurs origines et leur développement*, Paris, Ophrys, 1974.

HABERMAS, Jurgen, *La technique et la science comme idéologie*, Paris, Gallimard, 1973, orig. 1968, 212 pages, Coll. Tel.

- - - *Connaissance et intérêt*, Trad. Gérard Clémançon, Paris, Gallimard, 1976, orig. 1968, 386 pages, Coll. Tel.

- - - *Théorie et pratique*, Trad. Gérard Raulet, Tomes 1 et 2, Paris, Payot, 1975, 240 et Coll. Critique de la politique.

- - - *Raison et légitimité. Problèmes de légitimation dans le capitalisme avancé*, Trad. Jean Lacoste, Paris, Payot, 1978, 212 pages.

- - - *Après Marx*, Trad. Jean-René Ladmiral et Marc B. de Launay, Paris, Fayard, 1985, 340 pages, Coll. L'espace du politique.

- - - *Morale et communication. Conscience morale et communicationnelle*, Trad. Christian Bonhomme, Paris, Cerf, 1986, 212 pages, Coll. Passages.

HALAMI, Serge, « L'Université de Chicago, un petit coin de paradis bien protégé », *Le Monde diplomatique*, avril 1994.

- - - « Les chantiers de la démolition sociale », *Le Monde diplomatique*, juil. 1994.

- - - « Les boîtes à idées de la droite américaine », *Le Monde diplomatique*, mai 1995.

HAYEK, Friedrich, *La route de la servitude*, Paris, PUF, 1985, 176 pages, orig. 1946, Coll. Quadrige.

- - - *Scientisme et sciences sociales*, trad. Raymond Barre de Scientism and the study of Society, 1952, Paris, Plon, 1953. Coll. Agora, Presses Pocket.

- - - *Droit, législation et liberté*, Tome 1, *Règles et ordres*, 208 pages, Tome 2, *Le mirage de la justice sociale*, 217 pages, Tome 3, *L'ordre politique d'un peuple libre*, 253 pages, Paris, PUF, coll. Libre-Échange, 1980.

- - - *La présomption fatale, les erreurs du socialisme*, Paris, PUF, 1988, 237 pages, Coll. Libre-Échange.

HIRSCHMAN, Albert, *Bonheur privé, action publique*, Paris, Fayard, 1983, 256 pages.

HIRSHLEIFER, J., « The expanding domain of economics », *American Economic Review*, vol. 75, n° 6.

HOBBES, Thomas, *Le citoyen ou les fondements de la politique*, Trad. de Samuel Sorbière, Notes de Simone Goyard-Fabre, Paris, GF-Flammarion, 1982, 408 pages.

HORKHEIMER, Max., ADORNO, Theodor, *La dialectique de la raison*, Gallimard, 1974, 282 pages, Coll. Tel.

HORKHEIMER, Max, *Théorie critique. Critique de la politique*, Paris, Payot, 1978, 368 pages.

HOULE, François, « Du libéralisme classique au néo-libéralisme : la soumission de l'État aux lois du marché », dans Jalbert et Beaudry, dir., *op. cit.*, 1988, pp. 29-63.

HUME, David, *Enquête sur l'entendement humain*, Paris, Flammarion, 1983, 252 pages.

JACQUARD, Albert, *J'accuse l'économie triomphante*, Paris, Calmann-Lévy, 1995, 167 pages.

JALBERT, Lizette, BEAUDRY, Lucille, sous la direction de, *Les métamorphoses de la pensée libérale. Sur le néo-libéralisme actuel*, Québec, Presses de l'Université du Québec, 1987, 237 pages.

JALBERT, Lizette, LEPAGE, Laurent, sous la direction de, *Néo-conservatisme et restructuration de l'État*, Québec, Les Presses de l'Université du Québec, 1986, 270 pages.

JARDIN, André, *Histoire du libéralisme politique. De la crise de l'absolutisme à la constitution de 1875*, Paris, Hachette, 1985, 437 pages.

JERPHAGON, Lucien, sous la direction de, *Dictionnaire des grandes philosophies*, Paris, Bibliothèque Historique Privat, 1989, 397 pages.

JONAS, Hans, *Le principe de responsabilité. Une éthique pour la civilisation technologique*, Paris, Cerf, 1990, orig. 1979, 337 pages.

JOUFFROY, Alain, *De l'individualisme révolutionnaire*, Paris, Inédit 10-18, 1972, 434 pages.

KANH, Pierre, *L'État*, Paris, Quintette, 1989, 71 pages.

294

KANT, Emmanuel, *Métaphysique des moeurs*, Première partie, Doctrine du droit, Paris, Vrin, Coll. Bibliothèque des textes philosophiques, 1989, 279 pages.

KEANE, John, sous la direction de, *Contradictions of the welfare state*, Cambridge, Massachusset, The MIT Press, 1985.

KOLM, Serge-Christophe, *Le contrat social libéral. Philosophie et pratique du libéralisme*, Paris, PUF, 1985, 406 pages, Coll. Politiques d'aujourd'hui.

KREHM, William, « Pourquoi les banques se classent au premier rang des sociétés parasites », *Le Regard*, Centre canadien de politiques alternatives, nov. 1995.

KUHN, Thomas, *La structure des révolutions scientifiques*, Flammarion, 1983, 284 pages.

LACHANCE, Louis, *L'humanisme politique de Saint Thomas d'Aquin. Individu et État*, Montréal, Éd. du Lévrier, 1964, 395 pages.

LAFLEUR, Gérald, « Sur la contribution de Karl Popper à la méthodologie économique », *Cahiers d'épistémologie*, n° 8811, Département de philosohie, UQAM, 1988.

- - - « Vérifiabilité et falsifiabilité : Hausman contre Popper » *Cahiers d'épistémologie*, n° 8904, Département de philosophie, UQAM, 1989.

- - - « Lagueux et la méthodologie économique : pourquoi il faut être aprioriste, instrumentaliste et réaliste », *Cahiers d'épistémologie*, n° 9123, Département de philosophie, UQAM, 1991.

LAFOREST, Guy, « Démocratie et libéralisme : pour une approche historico-théorique », *Politique*, n° 13, printemps 1988, pp.87-109.

LAGARDE, Georges de, *La naissance de l'esprit laïque au déclin du Moyen-âge*, 5 tomes, Paris, Béatrice-Nauwelaerts, 1962.

LAGUEUX, Maurice, « Peut-on parler de la monnaie comme un signe? », *Cahiers du département de philosophie*, n° 8711, U de M, 1987, 20 pages.

- - - « Friedman's instrumentalism and " constructive empirism " in economics », *Cahiers du département de philosophie*, n° 8714, U de M, 1987, 15 pages.

- - - « Le néo-libéralisme et la gauche », dans Jalbert et Beaudry, dir., *op. cit.*, 1988, pp. 157-191.

- - - « Ordre spontané et darwinisme méthodologique chez Hayek », *Cahiers du département de philosophie*, n° 8801, U de M, 1988, 20 pages.

- - - « Individualisme, subjectivisme et mécanismes économiques », *Cahiers du département de philosophie*, n° 8807, U de M, 1988.

- - - « Le néo-libéralisme comme programme de recherche et comme idéologie », *Cahiers du département de philosophie*, n° 8811, U de M, 1988, 26 pages.

- - - « Apriorisme et empirisme en science économique », *Cahiers du département de philosophie*, n° 8812, U de M, 1988, 17 pages.

- - - « Neoclassicism and neoliberalism on externalities » *Cahiers du département de philosophie*, n° 8916, U de M, 1989, 15 pages.

LAJUGIE, Joseph, *Les doctrines économiques*, Paris, PUF, n° 386, 1969, Coll. « Que sais-je ? »

LALANDE, André, *Vocabulaire technique et critique de la philosophie*, PUF, 15ième édition, 1985, 1323 pages.

LALONDE, Michel, *Société et sociétés*, Télé-Université, U du Q, 1995.

LAMBERT, Roger, « L'État minimal et le droit de propriété privée selon Nozick », *Revue de métaphysique et de morale*, n° 1, pp. 95-113, 1990.

- - - *La justice vécue et les théories éthiques contemporaines. Initiation aux débats contemporains sur la justice et le droit*, Ste-Foy, Les Presses de l'Université Laval, Sainte-Foy, 1994, 243 pages.

LAMOUREUX, Henri, *Le citoyen responsable. L'éthique de l'engagement social*, Montréal, VLB, 1996, 197 pages.

LANE, Gilles, *Conscience et lien social*, Montréal, Éd. Bellarmin, 1996, 108 pages.

LANGLOIS, Richard, *Pour en finir avec l'économisme*, Montréal, Boréal, 1995, 171 pages.

LAPIDUS, André, *Le détour de valeur*, Paris, Economica, 1986, 83 pages.

LAROCHELLE, Gilbert, *Philosophie de l'idéologie. Théorie de l'intersubjectivité*, Paris, PUF, 1995, 259 pages, Coll. L'interrogation philosophique.

LASKI, J. Harold, *Le libéralisme européen du moyen-âge à nos jours. Essai d'interprétation*, Trad. Simone Martin-Chauffier, Solange Fournier, Paris, Éd. Émile Paul et frères, 1950, 297 pages, Coll. L'homme dans le monde.

LATOUCHE, Robert, *Les origines de l'économie occidentale (IV-XIième siècle)*, Paris, Albin Michel, 1956, 404 pages, Coll. L'évolution de l'humanité.

LAURENT, Alain, *L'individu et ses ennemis*, Paris, Hachette, 1987, 569 pages, Coll. Pluriel.

- - - *De l'individualisme. Enquête sur le retour de l'individu*, Paris, PUF, 1985, 189 pages, Coll. Libre-Échange.

LAVOIE, Marc, SECCARECCIA, Mario, *Milton Friedman et son oeuvre*, Montréal, Presses de l'Université de Montréal, 1993, 230 pages. Coll. Les grands penseurs, Politique et économie.

LECLERCQ, Yves, *Théories de l'État*, Paris, Anthropos, 1977.

LE CLÉZIO, J.M.G., *L'extase matérielle*, Paris, Gallimard, 1967, 315 pages, Coll. Folio essais.

LEFORT, C., *Un homme en trop*, Paris, Éd. du Seuil, 1975.

- - - *L'invention démocratique. Les limites de la domination totalitaire*, Paris, Fayard, 1981, 350 pages, Livre de poche.

LEGAULT, Josée, *Les nouveaux démons*. Chroniques et analyses politiques, Montréal, VLB éditeur, 1996, 236 pages.

LEMIEUX, Pierre, *Du libéralisme à l'anarcho-capitalisme*, Paris, PUF, 1983, 171 pages, Coll. Libre-Échange.

- - - *La souveraineté de l'individu*, Paris, PUF, 1987, 197 pages, Coll. Libre-Échange

- - - *L'anarcho-capitalisme*, Paris, PUF, 1988, 126 pages, Coll. « Que sais-je ? »

LENOBLE, R. « L'évolution de l'idée de nature du XVIe au XVIIIe siècle » *Revue de métaphysique et de morale*, n° 1-2, 1953, pp. 109-129.

LEPAGE, Henri, *Demain le capitalisme*, Paris, Hachette, 1978, 448 pages, Coll. Pluriel.

- - - *Demain le libéralisme*, Paris, Hachette, Coll. Pluriel, 1980, 576 pages.

- - - *Pourquoi la propriété?* Paris, Hachette, 1985, 469 pages, Coll. Pluriel.

LÉVY, Bernard-Henri, *Les aventures de la liberté*, Paris, Grasset, 1991, 494 pages.

- - - *La barbarie à visage humain*, Paris, Grasset, 1977, 217 pages, Coll. Le livre de poche.

LIEBICH, André, *Libéralisme classique*, Québec, Presses de l'Université du Québec, 1985, 626 pages.

LIPOVETSKY, Gilles, *L'ère du vide. Essais sur l'individualisme contemporain*, Gallimard, 1983, 313 pages, Coll. Folio essais.

- - - *L'empire de l'éphémère*, Paris, Gallimard, 1987, 340 pages, Coll. Folio essais.

LOCKE, John, *Traité du gouvernement civil,* Trad. David Mazel, Notes par Simone Goyard-Fabre, Paris, Flammarion, 1984, 408 pages, Coll. Oeuvres de philosophie politique.

- - - *Lettre sur la tolérance*, Paris, GF-Flammarion, 1992, orig. 1686, 269 pages.

LONGUET, Stéphane, édition établie par, *Les classiques de l'économie. Une anthologie. Malthus, Ricardo, Say*, Paris, Presses pocket, 1991, 299 pages, Coll. Agora Les classiques.

LOPEZ, Robert, « Un nouvel apartheid social : hautes murailles pour villes de riches », *Le Monde diplomatique*, n° 504, mars 1996.

LUCCHESI, Martine, *À chacun selon son mérite?*, 1996, 110 pages, Coll. Polis, petits essais d'éthique et de politique.

MACPHERSON, C.B., *Principes et limites de la démocratie libérale*, Montréal, Boréal Express/La Découverte, 1985, 112 pages.

MANENT, Pierre, *Histoire intellectuelle du libéralisme. Dix leçons*, Paris, Calmann-Lévy, 1987, 251 pages.

- - - *Les libéraux*, Tome 1 et 2, Paris, Hachette, 1986, 380 et 515 pages, Coll. Pluriel Inédit.

MARCIL-LACOSTE, Louise, « L'égalité au carrefour de la nouvelle rhétorique C. Perelman et la philosophie anglo-saxone » *Cahiers du département de philosophie*, n° 8903, U de M, 1989, 29 pages.

- - - « Les enjeux égalitaires du consensus rationnel : Habermas et ses sources », *Cahiers du département de philosophie*, n° 8904, U de M, 1989, 32 pages.

- - - « Égalité et appropriation », *Cahiers du département de philosophie*, n° 9010, U de M, 1990, 32 pages.

MARCUSE, Herbert, *Éros et civilisation*, Trad. Jean-Guy Nény, Boris Fraenkel, Paris, Les Éditions de Minuit, 1968, orig. 1955, 239 pages, Coll. Arguments.

- - - *L'homme unidimensionnel. Essai sur l'idéologie de la société industrielle avancée*, Trad. Monique Wittig, Les Éditions de Minuit, 1968, 281 pages, Coll. Arguments.

- - - *Culture et société*, Les Éditions de Minuit, Trad. Gérard Billy, Daniel Bresson et Jean-Baptiste Grasset, 1970, 387 pages, Coll. Le sens commun.

- - - *Vers la libération*, Trad. Jean-Baptiste Grasset, Les Éditions de Minuit, 1969, 122 pages, Coll. Arguments.

MARX, Karl, *L'idéologie allemande*, dans Oeuvres choisies, choix de Norbert Guterman et Henri Lefebvre, Tome 1, Paris, Gallimard, Idées, 1963.

MAUZI, Robert, *L'idée du bonheur dans la littérature et la pensée françaises au XVIIIième siècle*, Paris, Armand Collin, 1965, 721 pages.

MC QUAIG, Linda, *Shooting the hippo. Death by deficit and other canadian myths*, Toronto, Penguin books, 1996, 308 pages.

MELLOS, Koula, sous la direction de, *Rationalité, communication, modernité. Agir communicationnel et philosophie politique chez Habermas*, Ottawa, Les Presses de l'Université d'Ottawa, 1991, 123 pages.

MILL, John Stuart, *L'utilitarisme*, trad. et notes de Georges Tanesses, Paris, Garnier-Flammarion, 1968, 181 pages.

- - - *De la liberté*, Trad. Fabrice Pataut, Paris, Presses Pocket, 1990, orig. 1859, 271 pages, Coll. Agora Les classiques.

MINC, Alain, *L'argent fou*, Grasset, 1990, 285 pages, Le livre de poche.

MISES, Ludwig von, *L'action humaine*, Trad. Raoul Audouin, Paris, PUF, 1985, orig. 1949, 942 pages.

MOREAU, Pierre-François, *Les racines du libéralisme. Une anthologie*, Paris, Éd. du Seuil, 1978, 185 pages, Coll. Points politique.

MURRAY, Charles, « Helping the poor : a few modest proposals », *Commentary*, vol. 79, n° 5, mai 1985, pp. 27-34.

NADEAU, Robert, « L'économique et la question de ses limites », *Cahiers d'épistémologie*, n° 8802, Département de philosophie, UQAM, 1988.

- - - « Karl Popper et la méthodologie économique : un profond malentendu » *Cahiers d'épistémologie*, n° 9309, Département de philosophie, UQAM, 1995, 33 pages.

- - - « L'économique et le mental », *Cahiers d'épistémologie*, n° 9014, Département de philosophie, UQAM, 1990, 19 pages.

NASH, George H., *The conservative intellectual movement since 1945*, New York, Basic books, 1976.

NEMO, Philippe, *La société de droit selon F.A. Hayek*, Paris, PUF, 1988, 436 pages, Coll. Libre-Échange.

NOVAK, Michael, « The bishops and the poor », *Commentary*, vol. 70, n° 5, mai 1985.

NOZICK, Robert, *Anarchie, État et Utopie*, Paris, Presses Universitaires de France, 1988, 442 pages, Coll. Libre-Échange.

OLSON, Mancur, *Logique de l'action collective*, Trad. Mario Levi, PUF, 1978, 199 pages, Coll. Sociologies.

O'NEILL, John, *Modes of individualism and collectivism*, Londres, Heinemann, 1973, 358 pages.

PAQUEROT, Sylvie, sous la direction de, *L'État aux orties?*, Montréal, Écosociété, 1996, 282 pages.

PAQUETTE, Pierre, et SECCARECCIA, Mario, *Les pièges de l'austérité. Dette nationale et prospérité économique : alternative à l'orthodoxie*, Montréal, Presses de l'Université de Montréal, 1993, 263 pages, Coll. Politique et économie, Tendances actuelles.

PELTIER, Jacques, « Néo-Autrichiens et néo-classiques : unité idéologique et opposition méthodologique à l'intérieur du néolibéralisme », dans Jalbert et Beaudry, dir., 1988, pp. 139-156.

PERRET, Bernard, ROUSTANG, Guy, *L'économie contre la société*, Paris, Seuil, 1993, 275 pages, Coll. Esprit.

PETRAS, James, CAVALUZZI, Todd, « Wall Street fait la guerre aux salaires », *Manière de voir*, n° 31, août 1996, pp. 61-64.

PIETTRE, André, REDSLOB, Alain, *Pensée économique et théories contemporaines,* huitième édition, Paris, Dalloz, 1986, 582 pages.

PINSON, Jean-Claude, *Hegel, le droit et le libéralisme*, Paris, PUF, Coll. Philosophie d'aujourd'hui, 1989, 228 pages.

PIRENNE, Henri, *Histoire économique et sociale du Moyen-âge*, Paris, PUF, 1963, 218 pages.

POLANYI, Michael, *The logic of liberty*, Chicago, University of Chicago Press, 1951.

POPPER, Karl, *La société ouverte et ses ennemis*, Éd. du Seuil, 1979.

- - - *La leçon de ce siècle*, Paris, Éd. Anatolia, 147 pages, 1993, Coll. 10-18.

- - - *La quête inachevée. Autobiographie intellectuelle*, Calmann-Lévy, 1986, orig. 1974, Coll. Agora Presses Pocket.

POULANTZAS, Nicos, sous la direction de, *La crise de l'État*, Paris, PUF, 1976, 348 pages.

PRÉLOT, Marcel, LESCUYER, Georges, *Histoire des idées politiques*, 11e édition, Paris, Dalloz, 1990, 954 pages, Coll. Précis Dalloz.

PRÉVOST, Jean-Guy, *Individualisme méthodologique et néolibéralisme chex Hayek, Murray Rothbard et James Buchanan*, UQAM, Thèse de doctorat en science politique, 1990.

PROUDHON, Pierre-Joseph, *Qu'est-ce que la propriété ? Ou recherches sur le principe du droit et du gouvernement*, Introduction par Émile James, Paris, Garnier-Flammarion, 1966, 315 pages.

- - - *Oeuvres choisies*, Paris, Gallimard, Coll. Idées, 1967, 383 pages.

QUESNAY, François, *Physiocratie. Droit naturel, Tableau économique et autres textes*, Paris, Flammarion, 1991, orig. 1765, 448 pages.

RAWLS, John, *Théorie de la justice*, Trad. Catherine Audard, Éd. du Seuil, 1987, 667 pages.

- - - *Libéralisme politique*, Trad. Catherine Audard, Paris, PUF, 1995, 450 pages, Coll. Philosophie morale.

RÉCANATI, François, sous la direction de, *Éthique et philosophie politique*, Paris, Odile Jacob, 1988, 234 pages.

REFAIT, Michel, *L'entreprise et l'État. Capitalisme et démocratie*, Paris, PUF, 1994, 258 pages, Coll. Politique d'aujourd'hui.

RENAUT, Alain, *L'ère de l'individu*, Paris, Gallimard, 1989, 301 pages, Coll. Bibliothèque des idées.

RENAUT, Alain, SOSOE, Lukas, *Philosophie du droit*, Paris, PUF, 1991, 484 pages, Coll. Recherches politiques.

REVEL, Jean-François, *Le regain économique*, Paris, Fayard, 1992, 522 pages.

- - - *L'absolutisme inefficace. Contre le présidentialisme à la française*, Paris, Plon, 1992, 204 pages, Coll. Pocket Agora.

RICHARD, François, *Les anarchistes de droite*, Paris, PUF, n° 2580, 1991, 126 pages, Coll. « Que sais-je? »

RICOEUR, Paul, *Soi-même comme un autre*, Paris, Éd. du Seuil, 1990, 425 pages, Coll. Points essais.

RIOUX, Marcel, *Le besoin et le désir*, Montréal, l'Hexagone, 1984, 133 pages.

ROSA, Jean-Jacques, AFTALION, Florin, sous la direction de, *L'économique retrouvée. Vieilles critiques et nouvelles analyses*, Paris, Economica, 1977, 323 pages.

ROSANVALLON, Pierre, *Le capitalisme utopique, critique de l'idéologie économique*, Paris, Seuil, 1979, 231 pages.

- - - *La crise de l'État-providence*, Paris, Seuil, 1981, 185 pages, Coll. Points politiques.

- - - *Le libéralisme économique. Histoire de l'idée de marché*, Paris, Seuil, 1989, 237 pages, Coll. Points politique.

- - - *La nouvelle question sociale. Repenser l'État-providence*, Paris, Seuil, 1995, 223 pages.

- - - *L'âge de l'autogestion*, Paris, Éd. du Seuil, 1976, 185 pages, Coll. Points politique.

ROSIER, Michel, « Économie positive versus économie rationnelle », *Cahiers d'épistémologie*, n° 8903, Département de philosophie, UQAM, 1989, 26 pages.

- - - « Libéralismes du passé et dépassés », communication présentée au congrès de la Société québécoise de science poltique, 1989.

- - - « Rationalité universelle et raisons singulières », *Cahiers d'épistémologie*, n° 9115, Département de philosophie, UQAM, 1991, 26 pages.

ROTHBARD, Murray, *Économistes et charlatans*, préf. De Friedrich Hayek, Trad. François Guillaumat, Paris, Éd. Les Belles Lettres, 1991, 301 pages, Coll. Laissez-faire.

- - - *L'éthique de la liberté*, Trad. François Guillaumat, Paris, Éd. Les Belles Lettres, 1991, 435 pages, Coll. Laissez-faire.

- - - *For a new liberty*, N.Y., Macmillan, 1973.

ROUSSEAU, Jean-Jacques, *Du contrat social*, Paris, Seuil, 1977, 313 pages, Coll. Points politique.

- - - *Discours sur l'origine et les fondements de l'inégalité parmi les hommes*, Éd. Sociales, Coll. Essentiel, 1983, 231 pages.

SABOOGLU, Mufit, « Hayek et l'ordre spontané », *Cahiers d'épistémologie*, n° 9503, UQAM, 1995, 25 pages.

SACHS, Wolfgang, ESTEVA, Gustavo, *Des ruines du développement*, Montréal, Écosociété, 1996, 138 pages.

SALIN, Pierre, *L'arbitraire fiscal*, Paris, R. Laffont, 1985.

SCHUMPETER, J., *Capitalisme, socialisme et démocratie. Le capitalisme peut-il survivre? Le socialisme peut-il fonctionner?* Petite bibliothèque Payot, 1967, orig. 1942, 433 pages.

SERRES, Michel, *Le contrat naturel*, Flammarion, 1992, 191 pages, Coll. Champs.

SERVIER, Jean, *Histoire de l'utopie*, Paris, Gallimard, 1991, 396 pages, Coll. Folio essais.

SMITH, Adam, *La richesse des nations,* Paris, GF-Flammarion, 199, Tome I et II, 531 et 637 pages.

SMITH, James Allen, *The ideas brokers : think-tanks and the rise of the new policiy elites*, New York, The Free Press, 1991.

SORMAN, Guy, *La révolution conservatrice américaine*, Paris, Fayard, 1983, 250 pages.

- - - *La solution libérale*, Paris, Fayard, 1984, 312 pages, Coll. Pluriel.

- - - *L'État minimum*, Paris, Albin Michel, 1985, 183 pages.

- - - *La nouvelle richesse des nations*, Paris, Fayard, 1987, 377 pages, Coll. Livre de poche.

- - - *Les vrais penseurs de notre temps*, Paris, Fayard, 1989, 445 pages, Coll. Le livre de poche.

SOULET, Marc Henri, Le silence des intellectuels. Radioscopie de l'intellectuel québécois, Montréal, Éd. Saint-Martin, 1987, 219 pages.

SPERBER, Dan, WILSON, Deirde, *La pertinence, communication et cognition,* Éditions de Minuit, 1989, 396 pages.

STIRNER, Max, *L'unique et sa propriété et autres écrits,* Trad. Pierre Gallissaire, André Sauge, Lausanne, Éd. L'âge d'homme, 1972, Coll. Bibliothèque l'âge d'homme.

STRAUSS, Léo, *Droit naturel et histoire,* Trad. Monique Nathan, Éric de Dampierre, Paris, Flammarion 1986, 323 pages.

STREISSLER, Erich, dir., *Roads to freedoom, essays in honour of Friedrich von Hayek,* NewYork, A.M. Kelley, 1970.

TAYLOR, Charles, *Grandeur et misère de la modernité,* Montréal, Éd. Bellarmin, 1992, 151 pages, Coll. L'essentiel.

THERRIEN, Jean-Marie, PRUVOST, Philippe-André et CONTANT, Yves, *Éthique et politique. Liberté et pouvoir,* Boucherville, Gaëtan Morin éditeur, 1989, 312 pages.

THUREAU-DANGIN, Philippe, *La concurrence et la mort,* Paris, Syros, 1995, 215 pages.

TORRÈS, Asdras, « Qui tirera profit des autoroutes de l'information? », *Le Monde diplomatique,* nov. 1994.

TORRÈS, Dominique, *Esclaves. 200 millions d'esclaves aujourd'hui,* Paris, Phébus 1996, 199 pages.

TOURAINE, Alain, *Critique de la modernité,* Paris, Fayard, 1992, 510 pages, Coll. Le livre de poche, biblio essais.

TREMBLAY, Miville, *Le pays en otage. Le financement de la dette publique,* Montréal, Éd. Québec Amérique, 1996, 345 pages.

VACHET, André, *Macuse : la révolution radicale et le nouveau socialisme,* Ottawa, Éd. de l'Université d'Ottawa, 1986, 229 pages.

- - - *L'idéologie libérale, l'individu et sa propriété,* Ottawa, Les Presses de l'Université d'Ottawa, 1988, 567 pages.

VAN PARIJS, Philippe, *Qu'est-ce qu'une société juste? Introduction à la pratique de la philosophie politique,* Paris, Seuil, 1991, 312 pages, Coll. La couleur des idées.

- - - *Sauver la solidarité,* Paris, Cerf, 1995, 100 pages, Coll. Humanités.

VERGARA, Francisco, *Introdution aux fondements philosophiques du libéralisme,* Paris, La Découverte,1992, 149 pages.

VERNA, Gérard, BERTRAND, Jacques, « Éthique de la production en sous-traitance : le cas de l'industrie du vêtement », *Document de travail n° 96-63,* Faculté des sciences de l'administration, Université Laval.

VERNA, Gérard, « Éthique réactive ou proactive : les victimes et les barbares », *Document de travail n° 96-56,* Faculté des sciences de l'administration, Université Laval.

VERNANT, Jean-Pierre, *Les origines de la pensée grecque*, PUF, Quadrige, 1990.

WALISER, Bernard, « Les processus de généralisation des modèles économiques », *Cahiers d'épistémologie*, Département de philosophie, UQAM, 1990, 14 pages.

WEBER, Max, *L'éthique protestante et l'esprit du capitalisme*, Paris, Plon, 1964, 287 pages, Coll. Agora Presses Pocket.

WEINER, Jon, « Dollars for neocon scholars » *The Nation*, 1er janvier 1990.

ZEPEZAUER, Mark, NAIMAN, Arthur, *Take the rich off welfare*, Tuckson, Arizona, Odonian Press, 1996, 190 pages, The real story series.

Index

C

E

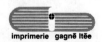

imprimerie gagné ltēe